辽宁高技术
产业基地与创新发展

——基于政府干预的视角

夏茂森 ◎ 著

LIAONING GAOJISHU CHANYE JIDI YU
CHUANGXIN FAZHAN

经济管理出版社
ECONOMY & MANAGEMENT PUBLISHING HOUSE

图书在版编目（CIP）数据

辽宁高技术产业基地与创新发展——基于政府干预的视角/夏茂森著. —北京：经济管理出版社，2017.6
ISBN 978 - 7 - 5096 - 5173 - 5

Ⅰ.①辽… Ⅱ.①夏… Ⅲ.①高技术产业—产业发展—研究—辽宁 Ⅳ.①F127.31

中国版本图书馆 CIP 数据核字（2017）第 134149 号

组稿编辑：陈 力
责任编辑：陈 力 周晓东
责任印制：司东翔
责任校对：董杉珊

出版发行：经济管理出版社
　　　　　（北京市海淀区北蜂窝 8 号中雅大厦 A 座 11 层 100038）
网 址：www. E - mp. com. cn
电 话：（010）51915602
印 刷：北京玺诚印务有限公司
经 销：新华书店
开 本：720mm × 1000mm/16
印 张：14.5
字 数：229 千字
版 次：2017 年 8 月第 1 版 2017 年 8 月第 1 次印刷
书 号：ISBN 978 - 7 - 5096 - 5173 - 5
定 价：49.00 元

目　录

第一章　绪论

20 世纪 60 年代，美国经济学家波特提出产业集群的相关概念，随后产业集群迅速成为经济学研究领域的一个热点，并持续了几十年的研究热度。在我国近 20 年的经济理论研究和经济改革实践中，关于产业集群的研究从理论研究到实践推广再到理论升华。随着产业集群理论研究深入和实践的拓展，根据产业集群的类型、功能、演化机理、运行机制等，内部出现了更具体的分化。近几年，产业基地特别是高技术产业基地作为一种以带动创新实现为主要功能的新型区域产业组织，成为国家科技部门及地方政府推动科技创新、经济发展的重要载体。在创新日益被重视的大背景下，高技术产业基地也成为经济发展研究中新的热点。

高技术产业基地与产业集群具有天然的联系，作为近年来出现的新概念，理论界中关于高技术产业基地的研究还很有限，关于产业基地内涵还没有一个统一的认识，对于高技术产业基地成长中的机制、动力等还没有共识，对高技术产业基地带动区域经济发展、技术创新实现的作用机理还没有更深入的研究。当前，我国理论界对于高技术产业基地的研究还停留在零散、粗浅层次状态，更多的是具体案例的现象分析、经验总结，还没有形成系统的、具有普遍性的深度研究。关于产业基地与产业集群的关系概念的关联与差异的研究分析较少，更多的研究并没有对二者进行明确区分，认为产业基地与产业集群是同一概念。高技术产业基地与产业集群虽然具有诸多相似性，但还是存在一定差异，我们认为产业基地与产业集群具有很大相关性，产业集群的优势和机制在产业基地内部同样存在和发挥作用。但产业基地的研究多以传统生产型企业集聚作为对象，研究也多集中在基于竞合效应、分工效应、生产低成本、信息充分流动等传统生产型效应。随着全球知识经济的到来，高新技术和创新成为区域竞争力最核心的要素，而高技术本身具有交叉性、扩散带动性、高效益和渗透性强的特性，因此高技术产业基地内部机理主要集中在创新实现效应、科技成果的市场化、产业化及创新实现对地区经济的带动效应，与传统生产型产业集群具有较为明显的差异。

高技术产业基地是指在充分尊重市场机制的基础上，依托原有的产业优势或依据未来发展趋势引入全新产业而形成、构建新的产业组织，统筹规划区域整体产业分工与布局，打破已有的行政区划限制，在更大范围内构建若干功能性经济区块。在这些区块内，以市场手段为主，辅之以必要的政策倾斜，按照产业链或产品类别把优势产品及相应的企业集聚起来，以此来增加区域整体规模经济效益的新的产业集群发展形式。高技术产业基地的核心特色应该是内部创新效应的实现，高技术产业基地内部能够通过创新实现产生强大的创新驱动力，最终使产业基地成为产业高地、创新高地和人才高地，依托产业优势和创新优势形成区域跨越式经济发展的新引擎。

鉴于高技术产业基地与产业集群间的紧密联系，并且产业集群的内部机理同样存在于产业基地之中，而当前国内外关于产业基地的研究的文献非常有限，本书的理论综述部分认为产业基地与产业集群具有一脉相承的关系。因此，把产业集群的成长、内部机制、政府职能等理论与产业基地相关理论放在一起进行综述。而后面的具体问题分析中，则将研究对象明确界定为高技术产业基地。

一、 问题的提出

（一）研究背景

在全球化和知识经济浪潮的大背景下，科技创新已成为财富创造的最根本动力源泉，成为决定国家、区域兴衰的第一要素和决胜未来的战略聚焦点。高技术产业具有战略性、带动性、高成长性和渗透性强等特性，代表未来经济发展方向，对国民经济的引导带动性突出。为了推动我国高技术产业的发展，促进高技术产业的技术创新的实现、推广及产业化，我国自 20 世纪 80 年代开始着手制定、实施了高新技术产业化发展战略。早在 1985 年，原国家科委在《关于发展新兴技术产业的请示》中提出在北京中关村、上海市、武汉东湖、广州石碑区等地建设高新技术开发区的设想。当时国务院为了打破原有体制束缚，释放高新技术生产力，促进多层次、多形式的技术创新与产业发展的紧密结合，为科技人才、科技成果活力释放营造良好的制度环境。1988 年 5 月，国务院批准建立北京中关村高技术开发改革试验区，并制定了 18 条优惠政策，准许先行先试，积累经验。实践证明当时先行先试的作用，短短十年经济技术开发区就在全国各地呈现燎原之势。1992 年，在中关村高新区获得成功发展的背景下，国务院决定建立苏州、沈阳等共 26 家国家级高新区，高新技术开发区建设进入快速发展阶段。经过 20 多年的发展，国家级高新区已经成为引领我国高技术产业发展的重要力量，技术创新投入、创新产出、总出口贸易额等指标增长迅猛。高新区利用在政策、制度、软环境等方面的优势，迅速吸引了技术、人才、资金等资源在高新区集聚，孵化了一大批高技术企业，成为引领我国高技术产业发展的重要力量。而后，以高技术产业发展为目标、与区域产业密切融合的多种产业组织形式出现，高技术产业基地即是我国发展高技术产业的一种新的模式。

高技术产业基地的概念最早是由科技部提出来的。1988 年 8 月经国务院批准，由科技部组织旨在发展中国高新技术产业的火炬计划正式实施，并且在全国范围内迅速推广。作为国家火炬计划支持高技术产业和区域经济发展的重要举措，高技术产业基地作为促进区域经济发展和科技进步的重要政策进入科技部的政策体系建设视线。1995 年 6 月 22 日，江苏省海门市诞生了我国第一家火炬计划高技术产业基地，成为高技术产业基地蓬勃发展的起点。经过 20 多年的发展，我国目前已经有 212 家各类国家级高技术产业基地建设完成。特别是近年来，高技术产业基地已经成为我国各地区重要的区域经济发展模式之一，并逐渐成为带动区域经济增长、提高区域经济竞争力的重要模式。科技部在《国家高新技术产业开发区"十五"和 2010 年发展规划纲要》中提出：各地高新区的建设中一项很重要的任务是在政策和市场的引导下，形成具有地区特色的、具有市场竞争力的高技术产业基地，从政策上引导全国区域经济走专、精、特的发展模式，涉及医药、新能源材料、光电一体化等众多高新技术领域，成为带动和引领地方经济发展和科技进步的重要模式和载体。2008 年 2 月，国家发改委决定建设 6 个综合性国家高技术产业基地和 24 个行业性国家高技术产业基地①，之后又增加了武汉（2009 年 10 月）、济南（2010 年 11 月）、广州（2011 年 4 月）3 个综合性国家高技术产业基地，高技术产业基地的建设发展进入新的阶段，所覆盖的地域范围和行业领域不断扩大。2009 年，国家发改委又出台了《关于加快国家高新技术产业基地发展的指导意见》，提出高技术产业基地是指在信息、生物、航空航天、新材料、新能源、海洋等高技术产业领域，经国家发改委认定的，对高技术产业发展和区域经济发展具有支撑、示范和带动功能的高技术产业集聚区，并认为高技术产业基地具有专业化和技术创新综合性特征。为了加快我国在未来高、精、尖等战略新兴产业上的技术创新实现，从国家层面对高技术产业基地发展扶持力度进一步加大。从高技术产业基地的绩效来看，国家级高技术产业基地年平均增长率保持较高的水平，对区域经济产业的贡献率不断提高，成为支撑地区科技创新、产业发展的重要力量。

在我国提出大力建设创新型国家的战略指引下，未来经济发展中从"资源驱动型"向"创新驱动型"模式的转变趋势不可逆转，高新技术产业发展是增强自主创新能力、加快区域创新体系、实现经济社会可持续发展的必然选择和核心环节。中共十八大明确提出经济、社会"科学发展"的方向，以"新动力"、"新体系"为核心构建我国产业未来发展。新动力即以科技创新为驱动力带动各层面的创新，"新体系"即以新的创新资源构建模式推动技术创新和技术产业化。中共十八大为我国未来经济发展指明方向，高技术产业的发展和产业化是"创新型社会"战略实现的核心环节，而高技术产业基地是促进高技术形成、发展和产业化的重要模式和载体。因此，对高技术产业基地发展模式、机理、政策等进行理论上的系统探讨，对于指导高技术产业基地发展实践，推动我国高新技术产业优质、高效发展，具有重要的现实意义和价值。

辽宁作为我国重要的老工业基地，在中央振兴老工业基地的政策指引下，逐步走出低迷的经济发展状态，重新焕发了辽宁老工业基地的生机和活力。辽宁省是传统计划经济影响较为深远的地区，长期"大而全"、"条块分割"的思想造

---

① 6 个国家高技术产业基地分布在北京市、上海市、天津市、深圳市、西安市和湖南省长株潭地区，重点围绕信息、生物、民用航空航天、新材料、新能源等产业领域。

成区域间分工模糊，缺乏特色，趋同化的产业结构造成资源总体配置的无效率和竞争力下降。作为全国最重要的老工业基地，重化工业、机械制造业一直是辽宁经济的主导，技术创新不足导致大量工业企业长期处于价值链低端，高新技术产业和新兴产业发展不足，这也成为制约辽宁经济转型升级的重要因素。自2008年以来，受外围经济放缓和金融危机等综合因素影响，辽宁省作为老工业基地经济放缓，特别是2013年，经济增速断崖式下降，连续三年经济增长全国垫底，长久以来尚未解决的深层次的体制、机制、产业结构等问题集中出现，给辽宁未来经济发展带来隐忧。辽宁未来经济增长，最重要的还是抓住时代发展趋势，以传统优势工业为基础，以战略新兴产业为新亮点，依靠技术创新实现大中型工业企业的转型升级、产品更新换代及老工业企业的改造，依靠新的高技术产业亮点引导辽宁经济新发展。而高技术产业基地是实现高技术产业发展的重要载体，是区域产业结构调整优化和经济发展的新引擎。

辽宁省政府从区域资源整合的角度出发，结合未来经济、技术发展趋势和自身的产业、资源优势，细分市场需求，选择既体现未来发展方向又符合自身资源优势的特色产业作为发展的战略产业，突出产业特色和差异化，并依托高技术产业基础和内部创新机制实现辽宁技术创新的实现。在"九五"和"十五"期间，辽宁高技术产业基地建设发展缓慢，对创新的促进和区域经济的拉动效应有限。自"十一五"以来，辽宁省高技术产业基地进入了加速发展阶段。2008年，在省委、省政府领导下，各市积极参与，形成上下合力，统筹规划、部门协同，辽宁省科技厅积极组织、协调，省市间通力合作，以科技为引领，突出科技特色，走创新驱动之路，充分发挥政府行政推动作用，以高技术产业基地的建设为载体大力发展新兴产业。在短短几年内，大批科技创新要素不断注入基地，大批高科技企业在产业基地落户、聚集，一些高技术产业基地从无到有、从小到大、从弱到强，进入加速发展阶段。

截至2012年，辽宁省共有高技术产业基地35个，其中省级以上18个，国家级11个。自2008年辽宁省政府提出依赖高技术产业基地引领辽宁经济跨越发展战略实施以来，辽宁省科技厅紧紧围绕省委、省政府中心工作大力发展高技术产业基地，积极探索高科技产业的发展模式，将高技术产业基地建设与实施"辽宁沿海经济带建设"、"沈阳经济区发展"、"突破辽西北"这三大中心战略紧密结合，统筹产业基地布局、规划产业发展方向、确定发展思路。截至 2010 年底，辽宁省各类产业基地共实现产值 2053 亿元，占全省规模以上企业生产总值的 11.4%；实现高新技术产品增加值 410 亿元，占全省高新技术产品增加值的 27.8%。沈阳、抚顺的先进装备制造产业基地、大连生物医药高技术产业基地、本溪生物医药高技术产业基地、锦州硅材料及太阳能电池高技术产业基地、营口镁质材料产业基地、阜新的液压产业基地等高技术产业基地在科技部火炬计划的支持下，已经成为辽宁省区域经济增长的新亮点，在促进辽宁省科学技术进步、增强企业自主创新能力，发展高新技术产业，辐射和带动区域经济结构调整与经济增长方式转变等方面发挥重要作用。辽宁省国家级高技术产业基地名录见表 1-1。

表 1-1 辽宁省国家级高技术产业基地名录

高技术产业基地名称	批建时间
国家辽宁（本溪）生物医药科技产业基地	2010 年 1 月
抚顺国家先进能源装备高新技术产业化基地	2010 年 1 月
阜新国家液压装备高新技术产业化基地	2010 年 1 月
沈阳国家集成电路装备高新技术产业化基地	2010 年 1 月
大连国家数控机床高新技术产业化基地	2010 年 1 月
大连国家新能源高新技术产业化基地	2010 年 1 月
辽阳国家芳烃及精细化工高新技术产业化基地	2010 年 1 月
国家火炬计划盘锦石油装备制造高新技术产业基地	2009 年 9 月
辽宁（朝阳）新能源电器（超级电容器）产业基地	2009 年 7 月
辽宁（万家）数字技术产业基地	2009 年 4 月
国家火炬计划鞍山柔性输配电及冶金自动化装备产业基地	2008 年 5 月
抚顺国家精细化工产业基地	2007 年 12 月
国家火炬计划锦州硅材料及太阳能电池产业基地	2007 年 8 月
国家火炬计划大连双 D 港生物医药产业基地	2005 年 9 月
大连国家半导体照明工程产业基地	2004 年 8 月
营口国家镁质材料高新技术产业化基地	2002 年 12 月
国家火炬计划软件产业基地（大连软件园）	1999 年 7 月
国家火炬计划软件产业基地（东大软件园）	1995 年 10 月

资料来源：笔者根据相关资料整理。

随着全球化和知识经济的到来，国家、地区间的竞争形式由传统的企业间的竞争转向区域间的产业集群、产业基地的竞争，介于区域与企业之间的中观产业组织成为国家、区域间竞争的主要形式。从发达国家和我国发达地区发展的经验看，依靠区域特色资源和技术优势形成的产业特色鲜明、产业关联度大、技术水平高的高技术产业基地成为促进区域经济持续发展的新的增长点，是加快区域产业机构优化升级的重要推动力，是推动企业技术创新、技术成果转化的重要载体。南方地区的高技术产业基地发展时间较久，据统计，现在科技部火炬中心批准的 240 多家（2011 年数据，2014 年最新数据已经超过 300 家）火炬计划国家级产业基地中，绝大多数高技术产业基地分布在江苏、广东等经济发达省份[①]。从高技术产业基地发展时间和数量上看，辽宁省起步较晚，数量不多，层次不高，影响力不强。辽宁工业基础雄厚，在长久的发展中形成了众多具有全国乃至全球影响力的大中型企业，积累了雄厚的产业基础、技术基础和高端人力资源，各地区资源和产业分工各具特色，依赖于传统优势产业、高质量的教育水平积累了产业基础和科技基础，高水平大学、科研院所孕育着大量高技术潜力和高端人才支持，具备发展与优势传统产业相关高技术产业基地的条件。

　　从国内外产业基地发展的历史和现状看，各地不同产业基地成长模式各不相同，虽然高技术产业基地本身是我国科技部促进"高技术产业发展"的战略层面政策，是国家通过高新技术政策推动我国科学技术发展、促进科技成果转化、产业化的重要政策，本身就带有一定的政府行为色彩。但具体的产业基地成长模式与本地资源禀赋、文化历史、经济发展水平等诸多因素相关，发展的模式和路径各不相同。从我国高技术产业基地形成和发展的模式上看，市场经济较为开放、发达地区的产业基地多依赖于市场机制逐渐形成，或者依赖于市场机制由大型民企发起筹办，市场机制在产业基地形成中起到根本性作用，政府在产业基地形成过程中起到引导、扶持、推动的辅助作用；而在另一些地区产业基地形成、发展中，政府规划、财政投入、扶持推动力度较大，政府主导的特征明显。综观我国不同地域产业基地发展，政府干预的程度、参与模式也各不相同。从国家政

---

　　①　据统计，在 250 多家火炬计划国家级产业基地中，江苏 59 家，广东 26 个，浙江 29 个，山东 28 个，这四个沿海发达省份国家级产业基地数量占总数的近 50%，说明产业基地的发展与地区经济发展水平具有双向互动影响的关系。

策层面看，国家科技部、发改委等部门的组织、规划和政策导向起到重要作用，通过相关的科技专项资金扶持、优惠财政税收等政策对地方政府构建、规划高技术产业基地起到引导作用；地方政府在国家高技术政策的扶持下，通过对产业基地的规划、资源整合、强力的扶持和推进，又直接促进产业基地的形成与发展。

在关于集群政策的国外文献中，经常会出现用"Cluster Initiatives"（CIs）来说明集群发展中来自政府或其他组织的"为了创建或增强集群而采取的有意识的行动"[1]，国际上对于集群政策的研究也是近几年才有所涉及。2003 年 9 月，竞争力学会（TCI）与瑞典创新体系局联合举办主题为"创新集群——一个新的挑战"的全球性学术会议，会前对全球集群政策进行大规模调查，会上对于创新集群的政策进行了全面评述和总结，并形成《集群政策白皮书》[2]，此成果是迄今对于产业集群政策及评价最为系统和前沿的研究。在最近 20 年，由于学界对产业集群的研究比较充分，产业集群理论得到快速的发展。但是，在众多的研究文献中，真正对产业集群（产业基地）发展中政府作用的研究比较少，对于产业基地成长中政府干预的论述，很多还停留在浅层、笼统的状态，没有系统的研究，特别是有针对性的实证分析、具体案例的分析较少。对于在产业基地成长中政府干预作用发挥的理论基础与机制、具体的政策形式及效果等方面还没有深入的剖析。当前对政府干预作用的研究更多是从政府干预的本身去探讨而没有放在产业基地成长机制的框架之下。本书试图从高技术产业基地成长影响因素的视角，着重将高技术产业基地作为技术创新实现、扩散的中观组织，从技术创新实现的条件要素、内部创新机理机制等创新角度，分析高技术产业基地形成发展中政府干预的理论基础和现实基础。特别是从高技术产业基地内部创新实现、创新效应发挥的角度研究产业基地发展中政府干预方式、干预效率等问题。

（二）研究意义

辽宁高技术产业基地的形成和发展过程中，与南方发达地区产业基地成长模

---

① Solvell, Christian and Torbjorn Folkesson. Entrepreneurial Innovation in the New Member States: Challenges and Issues at Stake for the Development of Clusters of Innovative Firms: 1st Interim Report, Regional Clusters in the EU10, 15 July, 2005.

② 俞培果. 集群策动—集群政策与政府行动经验与启示 ［M］. 北京：经济科学出版社，2008: 2 - 7.

式的最大差异在于地方政府干预对于高技术产业基地形成与发展起到重要作用。与南方比较成熟发达的市场环境相比，辽宁省是计划经济影响深远、大中型国有企业数量众多的地区，市场经济还不甚发达，民营经济发展不充分。也正是这样的社会、历史、制度的大背景，导致辽宁经济发展中，各级地方政府在资源配置、政策发挥、经济引导等方面的干预作用尤为突出。而对于政府对经济的干预和强扶持政策，历来都有不同的观点。按照西方经济学的核心思想，市场是资源配置和经济发展核心手段，政府干预会降低资源配置、破坏市场自由竞争，导致无效率。但是，连西方古典经济学家也不否认政府在经济发展中的作用。在一些国家（包括日本、韩国等发达国家）的实践中，政府干预在特定时期起到积极作用，并引发理论上的热烈争论。那么在中国这样的发展中国家的区域发展中，政府是否应该对区域经济发展进行干预？干预的手段有哪些？政府干预的边界在哪里？政府干预对区域经济发展是有效的还是无效的？这些问题也因为不同的研究对象，有不同的观点结论。

2010 年，我们在对辽宁省几个重点的高技术产业基地进行实地调查中发现，辽宁省高技术产业基地建设发展中具有自身特点，与其他地区的一个重要差异在于政府干预在产业基地发展中作用巨大。按照经济规律，产业基地（产业集群）形成应该是市场主导、资源自由流动重组的过程，依赖于市场机制实现产业基地的形成发展是发展常态。但对于经济发展较为滞后、市场经济和市场环境不甚发达的区域，政府干预一直是常用的手段。但政府强干预是否可以带来好的经济效果呢？政府干预产业基地形成、发展的理论依据是什么？产业基地不同的演化阶段其政府的干预手段是否有所差异？如何提高政府干预效率？这些问题缺乏理论和实践上深入的研究。在特定的区域条件下，通过政府强力的引导、扶持可以在较短时间内迅速构建起产业基地发展的框架，节约市场化资源重组的决策成本和时间成本，减少产业基地发展中的各类阻力，有利于把握高技术产业发展方向并通过政府资源投入与政策扶持，迅速抓住市场机遇而获取"先动优势"，为地区经济长远发展实施可行设计规划。但政府主导的产业基地发展模式存在的弊端也显而易见，公共投资可能因为"经济人有限理性"、"寻租"等问题导致公共效率投资低下，带来"无效、无谓的公共投资成本增加"或"既定投资成本下产出绩效的减少"①。地方政府不合理的政绩评估体制、官员晋升机制也使得决策本身可能存在"短期化"和"乐观预期",导致产业基地出现产业"空洞化"现象的潜在风险。② 从辽宁省现有高技术产业基地发展现状看,各级政府部门大力对产业基地建设进行支持、规划、引导,同时给予优惠的发展政策,在短期内促成了辽宁省高技术产业基地的布局和整体发展思路框架,并取得了阶段性的发展成果,构架起辽宁省未来高新技术产业的布局和发展方向,为未来经济持续发展和升级打下好的基础。但是,政府干预过多是否会造成未来发展潜力的弱化和产业空洞化的风险,政府干预的强度是过度还是不足?政府具体的干预政策效果如何?这些摆在面前的现实问题需要在理论上加以阐述和解释,并指导于政府政策制定的实践。本书主要从理论的角度,分析政府干预在高技术产业基地演化发展中的作用机理,对于辽宁省各级政府在高技术产业基地创新发展中的作用发挥的理论基础和现实状况进行论述。在高技术产业基地的形成和发展过程中,政府干预的效率如何?从技术创新实现的角度,政府政策干预的具体形式有哪些?政府干预与市场机制发挥之间如何协调?这些问题具有理论和现实的研究意义。本书力图从经济学、产业组织学、技术创新学、动态演化学等理论对上述问题进行深入和系统的分析阐述,以形成在产业基地(产业集群)层面的政府干预发挥的理论基础,为政府有效制定产业基地的政策提供理论支撑,并更好地指导政府的相关政策的制定,促进诸如辽宁这样的发展相对滞后地区的高新技术产业快速发展。

本书的研究意义具体体现在以下三个方面。

(1)在关于产业集群或产业基地的网络组织结构探讨中,经常把政府同中介机构、研究机构作为产业基地的外层组织等同视之。但实际上,中介机构、研究机构等组织在不同类型产业基地发展中发挥的作用机制和效果差异并不明显,但政府在不同地区的职能发挥具有明显的差异性。政府干预的手段、强度、时间等方面存在很多差异,并且不同地区、不同外部环境对于政府干预的发挥和手段选择具有明显的影响。虽然我国一直在提倡"简政放权"、"减少政府对于企业

① 张雷宝.地方政府投资效率研究 [M].北京:中国财政经济出版社,2005:34-35.
② 我们在阜新液压产业基地、抚顺石油化工等产业基地调研发现,这些产业基地都不同程度地存在产业空洞化的潜在风险。产业基地构想规模与现实产出之间尚存较大差距。

行为的直接干预"。但在经济领域，政府在特定时期、特定对象其引导、促进和推动作用不可或缺且不可替代。我们在研究中对辽宁地区的高技术产业基地进行较为深入的实际调研，辽宁地区的强政府干预的特色尤为明显，政府介入在辽宁高技术产业基地的形成和发展中究竟起到哪些作用，政府干预的理论基础是什么？地方政府对高技术产业基地相关的政策倾斜对技术创新实现和产业基地发展的作用效果如何？政府推动高技术产业基地创新发展存在哪些应该关注的潜在风险及如何治理？这些问题有待于我们进一步从理论角度分析和阐述。

（2）在产业基地成长中，政府与市场是促进产业基地发展的两大重要推动力。在我国高技术产业基地的形成与成长中，政府在前期起到重要作用，而产业基地内部企业必须要按照完善的市场机制运行才能达到良好绩效。政府职能与市场机制之间的关系如何？在不同的产业基地发展阶段，政府和市场应该扮演什么样的角色？政府作用与市场机制之间具有什么样的协同关系？如何确定政府干预的职能范围和边界？这些问题在理论和实践上还没有系统、深入的研究。对此展开深入研究具有一定的理论意义。

（3）辽宁省正处于新常态经济下的痛苦挣扎转型期，受外围经济发展放缓影响，辽宁传统重化工业受到严重冲击。以投资拉动、扩张规模为特征"粗放型"的发展模式难以维持辽宁经济的持续、高质量发展，整体经济增长下滑严重，各城市经济低迷，亟须通过新产业、新机制、新技术推动辽宁省经济的转型升级。辽宁省高技术产业基地建设框架基本成型，但从实际发展绩效上，大多数高技术产业基地还处于起步期或成长期，部分高技术产业基地肩负着所在城市产业转型升级、经济繁荣发展的重任。现阶段辽宁省及各市的政策导向领域、实施形式和重点对未来高技术产业基地的创新发展意义重大。我们力图通过对于辽宁高技术产业基地现状分析和政府干预的理论，为辽宁省各级政府制定科学、可持续的公共政策体系提供依据。辽宁很多高技术产业基地还处于起步发展阶段，辽宁省已经把高技术产业基地发展作为未来经济发展的重要战略，科学规范和界定政府行为的内容、手段、强度等问题，对政府科学制定高技术产业基地的公共政策体系具有非常重要的现实意义。

辽宁省高技术产业基地还刚刚起步，内部还存在很多有待继续完善的问题。高技术产业基地内企业的创新能力特别是尖端技术的自主创新能力弱，一些基地的主要产品还处于产业链低端，基地内产业价值链、服务创新平台建设不完善，产业间、企业间关联不紧密，集群效果发挥不明显，企业间技术创新环境、技术扩散效果不佳等诸多问题需要不断解决。要解决这些问题，不仅需要从高技术产业基地的形成、演化的机制入手，还要深入研究内在机理才能制定有效的政策和发展路径；根据辽宁省各高技术产业基地发展的现状和现实政策需求，考虑如何通过政府介入为产业基地发展提供条件，促进辽宁产业基地更快、更好的发展。

二、研究内容与结构安排

本书的研究内容主要围绕高技术产业基地演化机理，分析高技术产业基地创新发展的内在规律，分析在高技术产业基地发展中政府干预下的技术创新实现的路径，围绕影响高技术产业基地演化最重要的市场、技术创新和知识外溢、内部组织三个要素展开，拟从这三个要素的角度入手分析产业基地发展中市场的作用及政府作用的发挥，分析政府干预在产业基地发展中运用的理论基础。结合辽宁省高技术产业基地发展的实践，力争从理论角度阐述高技术产业基地内创新实现及实现过程中的政府行为。而后，从理论和实践角度论述政府干预在产业基地中的失灵问题，分析政府干预失灵的原因、表现及失灵治理政策；并以沈阳市铁西高技术产业基地为对象对产业基地发展中政府干预的效率问题进行实证分析，分析辽宁产业基地发展中隐藏的政府干预行为潜在风险，为辽宁省高技术产业基地未来发展提出具有针对性的政策建议。具体部分内容安排如下。

第一章是相关理论综述和评价，对本书涉及的理论进行回顾分析。

第二章对高技术产业基地的概念进行界定，对高技术产业基地、高新区、产业集群等概念进行比较分析。对我国高技术产业基地的发展历程进行回顾，对整体发展现状、创新投入、绩效等进行分析。

第三章将推动高技术产业基地创新发展的动力归结为市场需求、技术创新效应和内部创新组织三个方面，并分别从产业集群、内部价值链攀升和产业生命周期三个视角论述产业基地发展演化的内在机理。

第四章分析高技术产业基地发展中存在的市场失灵情况，论述市场机制滞后、科技创新资源配置效率低下、公共产品供给不足、区域产业同构等情况导致产业基地成长中的市场失灵问题，为政府干预提供分析基础。

第五章针对第四章市场失灵问题，从创新资源供给、技术创新外溢、内部创新网络构建等方面分析政府干预的作用，并分析政府干预政策的具体手段及效果。

第六章运用博弈理论，分析了产业基地内部企业在共性技术研发中存在创新动力不足，而政府可通过研发补贴对于共性技术研发主体的外溢效应进行补偿以提高企业研发动力，并可借助政府引导产业基地内部企业建立创新合作来达到整体创新效应的提升。

第七章分析高技术产业基地内部外部知识流入、技术内部以及知识外溢的实现中的政府干预，探讨高技术产业基地内部知识外溢效应的影响因素及产业其他内部创新路径依赖、锁定效应产生、强化与破解，并分析政府干预在技术创新和知识外溢中的政策措施。

第八章重点分析政府干预失灵问题，具体分析辽宁产业基地发展中政府干预失灵的原因和表现。从理论上分析政府干预过度、政府干预不足的现象，对辽宁产业基地发展中政府干预失灵可能带来的潜在风险进行梳理，并提出相应的对策。

第九章以沈阳铁西先进装备制造产业基地为例，通过实地调研的企业数据，对政府干预对产业基地内企业创新绩效提升效应进行实证分析，结果表明，地方政府对铁西装备制造产业基地的干预政策对提高产业基地的经济绩效、创新绩效和创新网络绩效具有较为显著的效果。

第十章针对辽宁省高技术产业基地发展提出政策建议。

第十一章为研究的不足和未来研究展望。

三、理论综述

（一）高技术产业基地成长演化理论

虽然在我国近 20 年的经济发展实践中，高技术产业基地已经在我国各地

"开花"、蓬勃发展，但当前我国对于产业基地理论方面的研究还停留在零散、粗浅层次状态，更多的是具体案例的现象分析、经验总结，还没有形成系统的、具有普遍性的深度研究。理论上还没有关于产业基地的明确概念界定，对于产业基地与产业集群的概念没有明确的划分。而且我们经常混淆产业集群、高技术产业基地和高新园区等概念，认为彼此没有差异或差异不大。有些研究把产业基地与产业集群加以区分，认为产业基地是政府规划为了实现科技产业化和技术升级的新兴产业集群，认为产业集群是产业基地优势发挥的形式和载体。通过现有研究文献可以看出，产业基地带有比较强的政府引导甚至规划的色彩，与产业集群市场化的演化路径具有一定差异。我们认为高技术产业基地是根据地区禀赋和产业优势，依靠政府规划引导与市场机制作用的结合，在以优势产品为中心形成具有全国甚至全球较高的市场占有率和影响力的区域条块经济组织形式。高技术产业基地内产业以高技术产业、产品为核心，内部创新资源集中、创新活动活跃、创新绩效良好，是技术创新实现、技术产业化、市场化的重要区域组织。与产业集群、高新技术区相比，高技术产业基地一般集中在比较窄的高技术产品品类，强调高技术产业在区域的产业规划和区域布局，且多以工业园区的形态存在。下面我们就本书中涉及的相关理论进行综述和评价。

1. 产业集群及高技术产业基地理论

产业集群或产业基地的理论和本质实际上可追溯到区域布局理论。关于产业区域布局理论较早的是法国经济学家杜能（1826）关于农业区位理论以及后来的韦伯（1929）关于工业布局理论，韦伯的理论从企业集聚后会形成的生产优势和生产廉价的角度展开论述，认为分散会带来生产上的不经济[①]。古典经济学家马歇尔（1920）运用产业区理论解释产业集群的产生，他认为由于人才和设备专用性、资源禀赋的独特性和交通便利性所形成的规模经济效应：生产规模效应、技术扩散的效应和劳动力的规模效应是产业集群最重要的优势来源[②]。到了20世纪中期，对区域经济发展的研究从原来的结构主义均衡发展理论转向对非均衡发展的探讨，法国经济学家佩鲁（1950）提出"增长极"理论，认为区域间的增长

① 韦伯. 工业区位论（中译本）[M]. 北京：商务印书馆，1997：11－23.
② 阿尔弗雷德·马歇尔. 经济学原理 [M]. 北京：华夏出版社，2004：102－121.

是会出现在某些区域增长点上而不是所有地区，并且通过不同渠道向外扩散①。赫希曼（1958）提出完整的非均衡增长理论，认为经济增长会集中在有限区域，资源禀赋、交通便利等是促使增长极出现的客观条件，而导致区域间发展的不均衡，而后通过发达区域对落后区域的"极化效应"最终会缩小区域间差异②。随后，关于增长极理论的研究和实践大量出现。弗里德曼（1987）提出核心—边缘理论，爱萨尔德（1975）、胡弗（1972）、英帝盖特（1977）、布朗（1978）等的研究，丰富和发展了区域经济发展及增长极的理论和实践。20世纪90年代之后，对区域经济主要集中在产业集群的研究。迈克尔·波特（1990）首次提出"产业集群"的概念，并对产业集群的概念、发展的环境、核心竞争力的来源等问题进行探讨③，认为产业集聚的形成有助于降低企业生产运营成本、提高企业竞争力。并且，波特于20世纪末对美国、日本等多个国家调查后得出国家的竞争优势来源于产业集群的竞争优势而非传统的比较优势的结论；2002年波特构建了著名的"钻石模型"，深入分析了影响产业集群竞争力的要素，并将产业集群优势来源归结为市场竞争、区域资源禀赋、政府政策、企业战略等几个因素④。随着研究的深入，关于产业集群形成、演化机理衍生出众多不同的研究视角，不断丰富着产业集群的理论。

20世纪70年代以后，一些工业基地特别是传统工业基地由于产业更迭产生了经济停滞现象。在此背景下，一些学者提出了"新经济区"理论。皮埃尔（M. Piore，1999）和萨贝尔（C. Sabel，1999）将产业区看作是弹性专业化的区域⑤。斯科特（A. Scott）将集群定义为与本地劳动力市场密切相连、基于合理劳动分工的各类企业在区域上结成的网络。新型产业区的重要优势来源在于广泛的企业网络并以此维持的持续创新能力。以传统产业集聚而形成的"第三意大利"新兴产业区，依赖于新技术、新产业转变成新的经济发展核心区而成为传统经济

---

① Barro. Economic Growth in a Cross Section of Countries ［J］. Quarterly of Economic, 1956, 70 (2)：65 - 94.

② 赫希曼. 经济发展战略（中译本）［M］. 北京：经济科学出版社, 1991.

③ 迈克尔·波特. 竞争优势（中译本）［M］. 北京：华夏出版社, 1997.

④ M. E. Porter. Location, Competition and Economic Development：Local Cluster in a Global Economy ［J］. Economy Development Quarterly, 2000, 14 (1).

⑤ 刘纯彬, 李海飞. 产业集群的本质特征与效率基础［J］. 经济评论, 2006 (6).

转型的典范。Scott（1980）、Granovetter（1985）、创新环境学派 Gremi（1997）等研究将研究重点放在产业集群内部创新实现，从创新氛围、劳动分工等角度分析创新效应是产业集群生命力的重要源泉。

与成果众多的产业集群的研究成果相比，产业基地作为新出现的概念，对其研究还停留在零散的状态，没有形成系统的、具有普遍性的深度研究。从当前已有的产业基地研究文献上看，对于产业基地还没有非常明确的概念界定。关于产业基地的概念，柴松岳（2002）认为产业基地是指在市场经济条件下，依据产业布局现状和未来发展战略目标，通过政府引导，政策扶持和市场运作，在一些有基础和条件的区域，利用经济区域优势，逐步打破行政区划限制，按产业链或产品类别建立的、在国际上有一定地位、具有综合性功能的开发型经济区块①。李立（2003）认为产业基地通常指的是相互有联系的公司及机构集聚的特定领域，或在一定区域内建立的具有配套环境、布局相对集中的企业集群地带②。通过上述学者的论述可以看出，产业基地的形成发展具有比较强的政府引导甚至规划的色彩，政府在产业基地成长中起到重要作用。杨冬梅（2003）以大连软件产业基地为对象，认为产业基地具有"规划合理、起点较高、明确的功能分区"等特点，论述了产业基地明确发展重点、定位和产业特色，使产业基地中企业的发展、企业选择目的性明确，减少市场机制演化中的不确定性和混乱的状态③。孙剑、孙文建（2011）以江苏已建设产业基地建设为研究对象，认为产业基地是集产品研发、生产制造、创新服务等功能于一体的高技术产业集群，是推动科技产业化的重要平台，其目的是通过创造适合高技术产生、外溢的环境，利用集群效应实施火炬计划项目，促进高技术的集群化和产业化的产业组织形式④。常丽等（2012）认为，产业基地实质上是产业集群的一种特殊形式，是多个关联产业集群构建起的具有资源高集中度和规模效应的产业组织形式，是经济发展新阶段的必然结果⑤。可见，当前学界对产业基地的概念还未形成统一、一致的认知，我

① 柴松岳. 加快科技产业基地建设，建立科技强省 [J]. 浙江科技，2002（1）.

② 李立. 新型产业基地的含义、发展模式及政策建议 [J]. 科技进步与对策，2003（7）.

③ 杨冬梅. 我国软件产业基地建设中的理论与实践 [J]. 科学学与科学技术管理，2003（7）.

④ 孙剑，孙文建，特色产业基地发展环境评价研究——以江苏省为例 [J]. 技术经济与管理研究，2011（12）.

⑤ 常丽，薛薇，邢军伟. 辽宁特色产业基地建设与优化升级研究 [J]. 科技管理研究，2012（9）.

们认为产业基地是根据地区禀赋和产业优势，依靠政府规划引导与市场机制作用的结合，在以优势产品为中心形成具有全国甚至全球较高的市场占有率和影响力的区域条块经济组织形式。与产业集群、高新技术区相比，产业基地一般集中在比较窄的特色产品的培育，强调产业规划和区域布局，强调内部技术创新的引领，而且多以工业园区的形态存在。

2. 产业基地的成长机制

关于产业集群（产业基地）的成长机制学者们主要从资源禀赋、内部机制、技术创新效应、外部环境等多角度进行分析论述，积累了较为丰富的研究成果。米奇安（2004）提出从空间划分、内部产业关联、发展环境、发展阶段等不同方面对产业集群（产业基地）的类型进行划分和衡量①。钱平凡（2003）从政府干预角度将产业基地形成模式归结为"诱致性自发形成"、"强制培育形成"和"引导性培育型"三种类型②。对于产业基地（产业集群）的成长阶段性，安德鲁（2004）等把产业基地（产业集群）按时间分为不同的发展阶段，并分析不同阶段的发展特征和策略选择。亨得利（2006）以具体的技术集群为研究对象，对集群内部企业技术创新合作模式进行详尽分析，提出企业间在不同的技术创新阶段的合作模式。还有一些学者致力于产业基地（产业集群）竞争力的研究，Tallman 等（2004）认为内部协调、分工机制决定绩效的关键，表现为创新外溢和知识的交流，同时也认为产业基地演化是外生力量和内部演化共同作用的结果。③ 恩格尔·斯福特（2006）认为通过产业集群内部企业确立共同的目标可以实现风险分担和技术交流，通过企业间的合作、技术扩散和分享来提高整个产业群的竞争能力。与此同时，由于全球价值链理论的兴起，一些经济学家把这一理论运用到对产业群的分析之中。Schmitz 等（2003）从全球价值链的背景下研究产业集群与区域产业升级，对全球化背景下集群内部价值链治理等问题进行探

---

① Miguel A. Gual, Richard B. Norgaard, Bridging Ecological and Social Systems Coevolution: a Review and Proposal [J]. Ecological Economics, 2004, 7: 11 - 21.

② 钱平凡. 产业集群演化机制及政策 [J]. 中国科技论坛, 2003 (6).

③ Tallman S., Jenkins M. Knowledge, Clusters and Competitive Advantage [J]. Academy of Management Review, 2004, 29 (2): 258 - 271.

讨，分析了不同的内部价值链对于产业群升级模式选择的影响①。

国内对于产业基地（产业集群）问题的研究起步较晚，仇保兴（1999）对集群产生过程、制约因素、演化趋势等进行了分析，他认为产业集群是一种中间组织，是在企业与市场交易费用较高的情况下产生的②。王缉慈（2001）在《创新的空间——企业集群与区域发展》一书中对产业集群问题及实践运用进行比较系统的研究，具体包括产生企业集聚的原因分析、内部不同主体间的关系、产业集群成长机制等内容，认为产业集群主要是市场机制演化的结果③。蔡宁和吴杰冰（2002）认为特定的资源禀赋和积淀的产业基础是促进企业集群成长与维持竞争优势的来源④。徐康宁（2001）分析产业基地（产业集群）与市场机制的相关性，指出政府应该在规范市场环境方面发挥作用。关于产业基地（产业集群）演化的动因，有人分为两种力量，即以市场为原动力和政府为推动力（赵峥，2006）⑤。Schmitz 认为，产业基地（产业集群）发展的路径不同，会形成两类集群，创新型集群和低端生产型产业集群，而产业集群路径选择，除了市场机制的作用外，政府在引导产业集群发展路径上具有导向作用⑥。

王永顺（2004）较早关注了江苏省高新技术产业基地的建设案例，他指出，产业基地应积极探索"彰显特色、自主创新、培育骨干、共享资源"的高新技术产业发展的新路子⑦。赵善华（2008）以广东省的高技术产业基地为例，通过对实证结果的分析，探讨了高新技术产业基地发展的内在规律，指出广东省高新技术特色产业基地的发展已经呈现出明显的地理上的层次性⑧，认为市场是推动产业基地形成的重要动力。林平凡等（2009）通过对广东产业基地建设的案例研

---

① Humphrey J. , Schmitz. How does Insertion in Global Value Chains Affect Upgrading in Industrial Cluster [J] . Working Paper for INEF, 2002.

② 仇保兴. 发展中小企业产业集群要避免市场失灵陷阱 [J] . 北京大学学报，1999（1）.

③ 王辑慈. 创新的空间——企业集群与区域发展 [M] . 北京：北京大学出版社，2001.

④ 蔡宁，吴杰冰. 企业集群的竞争优势——资源的结构性整合 [J] . 中国工业经济，2002（7）：45－50.

⑤ 赵峥. 产业集群演化中的政府作用分析 [D] . 首都经贸大学硕士论文，2006.

⑥ Schmitz. Hubert, Cluster and Industrialization：Introduetion [J] . World Development，1999，27（9）：1503－1514.

⑦ 王永顺. 江苏高技术特色产业基地的实践与思考 [J] . 中国科技，2004（10）.

⑧ 赵善华. 高技术产业基地集聚态势研究——以广东为例 [J] . 特区经济，2008（10）.

究，认为产业基地发展首先要有明确的内部技术路线图和未来发展规划，通过技术路线厘清未来发展方向和趋势，识别评估产业技术发展趋势并与内部企业达成共识，促进企业间通过合作来分担成本。同时有效整合资源、缩短技术创新周期[①]，在文中他们也提到了政府在产业基地技术路线规划和实施中的作用。

3. 创新、知识外溢与产业基地成长

奥地利经济学家约瑟夫·熊彼特（Schumpeter）首次提出了"创新"概念，从而开创了创新理论研究的先河。他在阐述创新概念时强调了企业家作用，认为"创新是企业家将生产要素重新组合并引入企业生产系统，以获得超额回报的企业行为"，并界定了企业从事创新行为的五种形式。自熊彼特以后，创新理论沿着技术创新学派和创新制度学派两个领域方向发展。技术创新学派主要研究企业创新的实现及实现的条件，包括创新实现与企业家精神、市场战略、市场结构的关系的研究，以及技术创新转移、扩散等问题。而创新制度学派主要从创新实现的条件较大，从制度构建和相关制度供给角度论述制度与创新的关联。早在60多年前，新古典经济理论就对技术对于地区经济增长问题进行了诸多论述（哈罗德，1939；多玛，1946；索洛，1956），把技术创新内化为推动区域经济发展的内生变量，并定量地分析了创新对于区域经济发展的贡献率。

高技术产生、传播及高技术产业化是高技术产业基地最重要的效应，也是高技术成长最核心的推动力。马歇尔早在1920年就意识到作为企业集聚的知识外溢效应及外溢效应对企业发展的作用，认为知识、技术诀窍相互结合、碰撞才能更快产生新的思想[②]。创新的产生是制度、环境的产物，而产业集群内部企业集中在有限的地域，在长久的生产活动中以交易费用降低、缄默知识传递、分工协作构建起联系紧密的协作网络，而协作网络正是企业间知识、信息传递的通道。关于知识外溢的效应，获得外部相关企业、机构的知识外溢是高技术企业集聚成群的主要原因，而知识外溢又增加了集群内部技术创造与技术积累，是高技术产业集群竞争力构建的最主要源泉（Grossman & Helpman，1992）。Lucas（2000）运用演化经济学理论分析合作企业间的异质性、知识互补性和彼此的能力匹配性

---

① 林平凡，高怡冰，刘城. 技术路线图在广东产业基地升级中作用 [J]. 科技管理研究，2009（6）.
② 阿尔弗雷德·马歇尔. 经济学原理 [M]. 北京：华夏出版社，2004.

是知识能够顺利传递的必要条件。在产业集群（产业基地）中，经常被提及制度安排，产业基地（产业集群）的形成、发展是正式制度与非正式制度共同作用的结果，正式制度是指政府制定的法律、规定等，具有很强的强制性；非正式制度则是指区域文化、社会习俗、默认规则和集体行为惯例等，是正式制度的补充（刘恒江、陈继祥，2005）①。Batnet（2004）使用"产业氛围"来分析产业基地内知识的流动，毗邻的地域、相似的文化制度、同业人员之间流动、正式和非正式的交流，这些因素都促进了知识的产生和流动。一方面，因为产业基地（产业集群）本身为知识产生和知识外溢的实现提供了现实条件；另一方面，知识产生和外溢又成为推动产业基地（产业集群）发展演化的最核心动力②。王磊（2006）运用系统力学思想对高技术产业基地的产业聚集机制进行分析，并通过因子分析方法对江苏高技术产业基地的环境进行实证分析，得出影响高技术产业基地发展的五大环境因素，认为知识外溢效果是决定产业基地发展潜力的重要因素③。陈家祥（2008）对高技术产业基地规划的共生性理论、交易费用理论等基础理论进行梳理，认为产业基地内部创新效应主要源于知识外溢④。傅朝宗、应建忠（2005）以具体科技政策参与者的身份，分析永嘉特种阀门特色产业基地发展的经验和工作体会，认为政府应该着重营造有利于"知识创新"和"知识外溢"的产业基地发展环境⑤。齐建珍（2007）分析抚顺经济化工产业基地建设的内外环境，指出内部企业间、政府企业间的互动联系，提出"强化主体、互补互动、和谐发展"的产业基地发展模式⑥。

通过上述关于产业集群及产业基地形成、成长的理论综述我们发现，这方面的研究多集中在以较为完备的市场为基础的产业基地的机制研究，以市场机制为核心的企业集聚，并通过集聚产生知识创新和知识外溢效应，进而动产业基地效应的实现。但现实中，不同地区、不同的产业基地成长具有较大的差异性，依赖

---

① 刘恒江，陈继祥. 产业集群竞争力研究综述 [J]. 外国经济与管理，2005（10）.
② 叶建亮. 浙江永康地区企业发展与产业集聚研究 [J]. 产业经济评论，2006（5）.
③ 王磊. 高技术特色产业基地评价研究 [D]. 南京工业大学硕士学位论文，2006.
④ 陈家祥. 特色产业基地规划的理论基础分析 [J]. 江苏城市规划，2008（5）.
⑤ 傅朝宗，应建忠. 以特色产业基地为抓手，促进区域块状经济快速发展 [J]. 中国科技产业，2005（12）.
⑥ 齐建珍. 抚顺精细化工产业基地建设的对策建议 [J]. 咨询与决策，2007（9）.

市场机制形成的产业基地与政府推动的产业基地在技术创新、知识外溢效应等方面是否存在差异，我们需要进一步探讨分析。以市场机制为基础演化而成的产业基地的知识创新、知识外溢效应被充分论证，但以辽宁这样的大企业为主体和政府干预型产业基地的形成和成长机制的产业基地内部，是否会产生同样的效果，这些需要我们进行有效的理论解释。

4. 网络组织与产业基地演化理论

产业基地向更高层次演化主要依赖内部创新实现及创新扩散。创新是一种交互过程，创新的成功演化需要一种网络环境，产业基地内部的集群效应更适合创造这种环境①，产业基地的创新效应是通过产业基地内外部创新网络来实现和传播的。网络的概念本是社会学研究的范畴，而后经济学家把网络的概念和分析引入经济学领域，形成诸如企业网络、组织网络、创新网络等专用概念。对于产业集群（产业基地）中创新网络的研究，观点多有分歧。一部分经济学家（黄泰岩、牛飞亮，1999）把网络看作介于市场与企业之间的制度安排或由企业组织间建立起来的相互影响的向量空间②。奥利弗（Oliver，1998）则认为网络既可以看成一种新的组织模式，又可以看作是产业集群内部的一种管理方式③；盖文启认为区域创新网络是指企业、科研机构、政府、中介机构等组织之间基于长期正式或非正式合作而形成的稳定的系统④，并探讨集群创新网络与当地产业升级和结构调整相关，结合深圳、东莞等地产业集群的案例分析未来我国制造业集群升级的发展阶段和方向。聂鸣、蔡铂（2002）的研究表明企业技术创新的实现不仅取决于企业内部研发投入，在集群内部构建的创新网络对企业创新实现也起到重要作用⑤。王琳、曾刚（2006）总结中小企业集群中三个合作创新网络：垂直型创新合作网络、水平型合作网络和辅助型合作网络⑥。符正平（2002）从供给、

① Lovering J. Theory Led by Policy：The Inadequacies of the "New Tegionalism"［J］. Intenationa Journal of Urban and Regioanl Research，1999.

② 黄泰岩，牛飞亮. 西方企业网络理论评述［J］经济学动态，1999（4）：63–64.

③ Oliver C. Determinants of Inter–organizational Relationship：Integration and Future Directions［J］. Academy of Management Review，Vol. 15，1998.

④ 盖文启. 创新网络：区域经济发展新思维［M］. 北京：北京大学出版社，2002.

⑤ 聂鸣，蔡铂. 学习、集群化与区域创新体系［J］. 研究与发展管理，2002（10）.

⑥ 王琳，曾刚. 浦东新区中小高新技术企业创新网络构成特征研究［J］. 地域研究与开发，2006（4）.

需求和社会历史条件的角度讨论了产业基地产生的条件，认为网络效应在产业基地形成过程中起着关键作用①。蔡亚蓉、邵学清（2007）对我国高技术产业基地发展进行分析，分析了地区资源、大型企业、产业集群等要素对于高技术产业基地发展的影响，认为内部创新体系对于产业基地成长至关重要，并提出了产业基地发展的措施②。从网络组织来看，产业基地内部更多的是以产业链或价值链为形式的企业分工模式，基于同一产品的多企业的分工协作而形成的产业链，或相关产业之间形成的基于价值链的分工体系，多组织构成的创新网络是产业基地内部技术创新重要的实现条件和技术扩散的重要途径和载体。

（二）市场失灵理论

古典经济学研究中，市场一直被众多学者奉为资源配置的最优途径③，从亚当·斯密到大卫·李嘉图、托马斯·马尔萨斯、詹姆斯·穆勒等经济大师的理论都建立在完善的市场机制条件之下。市场理论的核心把市场机制、供求关系、价格体系作为资源配置的最优方式，托马斯·潘恩曾大声呼吁"干预最少的政府就是管理最好的政府"④。可见，在凯恩斯为代表的"政府干预"理论之前，自由的市场经济一直是西方资本主义国家经济发展的信条。但是随着学界对自由经济理论的质疑，政府在经济发展中的职能被重新认识，著名的"凯恩斯主义"是重新认识和树立政府干预的重要理论，而凯恩斯主义建立的理论基础即是"市场失灵"的存在。所谓市场失灵就是指市场机制本身存在缺陷，完全依赖市场机制解决资源配置是缺乏效率的，"经济学家用市场失灵这个词来指市场本身不能有效配置资源的情况"⑤。在经济学史上第一个论证市场失灵的当属庇古，他在《福利经济学》中从分配关系上考察社会福利最大化时，发现了市场运行的外部性。庇古（1920）根据社会边际成本与私人边际成本的比较来阐述外部性的现

① 符正平. 论产业集群产生条件和形成机制［J］. 中国工业经济，2002（10）.
② 蔡亚蓉，邵学清. 加强集群创导，壮大特色产业基地［J］. 中国科技投资，2007（5）.
③ 亚当·斯密. 国富论（中文版）［M］. 北京：商务印书馆，1988.
④ Thomas Paine. Common Sense, The Rights of Man and Other Essential Writings of Thomas Paine［M］. 上海：上海外语出版社，1998.
⑤ 曼昆. 经济学原理［M］. 北京：北京大学出版社，2009.

象，他认为如果社会边际成本小于私人边际成本，则正的外部性存在①。之后对于市场失灵的原因主要基于微观角度，从外部性、垄断、公共物品等角度进行论述市场失灵的成因（庇古，1920；马歇尔，1920；鲍莫尔，1990)②。

随着技术创新理论的不断发展，对市场失灵的研究延伸到技术创新领域，创新行为和创新技术本身带有一定公共性产品特质，导致创新资源配置和投入的"市场失灵"（K. Arrow, 1987)③。知识、技术与一般的市场产品明显的差异在于其具有典型的"非排他性"的属性，而技术的外溢、传递又会带来诸如"搭便车"的现象。技术公共物品的属性导致在缺乏政府干预的情况下，技术产出不足、企业技术创新特别是在共性技术创新投入积极性下降而导致技术创新中的"市场失灵"现象。产业集群本身作为区域内的产业组织，是一种新的制度创新，而区域组织和制度创新无法通过完全市场制度实现，需要政府的干预（Krugman, 1991；Porter, 1998)④。

国内关于市场失灵的研究文献较多，但大量的研究停留在运用国外的市场失灵理论分析和解释中国当前的一些经济现象和经济问题，缺少理论上的突破和创新，从产业基地（产业集群）角度研究市场失灵问题的文章较少。对于产业基地（产业集群）演化中市场失灵的观点有以下论述：丁兴业（2006）以产业基地发展中市场失灵问题为研究视角，把市场失灵分为几种类型：市场机制发挥不充分导致的市场失灵；市场不完善导致的市场失灵；政府失灵导致的市场失灵，认为政府过度干预也会导致市场失灵⑤。金江（2007）从案例分析入手，探讨了政府干预、政府失灵和腐败的关系，说明了市场失灵是存在腐败的原因，政府干预是政府在市场失灵与腐败进行权衡后做出的决策⑥。刘满风、石光宁（2007）分析了共性技术在创新中的双重外部性，并分析了存在外部性的共性技术开发中

① 庇古. 社会主义与资本主义的比较（中文版）[M]. 北京：商务印书馆，1983.

② Baumol W. J. Entrepreneurship：Productive, Unproductive and Destructive [J]. Journal of Political Economy, Vol. 98, 1990.

③ Arrow, K. Grift and exchanges, In Alturim, Morality and economy Theory, edit by E. S. Phelips. New Yorks：Russel Sage Foundation. 1987：13 – 18.

④ Paul, Krugman. Geography and Trade [M]. The MTT Press, 1998.

⑤ 丁兴业. 论市场失灵的类型、原因及对策 [J]. 武汉科技学院院报，2006（8）.

⑥ 金江. 市场失灵、政府失灵与腐败 [J]. 山西财经大学学报，2007（12）.

政府干预的政策及效果，因为技术本身的特质和外部效应决定政府在共性技术开发、引入、扩散中应该发挥作用，以解决市场调节失灵的问题①。孙晓华、田晓芳（2008）认为在技术创新过程中存在的市场失灵，并根据技术创新不同类型对创新的市场失灵问题进行了分类分析，提出了政府干预的不同形式②。陈江勇（2008）分析了产业基地中市场失灵的存在，"产业基地外部性"、"公共物品供给不足"、"基地中技术路径依赖及锁定"是引起产业基地内部市场失灵的主要原因，同时对政府干预及政府干预有效性评价进行深入分析和讨论③。可见，产业基地演化中，市场失灵确实存在，需要政府干预来弥补市场机制的不足以实现更高的效率。

（三）政府干预理论

在我国产业基地发展过程中，政府介入干预的范围和强度较大。因此，国内对于政府对产业基地或产业集群干预的相关文献较为充分。最初的文献主要集中在产业基地发展中是否需要政府干预这个问题。早在波特提出产业集群的概念之初，就强调了政府机构在产业集群发展中的重要作用，"产业集群也会出现市场失灵，而政府作用的发挥主要依据于市场失灵和经济外部性，尤其是信息、技术、基础设施的外部性"④。石培哲（2000）通过研究把集群形成动力模式分为：自发形成和政府促成两种类型，但这两种类型的产业集群发展都有市场作用和政府干预的影子，只是程度不同⑤。2002年欧洲委员会关于《欧洲区域集群》的报告中，认为区域集群政策是必要的，并把集群政策分为"支持现有或胚胎阶段成长"和"将产业集群知识运用于政策制定"两类⑥。王缉慈（2001）通过对广东、江浙地区产业集群的研究提出完全靠市场自发或单纯的政府扶持都不能够保障产业集群健康发展，认为产业集群一般由市场自发形成，但政府的扶持和调控

① 刘满风，石光宁. 产业共性技术的"市场失灵"的经济学分析 ［J］. 科技进步与对策，2007（12）.
② 孙晓华，田晓芳. 产业共性技术、市场失灵及公共政策设计 ［J］. 软科学，2008（8）.
③ 陈江勇. 技术创新中政府政策作用的分析 ［J］. 华东理工大学学报，2008（1）.
④ 迈克尔·波特：国家竞争优势 ［M］. 北京：华夏出版社，2008.
⑤ 石培哲. 产业集群形成原因探究 ［J］. 经济师，2000（2）.
⑥ 俞培果. 集群策动——集群政策与政府行为 ［M］. 北京：经济科学出版社，2008.

影响与促进产业集群形成、发展①。刘恒江、陈继祥（2004）认为，依赖政府干预力量可以在集群发展初期通过规则制定、适当的扶持来培育产业基地内部自组织力量，并创造价值②。

关于政府在产业基地成长中的作用，不同学者从不同角度进行了分析和论述。波特指出，政府或非政府机构在集群发展过程中也起着重要的作用，政府的政策对集群的形成、发展模式和发展周期都有重要的影响（Porter，1998）③。Dankey（2003）通过对印度班加罗尔 IT 集群的研究表明了政府政策对企业集群的作用，认为政府政策可以引导资源流动和环境改善。Wallsten（2004）从文化、环境方面提出政府应从鼓励创业、促进良好的投资和创新环境等方面加快高技术企业集群的发展④。郑凌云（2004）指出产业集群需要一系列的制度创新，如现代产权制度、市场主导和政府辅助的二元机制、现代金融制度、创新文化等，这些制度的建立完善或多或少都有政府干预的影子⑤。史丹、李晓斌（2004）在调查问卷中发现，大多数人认为制度因素是影响产业发展最重要的因素⑥。符正平从地方公共产品的供给角度论述了政府在产业集群形成中的重要作用。王铮（2006）认为，政府作用对产业空间演变具有不可忽视的重要作用⑦。刘筱等（2006）也从产业集群演化的角度对政府干预产业集群形成、发展的必要性进行了论证⑧。随着研究的深入，研究主要集中在政府在产业基地发展中具体措施的实施和效果，黄建康（2005）认为政府政策实施对产业基地发展起到重要作用，主要体现在"制定内部行为准则"和"建立与自身相适应的制度"，既确保个体自制和灵活性，又加快内部自组织严谨进程⑨。丘海雄、徐建牛（2004）对产业基地技术创新中地方政府行为进行了研究，认为我国的地方政府是产业基地内技

① 王缉慈. 创新的空间——企业集群与区域发展 [M]. 北京：北京大学出版社，2001.
② 刘恒江，陈继祥. 国外产业集群政策综述 [J]. 国外经济与管理，2004（11）.
③ Porter M. Cluster and the New Economic of Competition [J]. Harvard Business Review, 1998, 76 (6).
④ Wallsten. Deconstructing Cluster: Chaotic Concept or Policy Panacea [J]. Journal of Economic Geography, 2004 (3).
⑤ 郑凌云. 产业集群视角下的高新园区发展 [J]. 产业经济研究，2004（11）.
⑥ 史丹，李晓斌. 高技术产业发展的影响因素及其数据检验 [J]. 中国工业经济，2004（12）.
⑦ 王铮. 高技术产业空间格局演变规律及相关因素分析 [J]. 科学学研究，2006（4）.
⑧ 刘筱等. 政府在高技术产业集群中的作用——以深圳为例 [J]. 科研管理，2006（7）.
⑨ 黄建康. 产业集群论 [M]. 南京：东南大学出版社，2005.

术创新的最主要行动者，其积极性和作用远甚于西方的地方政府；产业竞争加剧、市场失灵、地方中介组织缺位是地方政府积极参与的客观需求①。对于政府对产业基地形成、发展中的干预手段，有些研究从环境构建的角度分析。如窦虎（2005）分析政府通过财政投入引导，积极建设完善软硬环境可以吸引企业在地域内的集聚②；张蔓茵（2006）认为产业基地形成之初多为企业自发行为，但当基地形成后的发展中，政府应该实施积极的财政政策扶持，以保障产业基地健康发展③。而潘雄峰（2004）从企业资金约束、技术创新平台约束角度论述了政府合理财政扶持政策的必要性④。综上所述，对于产业基地（产业集群）发展中的政府干预与否，从波特到我国绝大多数的学者，基本上持肯定的态度，但对于政府干预的具体形式和干预程度意见不一。大多数的研究认为政府干预主要集中在软硬环境打造、内部制度、创新网络完善、财政优惠政策等几个方面。

（四）政府失灵理论

政府作为干预经济主体，同样会出现干预失灵问题，我们称为"政府失灵"。针对萨缪尔森等学者关于"政府干预"理论，之后诸多新自由主义者一直持怀疑态度。他们认为"市场作为看不见的手"的理论依然正确，任何市场以外的力量都不能代替市场作用，过度的政府干预会起到破坏作用。对于政府干预理论的学者提出的"市场失灵"现象，他们认为政府管制并非克服和纠正市场缺点的唯一途径。相反，市场失灵恰恰是政府干预的结果，而不是市场本身。"国家对经济生活的任何干预肯定都是一件坏事，而不是一件好事"（斯蒂格利茨，1998）⑤。以交易费用理论获得诺贝经济学奖的科斯指出："实际上，政府是一个超级企业……但是其运转成本大得惊人……直接的政府管制未必比市场更好地解决问题。"⑥ 如果把政府等同于和企业本质相同的组织，其失灵主要体现在政府的过多干预导致社会成本过高，政府整体管理效率低下。另外寻租行为和

① 丘海雄，徐建牛. 产业集群技术创新的市场行为 [J]. 管理世界，2004（10）.

② 窦虎. 基于产业集群发展的政府政策研究 [J]. 东岳论丛，2005（10）.

③ 张蔓茵. 产业集群成长阶段性政策研究 [J]. 科学学与科学管理，2006（6）.

④ 潘雄峰. 科技成果及其产业化的经济学分析 [J]. 科技进步与对策，2004（9）.

⑤ 斯蒂格利茨. 经济学原理 [M]. 黄险峰等译. 北京：中国人民大学出版社，2010.

⑥ Coase R. The Problems of Social Cost [J]. Journal of Law and Economic，1960（3）：1-44.

腐败现象的存在也是造成政府失灵的重要原因。根据布坎南的公共选择理论，所谓政府失灵，是指个人对公共物品的需求在现代化代议制民主政治中得不到很好的满足，公共部门在提供公共物品时趋向于浪费和滥用资源，致使公共支出规模过大或者效率降低，政府的活动并不总像应该的那样或理论所说的那样"有效"。在布坎南看来："政府作为公共利益的代理人，其作用是弥补市场经济的不足，并使各经纪人员所做决定的社会效应比政府进行干预以前更高。否则，政府的存在就无任何经济意义。但是政府决策往往不能符合这一目标，有些政策的作用恰恰相反。它们削弱了国家干预的社会'正效应'，政策效果削弱而不是改善了社会福利。"① 布坎南把政府和市场的关系纳入市场经济框架，认为政府组织与市场一样，同样是制度契约的产物，政府决策者同样是具有自私、理性的人，他们会追求自身"政治利益"的最大化而损害公共利益，因此政府干预同样存在缺陷，而同时他又把政府干预经济作为防范市场失灵的最有效手段。

既然政府从经济意义上来说也是与企业相似的资源配置组织，那么政府会存在与市场相似的失灵问题。政府并非我们赋予意义上的真正以公共利益最大化为目标的公共组织，具体部门对自身利益最大化的追求同样会产生政府的无效率。我国理论界对政府失灵的研究主要集中在对政府供给公共产品的效率和治理上的研究，李一花（2003）对政府的 X 非效率问题进行考察，得出由于缺乏内外部竞争、决策的多目标性导致政府干预低效率的存在②。王磊、张军（2004）则从交易费用的角度研究政府在公共品供给中存在信息不对称、自私行为及资产专用性等影响政府失灵的因素③。其他研究主要集中在对政府作为"经济人"角度，分析政府组织及官员作为"理性经济人"的个人利益追求所导致的腐败、寻租等低效率行为。

（五）理论综述评价

通过上述对产业集群和产业基地相关理论的梳理，我们看到有关产业集群问

---

①　J. M. 布坎南. 赤字中的民主［M］. 北京：北京经济出版社，1998.

②　李一花. 提高政府公共提供效率的思路［J］. 四川财政，2003（8）.

③　王磊，张军. 从交易成本经济学的视角审视公共产品的有效供给［J］. 吉林财税专科学院院报，2004（10）.

题国内外研究成果丰富，对于产业集群问题的研究也大量涌现，研究的视角广度和理论深度不断拓展，而对高技术产业基地的研究较少。通过学术期刊网搜索系统，截至2009年，期刊网中对高技术产业基地的研究理论文献不超过10篇（新闻式的报道除外）。产业基地本身是经济发展中的一种新的组织形态，产业基地内部涉及的主体更多，内部机制、外部动力等诸多方面都存在差异，因此有必要对产业基地从理论上加以提高和系统化，对政府在产业基地发展中的作用机制和模式进行深入分析和总结。从当前文献的梳理分析看，相关文献对于政府在高技术产业基地演化中的作用的研究更是少之又少，对高技术产业基地的研究更多是停留在具体案例式的研究，没有形成比较完善的理论体系。对政府干预作用发挥多从市场失灵的角度沿袭传统西方经济学的分析逻辑，包括政府的财政、税收等扶持政策，以及政府的引导、产业基地定位、公共物品提供等方面，关于"技术创新"、"网络组织"等方面而进行的政府干预问题的研究较少，从产业基地（产业集群）发展成长中对技术创新的政府干预问题的研究更是鲜有。过度的政府干预可能会对产业基地长期发展产生负面影响，那么政府干预的标准何在？对于不同类型产业基地的政府扶持政策的差异、政府政策的效果的测度以及政府干预的边界问题，当前的研究还属于空白状态，很多理论和实践中的问题还有待于进一步研究和探讨。

四、研究方法与创新点

（一）研究方法

（1）跨学科交叉的研究方法。本书的研究过程中涉及很多领域，是以问题为导向的多学科交叉的理论创新。高技术产业基地创新发展模式与内部机制问题既涉及当代经济学（包括新古典经济学、产业经济学、政府经济学、区域经济学、计量经济学等），又与技术创新学相联系；而分析产业基地内部不同主体间的关系还需要生物学中的共生性理论、系统理论中的网络组织等理论的支撑。因此在本书的理论运用过程中，从不同角度进行阐述，坚持以问题为导向，以解决实际问题为基点展开。

（2）理论推演和博弈分析。由于本书更多研究的是政府干预问题，特别是受限于辽宁省产业基地发展初期，数据样本较少，同时很多政府干预政策难以定量，因此在分析中采取了理论推演，在研究政府与企业关系、网络中企业之间的策略行为时，采取了博弈分析的方法。

（3）案例分析方法。案例分析是实证研究中另一种好的选择，案例分析能够更生动具体地展现经济现象；此外，在数据欠缺而无法通过计量方法进行验证的情况下，案例分析则可以起到有益的补充作用。为了获取第一手资料，我们对辽宁省几个重要高技术产业集群进行实地调研，将每个产业基地作为独立的案例进行研究，通过具有典型性的案例加以说明。

（4）对比分析法。对比分析法是区分相似事物的必要手段，政府干预型产业基地看似区别不大，但是众多的产业基地的发展过程、驱动力、内部机制等诸多方面都存在差异。通过对不同高技术产业基地的对比分析，分析彼此的联系和差异，通过个案的分析得出具有一定普遍意义的结论。

（二）创新点

（1）本文将结合以往学者的研究成果，对产业基地成长过程中创新实现的条件、路径及政府干预的机制进行深入研究。从高技术产业基地实现创新的条件入手，构建整个研究的框架，主要围绕高技术产业基地技术创新实现过程中的市场失灵、创新资源无效等方面研究论证政府干预高技术产业基地发展的现实依据。以往对政府干预影响的研究多从单纯的市场失灵、公共产品等角度分析，较少将其放在高技术产业基地成长的研究框架下。本书采取更宽阔的视角，结合辽宁高技术产业基地形成、成长中的典型特征，从产业基地演化中创新主题入手，试图构建在相对落后地区的高技术产业基地创新发展中政府干预的理论支撑体系，并从"技术公共产品属性"、"技术创新与知识外溢"、"制度失灵"等角度进行较为全面的梳理分析。

（2）从经济学的角度对辽宁高技术产业基地的发展中政府干预效率进行分析。政府干预效率基于高新技术产业基地的演化周期和特点分析政府干预与市场机制之间的协调关系，力图找到政府干预和市场机制之间作用的协同关系。

（3）由于辽宁高技术产业基地发展时间比较短，相关的数据有限，同时政府干预的力度和效果较难定量化，本书主要通过选取辽宁现有的具有典型性的几个高技术产业基地进行案例分析，预期找到可借鉴的经验、教训，从个案出发试图去总结一些具有共性的规律。

（4）以沈阳市铁西先进装备制造产业基地为对象，通过实际调研获取一手资料，并通过线性回归等数理统计分析方法，对政府干预的绩效进行实证性研究。通过实证分析方法，对政府在高技术产业基地发展中干预政策的实际效果进行验证。

第二章　高技术产业基地概述

一、高技术产业基地的内涵

（一）高技术产业基地概念的界定

对于产业基地的概念，目前还没有非常明确而一致的论述，根据《国家高技术产业基地发展指导意见》的界定：产业基地是指在特定的高技术产业领域中已初步形成产业优势和具备一定基础的地区，以重点发展具有产业特色和一定国际竞争力的高技术产业领域为目标，逐步形成上下游相关配套产业，互动发展形成产业链或产业集群，具备大规模生产能力和高水平研究与开发能力的特定区域（如软件产业基地、微电子产业基地、生物制药产业基地等）①。也有人认为，产业基地是"由政府或民间组织自发或规划筹办的富有规划性、具有产业集群效应的经济体"。另外有学者从产业基地的形态上进行界定，如李立认为"产业基地通常指的是相互有联系的公司及机构集聚的特定领域或在一定区域内建立的具有配套环境、布局相对集中的企业集群地带"②，把产业基地作为产业集群的一种新的表现形式，其本质就是产业集群；陈家祥认为"产业基地是市场经济下新兴的组织和开发模式"③，与产业集群具有关联性但又不完全等同。弓志刚等从高

---

① 国家发展和改革委员会. 国家发展改革委关于加快国家高技术产业基地发展的指导意见 [Z]. 2009 – 10 – 29.

② 李立. 新型产业基地的含义、发展模式及对策 [J]. 科技进步与对策，2003（7）：88 – 89.

③ 陈家祥. 特色产业基地规划的理论基础分析 [J]. 江苏城市规划，2008（5）：4.

技术性和其本身属性进行定义，认为"高技术产业基地是指在高新技术产业领域已经初步形成产业集聚优势和具备一定的技术资源、生产条件和市场空间，以重点发展具有鲜明特色、竞争力强的高新技术产业为目标，逐步形成大规模生产能力和高水平研究与开发能力的高技术产业集群"①。对于产业基地与产业集群、高新园区之间的差异的论述，目前的文献很少涉及。在对高技术产业发展模式的研究中，学术界多以高技术产业集群或高新区作为研究对象，取得了丰富的研究成果。但因为高技术产业基地发展时间较短，在理论界并没有得到较多的关注，并且容易与产业集群混同视之，学界对产业基地的关注较少，相关文献有限。从现有的文献看，对高技术产业基地的研究多集中在以具体案例为对象的产业基地规划及发展政策上，多为现象、经验等实践可操作性的研究，深入的理论探讨不足。

我们认为：高技术产业基地是通过中央政府或地方政府的合理规划，其旨在依赖于本地优势高科技产业或特色产业形成配套设施完备、生产协作系统紧密、互动发展特定高科技产业群，使其成为本区域特定产品规模生产、高水平研发、技术创新实现和扩散的经济综合体。从形式上来看，产业基地的内部机制优势本质就是产业集群，但产业集群可以看作是市场配置的结果和一种制度安排。而产业基地虽然具备产业集群机制的各项功能和内部机制，但产业基地的形成、发展中政府的规划色彩相对浓重。产业基地通过政府规划，起点高，基地规划具有明显的行政边界，内部功能分区明确、科学②。政府规划明确发展的产业定位、产业特色及发展重点，并通过政府的诸多政策性、干预性手段减少完全依赖市场机制演化中的不确定性和混乱的状态。我国国家级产业基地需要科技部火炬中心的认证，方能享受国家相关的优惠政策。产业基地的规划性较强，自发展之初就有清晰的发展规划定位和明确的功能分区③。因为其政府规划的特征明显，政府对产业基地的发展扶持和干预较多，多通过优惠政策、资金支持等方式促进产业基地的健康发展，以达到预期发展目标④。

---

① 弓志刚，高雷虹. 高新技术产业基地建设研究［M］. 北京：北京水利水电出版社，2010.
② 如大连软件产业基地规划出"四区一园"，即产业区、研发区、生活区、商务区和山林公园。
③ 本溪医药产业基地发展规划为"一心、两带、三园、三城"。
④ 如中关村的发展之初，北京市政府每年投入15亿元的专项资金扶持其发展。

（二）高技术产业基地的属性与特征

科技部火炬中心将高技术产业基地分为国家火炬特色高技术产业基地和国家火炬软件高技术产业基地两大类别。软件产业基地是由科技部火炬中心认定、以软件开发、信息产业为主导产业的 41 家区域软件园区构成，是支撑我国软件科技产业的最重要的产业集群。国家火炬高技术产业基地多为高技术、特色化产业主导。高技术产业基地定位不追求产业多元化而是追求产业特色鲜明，集聚程度高，特色产品的产业规模大，具有较高市场影响力，拥有明确的发展目标和发展方向。基地内集聚着一定数量的高科技企业和科技型中小企业，具有良好的技术创新资源和较强的自主创新能力，能够独立承担高技术产业化的研究实施。产业基地内部建立起紧密的产学研合作机制和创新协同网络，高效的创新网络、知识外溢效应加速内部企业技术创新产生、扩散和应用，产生良好的创新效果。同时，产业基地的发展，离不开良好的设施和制度环境，包括完善的交通、便捷的生活配套设施、完善高效的服务体系等。高技术产业基地属性主要集中在以下几个方面：

1. 创新资源集聚性

高技术产业具有高投入、高风险、高收益的特征。特别是在当前的世界经济形势下，高新技术创新能力成为国家间、区域间竞争最核心的要素，而高技术产业基地是一个区域创新资源的聚集地和创新产出的制高点。高技术产业基地具有良好的软硬件环境及优惠的政策支持，以原有产业优势为基础，加强对外部资源、企业的吸引，围绕主导产业形成关联性较强的产业群和产业分工链条。内部企业间通过协作形成紧密的创新网络和良好的创新氛围，吸引更多的创新资源在产业基地内部集聚，进而形成产业基地本身发展与创新资源聚集的良性循环。从我国高技术产业基地的发展现状看，产业基地以政策、制度、创新、服务等优势为基础，吸引企业投资、高端人才流入和创新软硬件设施的完善。部分产业基地内部聚集着高等院校、科研机构等组织，或者与高校、科研机构保持密切的联系与合作，紧密的产学研合作网络为基地的发展提供源源不断的创新源、高端人才支持及产学研合作土壤，保障产业基地前沿技术创新的实现。各类创新资源的聚集形成独特的创新效应，促进人才、知识、技术的流动、共享。而技术创新又与企业需求紧密对接，迅速实现技术的市场化和产业化，提升创新实效性，推动区域经济发展与产业升级。

2. 具有规模优势和大范围影响力

产业基地与产业集群相比，其产品专业性更强，不追求产品种类，强调产品的特色化和差异化。通过窄的产品种类实现生产规模的效应，降低产品生产成本。而基于生产规模、分工协作网络的优势一旦确立，就可以吸引同类企业的资金进入，提高区域产业的吸引力和辐射范围，树立区域产品品牌效应。通过扩大生产规模也扩大产品的市场影响力和整体区域的产品市场控制力，形成特色产品生产基地和供应链。例如南方昆山传感器特色产业基地，产品定位细化，通过政策吸引等措施使产业基地传感器产业由无到有，从小到大，形成年产5万只压力传感器，500万只气敏传感器，2000万只红外线传感器的生产规模，以传感器为特色产业形成了规模效应，其中红色传感器已占国际市场70%的市场份额，形成巨大的市场影响力和吸引力①。

3. 持续创新能力

高技术产业基地内部企业间既竞争又合作的组织关系，可以有效地促进技术创新并形成持久的技术创新优势。一方面，同类企业间地域的聚集可以形成直接、有效的竞争，巨大的竞争压力会形成强大的技术创新的动力，有助于整体技术水平的提升；另一方面，产业基地内部企业会形成相对完整的产业链条和紧密的创新网络，上下游企业通过技术创新的扩散提高产业基地内企业整体的创新能力，进而促进区域科技创新能力水平的提升；同时，产业基地内部相关科研机构、公共研发平台、信息交流中介又为产学研合作提供了基础条件，企业和科研机构基于彼此利益的合作会有效开展，使得前沿技术成果能够更快速转化为产品，获取竞争优势和超额利润。企业间协同效应也会促使企业间的技术创新合作联盟，通过共同研发降低风险、缩短创新时间，节约投入成本避免重复的研发投入行为。产业基地内部持续技术创新会形成新的经济增长点，并在良好的创新环境中不断发展，凭借技术溢出、知识溢出等报酬递增优势发展新的产业。

---

① 苏科．加快特色产业基地建设，推动高新技术产业发展——江苏高技术特色产业基地建设调查和分析［J］．江苏科技信息，2003（2）．

4. 形成完整的产业链及产业创新网络

产业基地不仅是简单的同类企业的区域集聚，更重要的是以产业基地内部的主导产业、龙头企业为依托，形成以重点产品为核心的完整的上下游产业链。以市场为基础结成网络关系，企业间相对独立，以平等的地位参与到整个区域的产业链中来。产业基地依托现有骨干企业，以培育壮大主导产品为目标，从原材料、零部件、整机配套、专用设备等方面入手，不断延伸基地主导产业的产品链、产业链，努力培育和壮大关联产品群、企业群。产业基地组织形式不仅表现在上下游产业形成较为完整的产业链，而且包括围绕产业链周围相关的区域创新系统，包括技术信息平台、产学研合作组织、孵化器、中介公司等技术合作转化的专业服务机构，还包括国家、政府相关的产业政策、技术政策的支持体系。

5. 演化非常态性和高风险性

与传统产业基地的演化相比，高技术产业基地内部主导产业以战略新兴产业为主，不同于一般意义上的产业集聚，在战略选择、发展路径、制度构建等方面表现出独特的规律性。高技术特征促使产业基地发展会随技术的进步而产生跨越式、超常规发展的特性。当然，如果不能够很好地把握技术发展趋势和迅速学习成长，高技术产业基地也可能会迅速走向衰退，产生后续高风险。另外，高技术产业属于资金、技术密集型产业，因其前期投入比较大，创新不确定性高，具有较大的风险性。一旦产业基地发展战略选择、技术研发战略不当，前期投入难以回收，成为沉没成本，体现出较大的风险性。同时，高技术产业与传统产业相比，全球新技术变革日新月异。因此，高技术产业基地要承担着较强的外部不确定的因素所带来的风险。

6. 高度专业化和区域根植性

产业基地内部多生产一类或少数几类相关的主导产品，产品专业性和特色化效果明显，技术专用化现象显著。如阜新液压产业基地，以本地优势的液压产业为核心形成的液压元器件为主的特色产品类别。产业基地不仅是简单的同类企业的区域集聚，更重要的是以产业基地内部的主导产业、龙头企业为依托，形成以重点产品为核心的、完整的上下游产业链。一般产业基地内部都有一个或少数几个核心龙头企业，以龙头企业为中心形成上下游紧密的生产分工网络，每个企业都高度专业化生产，高度的专业化与紧密的合作网络不仅提高最终产品的低成本优势，而且专业的分工有利于单体企业生产效率的提高和技术创新的实现。

我国现存建设的产业基地大多依赖于区域资源优势或传统的优势产业、特色产业而发展起来的，特色性和区域根植性强。如景德镇陶瓷新材料及制品产业基地、江门纺织化纤产业基地、本溪中医药产业基地等，都是依赖于当地传统的优势、特色产业为依托发展起来的。这些产业发展历史悠久，在当地产业结构中占有长期的优势，并与当地的经济、文化氛围、社会关系紧密结合，深深嵌入当地社会经济之中，企业流动性小，区域根植性强。

（三）高技术产业基地与产业集群、高新区的内涵区分

1. 相关概念

高新技术开发区、产业集群和高技术产业基地作为我国推动区域创新实现的三种主要模式，它们之间既有共同点，也有明显差异。三种制度效应发挥都可归结为产业集群效应，在内部分工协作效应、技术创新外溢效应发挥等方面具有相似性，但这些相似概念之间具有差异性。经济开发区兴起于改革初期，本质上还是以要素投入驱动型的传统增长方式，是当时我国大规模引入外资、大力发展经济背景下的政策选择。开发区主要通过政府划定合适区域并投资进行基础设施建设，以优惠的政策吸引外埠企业投资建厂，促进区域经济迅速发展。高技术开发区产生于科技快速发展的20世纪90年代，目的是提高我国技术创新能力，加快技术成果的产业化步伐。

科技部制定火炬计划旨在推动高新技术自主创新实现，推动高技术成果的产业化和市场化。通过制度模仿诸如美国硅谷、日本筑波科学城等建设高新技术开发区，通过科技资源集聚发挥产业集群优势，促进技术创新、创新外溢和技术产业化。但从高新技术开发区具体绩效来看，很多高新区经济区，高技术企业整体上创新能力、创新效应偏弱，诸如政策考核体系、财政压力等行政抑制了制度体系对企业创新的带动效果。

2. 比较与差异

我国高技术产业基地是科技部实施的、旨在推动我国高科技跨越式发展的一种政策形式。因此，高技术产业基地和产业集群在形式、机制、内部组织结构等方面是非常相似甚至相同的。但是从其发展演化过程看，在其演化的机制、演化

中政府作用等方面是存在差异的。我们认为高技术产业基地与高新经济区、产业集群虽然在形式上很相似，但从其产生的动力来源看，产业集群作为市场机制配置的结果，通常通过市场机制形成、发展壮大，市场机制是产业集群发展的最根本动力；而高技术产业基地本身作为顶层（国家科技部）促进高科技发展的制度设计，由科技部火炬中心具体认定、审批、管理，并且采取"火炬扶持项目"形式，每年对高技术产业基地内通过项目评审的高新技术企业进行专项扶持。产业基地的规划、认定、发展扶持都离不开政府相关政策支持。而从高新技术开发区形成来看，多是政府直接推动、规划而形成，多数国家级高新区本身是具有行政管理权的一级政府，管辖范围较大，拥有完善的行政部门管理体系。其形式、体制、边界等与高技术产业基地具有差异。

从内部产业主体来看，产业集群涉及的主体产业较为广泛，从改革开放之初南方省份制衣、小商品产业集群到现在各类产品产业集群。早期的产业集群以生产制造为主，依赖市场机制逐步演化形成。任何产业形成集群后，都会产生因地理接近、分工协作、竞合机制而获取集群优势，促进产业的发展和竞争力提升。而高技术产业基地建设的目的是为了谋取我国未来战略新兴产业的优势，重点支持新材料、生物技术、电子与信息、机电一体化、新能源及环保等几个处于成长阶段却对未来发展战略性极强的战略新兴产业。从我国高技术产业基地实施的具体情况看，高技术产业基地内部产业兼有"高新技术"和"特色产业"双重属性。"高技术"属性决定基地内主导产业类别，集中在少数几个战略新技术产业；"特色性"则强调产业基地的产业选择基于地区的资源禀赋和产业历史。而高新技术开发区的主体产业也是以高技术产业为主体的，但高新技术开发区功能相对宽泛，并且高新区多兼有经济开发、技术创新和行政等多重职能，是集经济、行政、居住等功能于一体的区域综合体。

从地域边界来看，产业集群主要依赖于市场机制形成，由最初的少数企业在市场竞争中获取优势而逐渐发展壮大，围绕主导企业吸引外围企业分工配套，以市场交易为核心的分工网络形成，并进一步强化了主导产品市场竞争力。在竞争力不断被循环强化过程中，产业集群的市场竞争力不断巩固提升。随着发展，集群效应、对外吸引力不断增加而吸引更多相关企业的集聚和发展，产业集群的边界不断扩大。如浙江省诸暨的大唐袜业产业集群，改革开放初期大唐镇的几十家作坊式企业，经过20年的发展，大唐袜业已经扩展到17个相邻乡镇，围绕主导产业有超过万家企业，年产各类袜子近百亿双。可见，产业集群的边界是动态的、不确定的，其区域范围取决于产业集群发展的阶段和发展态势。而有些产业集群不仅覆盖一个行政区域的部分，也可能横跨两个或多个行政区域，覆盖的地理范围比较广泛①。产业集群的商业边界与区域行政边界没有关系，以市场上的商业网络联系范围为基础而非行政区划。而高技术产业基地多是以政府规划为主，在产业基地发展之初，高技术产业已经发展到一定的规模，地域范围相对比较稳定，而且政府根据具体的产业基地规划确定明确的地域边界、功能分区。产业基地的边界相对清晰，多是以行政的手段确定的固定区域，而这些区域多是以行政区域作为划分界限的②。高技术是为了加快高新技术自主研发能力，实现我国高技术产业的跨越式发展。政府把高新区建设成为国家科技、经济和行政管理体制改革的试验先行区而推动高技术开发区的建设，高技术开发区开发区也具有明确的边界。高技术开发区不仅是企业集聚发展组织，而且多具有改革试验区的功能；不仅经济组织，而且也是具有管理职能的行政区，拥有相关的行政组织和管理部门。从实践上看，产业基地的边界相对清晰，多是以行政的手段确定的固定区域。关于三个概念的差异具体见表2－1。

表2－1　产业基地与产业集群等差异比较

	高技术产业基地	产业集群	高新技术开发区	经济开发区
形成机制	政府规划为主	市场自发形成为主	市场机制与政府规划结合	政府规划为主
政府作用	优化软环境和发展政策，完善创新平台和服务保障体系	发展后期的引导、规范，主要投向	营造软环境为主，在支持创新创业等方面投入较大	招商引资及硬环境建设为主，政府在招商引资上投入较大
内部产品专业度	产品专业度高，关联度很强	产品同类，但产品线较宽	产业多元化，关联度较差	多产业，产业关联度差
网络化程度	高	高	低	低

---

① 如我国的一些旅游产业集群，倾向于具有较为宽泛的范围。
② 从我国产业基地的实践来看，我国几乎所有的产业基地都分布在地市级行政区划之内。

续表

	高技术产业基地	产业集群	高新技术开发区	经济开发区
目标定位	形成高技术产业创新体系	低成本、高效率的生产体系	发展高新技术产业、促进技术创新	增加区域经济总量为直接目标
功能区划分	合理的功能分区、规划	较为自由的市场发展，缺少长远的规划	明确的区域划分，内部功能分区清晰	范围明确，功能分区清晰

资料来源：根据科技部火炬中心等资料修改整理。

（四）高技术产业基地三大效应

1. 极化效应和涓滴效应

对于高技术产业基地，其能够迅速发展起来的根本原因在于高技术产业创新发展、集聚所产生的"极化效应"，并通过企业、产业间直到区域间的关联把区域竞争优势扩大，形成具有竞争力的区域产业网络。增长极理论是1950年经济学家佩鲁提出的经济发展理论，沿着佩鲁的增长极理论演化出了一系列关于区域非均衡增长的理论。按照赫希曼的非均衡增长理论，区域资源是有限的，如何有效地配置资源达到整个区域的经济最优的发展模式，应依据区域的不同定位和发展的基础，实施非均衡发展的思路。以区域内的一个或几个优势产业、产品或区域内某一具体的城市作为经济发展的极点，超常规发展，再通过极点发展带动整体经济的提升。增长极效应对区域经济发展存在两种影响——"极化效应"和"涓滴效应"。"极化效应"是把有限的稀缺资源集中投入到发展潜力大、规模经济和投资效应明显的少数产业和区位，使增长点的经济实力增强，同周边区域经济形成一个势差，成为区域经济增长的重要推动力。在短期内，"极化效应"会造成发达地区区位优势的强化，而处于落后的地区劣势将更加明显，造成发达区域与落后区域间发展差距的拉大。"涓滴效应"最初用来解释福利经济学中增加富人消费能力对穷人收入的提升效应，而后在区域经济发展中被用来解释区域内或邻近的区域间快速发展的增长极点最终对落后区域的带动作用。"极化效应"在短期内会拉大区域间差距，但从长期看，发达区域通过增长极点向外围区域的扩散效应、产业互补融合等，带动落后区域的共同发展。通常"极化效应"和"涓滴效应"共同使用，即"极化—涓滴效应"。"极化—涓滴效应"在区域经济增长的实践中被不断验证，即在资源、条件有限的情况下，通过"极化效应"快速集中资源，促进区域经济增长速度和竞争力构建当区域的极化效应发展到一定程度，经济得到快速发展，扩大的产业规模优势必然向周围区域扩散，形成产业层级转移、经济辐射效应，进一步把增长极点经济发展的影响辐射到区域内部更广阔的领域，带动区域内部的重新的区域分工，推动区域落后地区的经济发展和产业结构升级，最终通过"涓滴效应"带动整个区域经济差异的缩小，促进区域共同的经济发展。

2. 产业集聚和资源同享效应

在产业基地内部，大量的相关产业集中在特定的地域范围内，企业间的集聚可产生广泛的集聚经济效益。如共同分享各种基础设施、服务设施、公共信息资源和市场网络；共同利用某些辅助企业，包括提供零部件或中间产品、加工下脚料或废料以及提供生产性服务的辅助企业，减少能源和原料损耗，有利于循环经济和集约化生产方式的实现。通过建立长期合作关系，将进一步促进企业之间进行深度专业化分工。分工与合作互为条件，最终实现提高产业基地竞争力的目标。

成熟的产业基地内部除存在企业间的相互竞争、合作而产生资源同享、技术外溢效应外，在产业基地周围围绕主导产品生产还存在各类公共部门、服务平台、科研机构等不同的服务性组织，并通过这些外围服务机构形成与高技术产业基地产业的互促模式，增强整体产业基地效应。这些企业与组织之间通过协同机制，通过正式或非正式接触合作，形成相互信任机制和信息共享机制。产业基地内企业间接触频繁，联系密切，在长期的交易、合作中为了长远的利益会选择彼此合作和信任而不是欺骗，合作机制在创新协同中表现更为突出。在当今技术创新中，更多的技术创新通过隐性知识储存、传递，隐性知识很难通过语言表述，而产业基地地域集中、相似的文化制度背景和相互的信任为企业间、企业与服务组织间直面交流接触提供了条件。产业基地的内部网络特征也促使技术创新行为在企业间横向和纵向的影响，公共信息平台、共享共用平台等服务系统又成为知识、技术扩散的加速器。同时，产业基地内部相关科研机构、公共研发平台、信息交流中介又为产学研合作提供了机会，企业和科研机构基于彼此利益的合作会有效开展，使得前沿技术成果能够更快速转化为产品，获取竞争优势和超额利润。同时，企业间协同效应也会促使企业间的技术创新合作联盟，通过共同研发降低风险、缩短创新时间，节约投入成本避免重复的研发投入行为。

3. 产业共生效应

共生理论最早出现在生物学领域，共生是不同主体间基于"营养性"的联系，是一起生活生物体某种程度的永恒性物质联系。经济学视角下的共生效应是指产业基地的经济主体之间存续性的物质联系使得各经济体更好地发展。驱动产业基地共生效应形成的内因是产业链的连续性质，外因则是产业链连接所带来的价值增值性质。产业共生效应包括三个基本特征，即融合性、互动性、协调性。与产业融合不同，产业共生效应的融合性关注产业创新及其价值增值过程中的业务连接关系。因此，技术的互补、产品的供需、业务模块的组合等都可以促进产业基地内共生视角下的融合。融合是共生的前提，没有融合就不可能产生共生。由产业共生效应而定义的融合，是与产业价值创造和实现的天然属性相联系的，是以价值共创为基本前提的。物质能量的不断交换是产业共生效应的基本特征。产业基地产业间的互动性就是产业间共生效应持续推进的物质基础，也是产业基地共生效应的具体体现。当产业基地内某一产业占主导地位而迫使另一产业为其服务时，互动关系就具有"主动—被动"性质；当产业基地内两类产业的平行发展互动时，互动关系具有"主动—主动"关系或"主动—随动"关系。协调关系是产业基地产业共生效应的另一个内在属性，协调性所强调的协调具有多重特征。基于产业基地产业共生效应的两种重要的协调关系是形态协调和功能协调。产业基地内企业在空间上和产业链上一般存在着融合性和互动性，但协调性却可能并不必然地与空间发生联系。在产业基地内，大量企业聚集在一起不断进行着能量的传递、资源的共享，我们可以认为是此种具体形态下的协调称为形态协调。然而，基于特定空间的产业基地并非是稳定的，产业基地在一部分企业迁出基地后可能产生三种变化：一是原有产业基地的消失；二是产业基地的升级；三是原有产业基地在空间上消失，但原有产业基地的经济功能依然保留在所处空间。

二、我国高技术产业基地发展基本情况

（一）高技术产业基地在近十年快速发展

自1995年第一家高技术产业基地成立以来，国家高技术产业基地在科技部及各级地方政府的大力支持下，发展迅猛，成为支撑地区经济发展、科技创新实现及高技术与产业融合的重要支撑力量。2003～2014年，我国高技术产业基地数量从47个增长到369个，增长了6.8倍；高技术产业基地内部企业数量从4272个增长到118231个，增长了26.7倍；工业总产值增长了23.5倍，总收入增长了23.7倍，上缴税额增长了26倍，纯利润增长了23.6倍，出口创汇增长了27.6倍。可见，从我国整体高技术产业基地发展情况看，产业基地数量、内部资源吸引、衍生效应等都取得了较好的效果，高技术产业基地成为我国各地区经济发展和科技创新的重要力量。

表2-2 国家高技术产业基地基本数据

年份	基地数量（个）	基地内企业数量（个）	工业总产值（亿元）	总收入（亿元）	上缴税额（亿元）	纯利润（亿元）	出口创汇（亿美元）
2003	47	4272	3603.9	3461.5	185.1	239.2	61.2
2004	79	12050	7331.2	7181.0	362.5	465.9	154.2
2005	128	17691	11765.4	11566.2	643.4	711.6	264.3
2006	133	26563	15059.6	15003.9	806.6	938.6	347.2
2007	169	39233	21925.1	22893.4	1053.7	1348.9	578.5
2008	209	49139	25193.0	28716.0	1649.5	2006.4	792.8
2009	235	67990	37183.6	36759.2	2558.5	2712.9	836.1
2010	248	82520	47583.2	47878.5	3472.9	3659.4	1116.1
2011	288	85394	60681.6	61061.4	3606.6	4472.9	1364.6
2012	314	93128	69539.1	68648.3	3844.1	4819.8	1463.7
2013	342	102893	81647.3	76521.4	4407.7	5563.6	1560.3
2014	369	118231	88227.1	85646.0	4996.5	5874.9	1744.1

资料来源：根据科技部国家火炬中心网站相关数据整理。

（二）我国高技术产业基地创新投入及绩效

1. 我国软件高技术产业基地创新投入情况

高技术产业基地肩负着创新孕育、扩散、市场化与产业化的重要功能。在20 余年的发展中，高技术产业基地在推动高技术产业创新资源集聚与扩散、创新实现与产业化方面发挥了重要作用。随着信息化和"互联网＋"的发展，软件行业成为高技术产业的典型代表，现有以软件为主导产业的国家级高技术产业基地超过 40 家。我们通过我国软件高技术产业基地的研发相关数据进行比较分析。

表 2 – 3 我国软件高技术产业基地科技经费、研发投入及出口情况

年份	科技活动经费筹措总额（千元）	软件研发支出（千元）	出口创汇额（千美元）
2008	52334546	18068148	7840994
2009	58664865	26175088	10352084
2010	67302611	27201659	10046383
2011	73729417	46034767	10852736
2012	105096792	62051045	22276585
2013	139242308	61290467	—
2014	171373716	77547795	33412534

资料来源：根据科技部国家火炬中心网站相关数据整理。

从表 2 – 3 的统计数据可以看出，2008 ~ 2014 年，我国 41 家国家级软件高技术产业基地科技经费增长了 2.27 倍，高技术产业基地内软件研发投入增长了3.29 倍。可见，高技术产业基地在短期内凭借着高技术产业集聚效应引导企业创新投入，通过持续创新又进一步提升企业创新投入能力与动机，并吸引外部创新资金涌入。政府为了更好地发挥产业基地经济引领作用，加大对企业科技活动的支持。2009 年，国家级软件高技术产业基地共获得政府部门科技资金 38.8 亿元，获得地方政府科技资金 19.9 亿元；而 2014 年获得政府部门科技资金 151.4亿元，是 2009 年的 3.9 倍；获得地方政府科技扶持资金 95.9 亿元，是 2009 年的4.8 倍。可见，各级政府对高技术产业基地科技创新扶持力度不断加大，侧面也

反映出高技术产业基地内部创新绩效的提升。科技资金投入增加提升了产业基地内软件企业的创新软件条件，企业各类技术中心数量迅速增加，科技服务机构在四年之内翻了两番（见表 2-4）。而创新软硬件条件提升与创新研发的投入增加，又促进企业竞争力提高，2014 年软件高技术产业基地出口创汇 334.1 亿美元，是 2009 年的 4.26 倍。

表 2-4　2011~2014 年我国高技术产业基地（软件企业）各类创新机构数量

单位：家

年份	国家工程中心数量	省级企业技术中心数量	市级企业技术中心数量	企业博士后流动站数量	科技服务机构	支撑公共服务的投入（亿元）
2011	243	1835	3116	459	1961	458.4
2012	299	2157	4095	556	3801	1046.7
2013	309	2642	5333	739	4217	594.7
2014	355	3113	6321	866	4675	2167.2

资料来源：根据科技部国家火炬中心网站相关数据整理。

高技术产业基地内创新硬件条件的完善与政府各类公共服务的投入相关，国家工程中心数量及各企业技术中心的数量增长情况与国家支撑公共服务的投入具有较为显著的关联性，2012 年和 2014 年是政府公共服务投入较多的年份，相应地，国家工程数量中心数量增加较快（2012 年增长了 23%，2013 年增长了 15%）。

2. 我国高技术产业基地创新绩效

随着产业基地内部企业集聚和创新环境不断完善，创新绩效提升迅速，成为区域产业创新重要源泉和技术专利产业化对接的重要载体。从表 2-5 可以看出，2011~2013 年，高技术产业基地技术专利申请、国外专利申请数、专利授权数等指标都呈现较快增长的态势。国内专利申请数、发明专利申请数、发明专利授权数等指标两年翻了一番，表现出良好的创新产出绩效。从发明专利的申请数和授权数看，两者所占比重有所增加，说明高技术产业基地内企业创新绩效不断增强。

表2-5　2011～2013年我国高技术产业基地内企业专利申请数量

年份	国内专利申请数	发明专利申请数	实用新型专利申请数	申请国外专利数	专利授权数	发明专利授权数
2011	119522	23137	51619	823	73148	7525
2012	160582	37276	61505	1218	99639	10139
2013	226605	53500	81782	1463	122746	14169

资料来源：根据科技部火炬中心网站相关统计数据整理。

三、高技术产业基地是驱动区域经济发展的重要载体

（一）高技术产业基地是区域新兴产业孕育发展的重要载体

自20世纪60年代以来，世界高技术产业蓬勃发展，基于高技术产业领域的竞争愈加激烈。我国在高技术特别是未来战略新兴产业方面与发达国家间的差距不断拉大，主要体现在战略新兴产业基础性研究基础薄弱，核心关键技术突破有限。而技术研发制度缺失，众多高技术企业本身缺乏核心技术研发能力，缺乏具有竞争力的产品，在竞争中处于劣势地位。竞争劣势又导致在高投入、高风险、多学科交叉创新背景下的创新投入能力不足，依靠单一企业无法实现与国外同类企业的竞争，更勿谈未来战略新兴产业的孕育。单纯依赖企业自发的创新实现在未来高技术领域的竞争优势希望渺茫，我国政府应该站在国家未来科技发展的战略高度实施有效的高技术发展政策，聚焦未来具有发展潜力的高技术新兴产业，谋求未来战略技术领域的优势。在此背景下，中央政府结合我国技术发展现状和未来科技发展趋势制定我国科技发展战略。"863"计划中明确提出要在"微电子科学、电子信息技术、空间科学和航空航天技术、光电子与光机一体化、海洋工程技术、医药科学与生物工程技术等"前沿技术领域建立知识密集型的新兴技术先导产业，高新技术产业基地即是在当时背景下提出的推动我国高技术产业发展及产业化的一大举措。高技术产业基地作为区域高技术资源的汇聚地，奠定以

创新驱动发展的基础，并依托国家及地方政府的政策优势，迅速发展，形成规模。

（二）高技术产业基地是促进区域经济增长方式转变的重要形式

高技术产业基地是承载区域新兴产业孕育发展和实现新技术市场化、商业化的载体。随着全球经济向知识经济时代转变，区域产业结构调整优化升级是不可逆转的大趋势，具有高技术、高附加值的新兴产业是支撑区域未来经济发展的希望。每一次社会大发展的背后都是新技术的突破和广泛运用，创新推动着全球经济的变革，推动着区域产业结构不断地优化升级。

高技术产业基地本身的演化具有阶段性特征，对资源需求也具有阶段性差异。在高技术产业基地形成初期，产业基地处于区域经济体系的低梯度地区，不具备快速发展的各项要素资源，需要不断强化核心竞争力和吸引力诱发区域经济内部的各种要素资源的重新配置。区域产业体系对高技术产业基地发展起到外部支撑系统的作用。这一时期，高技术产业基地的特点是创新缺乏、无核心竞争力，需要政府的介入，通过相关的政策措施等强化产业基地的吸引力，诱发各种要素资源不断流入产业基地。随着产业基地发展中要素支撑作用的深化，高技术产业基地的创新效应不断强化，通过模仿创新和自主创新逐步形成了核心竞争力和吸引力，产业基地和区域产业体系的内部自组织的交互作用系统开始发挥作用。进入创新常态期，高技术产业基地的核心竞争力和吸引力诱发各种要素资源在区域产业体系内部流动，高技术产业基地演化为区域经济中的高梯度地区。基于比较优势的梯度之间的互动关联与梯度推移的多元交叉互推使得优势梯度本身得以螺旋式配置，一个地区多种优势要素通过乘数效应聚合为新要素，新要素的产生和梯度式分布，引致了原来的诸种要素的再配置（李具恒、李国平，2004）。重新配置的各种优势要素资源进一步强化产业基地的核心竞争力和吸引力，增强了产业基地对区域经济发展的中心辐射带动作用，进而推动了区域产业结构的升级和区域产业体系的动态演进。

高技术产业基地与区域产业体系互动发展的内在原因是高技术产业基地自身的核心竞争力和吸引力以及辐射带动效应。高技术产业基地通过创新的缺乏期、效仿期和常态期的演变过程，不断形成基地的核心竞争力和强大的吸引力，诱发区域产业体系的各种要素资源向基地聚集。区域产业体系对高技术产业基地发展起到外部支撑作用。同时，高技术产业基地逐渐发展为区域经济的高梯度地区，具有一定的中心辐射带动作用，区域内部不同梯度之间的互动关联和多元交叉互推，推动了区域产业结构的升级和区域产业体系的动态演进。但在高技术产业基地的核心竞争力和吸引力的形成之初需要来自外部的影响因素的作用，推动高技术产业基地与区域产业体系的互动发展。

以辽宁构建高技术产业基地的带动效应为例，在2008年金融危机的不利形势下，2009年，仅辽宁省科技厅主抓的五个基地建设就已拉动固定资产投资330亿元。当时预计到2015年，五个基地都将实现销售收入超过1000亿元，将给辽宁增加5000亿元的增量，占全省工业经济总量的1/10。特别是对于阜新、朝阳这两个资源枯竭型城市和相对落后区域，产业支撑力不强，高新技术企业比重很低，集中建设的"阜新国家液压高技术产业基地"和"朝阳超级电容高技术产业基地"对推动两个城市经济转型、产业结构调整升级具有重要作用。据当时测算，到2015年，阜新和朝阳两个市的高技术产业基地产值将占全市工业经济总量的一半以上。如果辽宁几大高技术产业基地能够如预期健康发展，会成为未来辽宁经济升级、区域产业转型的重要支撑力量。

（三）高技术产业基地是区域创新体系的重要组成部分

区域创新体系是源于对国家创新体系研究的延展，弗里曼（Freeman，1987）首先提出了关于国家创新体系的思想，他认为企业创新的实现不仅仅是企业自身行为，而是涉及企业、科研院所、中介机构、服务体系等多重组织共同构建的创新体系。之后的伦德瓦尔将国家创新体系从"知识产生、流动扩散、应用"等绩效角度进行分析，OECD、佩特尔等沿此思路进行较为深入的分析。随着国家新体系研究的深入，众多学者又开始了对区域创新体系的研究，英国库克（1992）从区域创新体系构建评述了未来欧洲国家竞争新规则的变化。另外，以硅谷为代表的新的区域竞争模式转变也推动了学界对产业集群研究的深入，共同推进了区域创新体系的研究。区域创新体系主要包括创新主体要素、创新功能要素和制度环境要素三大部分。区域创新能够实现，企业是创新主体，科研院所、地方政府、中介机构等也是不可或缺的；环境要素主要包括相关的政府政策制度安排、体制机制的作用等软要素影响。

高技术产业基地作为技术创新实现、扩散、应用推广的区域产业组织，本身就是区域创新体系的重要组成部分。高技术产业基地以政策为吸引，可以积聚大量的科技要素，包括高技术企业、科研机构的配置及一系列相关的配套服务体系（包括科技孵化器、中介机构、风险投资等），这些科技要素在有限的区域内积聚，激发产业基地内科技要素的创新实现及知识外溢，邻近区域搭建产学研合作机制，以实现多元创新力量共同促进创新实现。而密集的创新扩散网络，又使得最新的创新成果能够较快地实现市场化和商业化，提升企业产品竞争能力，取得良好的创新社会效应。据统计，我国高技术产业基地吸引了近 20% 以上的研发经费，占高技术产业基地的比重超过 5%，GDP 能耗约为全国平均能耗的一半。高技术产业基地建立起相对完善的产业培育体系和技术创新体系。依靠各类组织研发资金投入和稳定的技术创新网络及知识外溢网络，高技术产业基地成为区域重要的技术创造源和扩散源，成为推动区域创新实现的重要力量，是区域技术创新体系的重要构成部分。

第三章　高技术产业基地内部技术创新机制分析

一、高技术产业基地技术创新的影响因素

高技术产业基地的形成首先是政府依据本地产业优势的规划、申报、认定而形成，而产业基地形成后的演化与内外部市场的交互关系、新知识、创新的产生和外溢效果、基地内部各组织间紧密、稳固的网络组织与合作关系等紧密相关。综合产业基地和产业集群的相关研究，我们把影响产业基地创新发展的因素归结为创新资源、组织网络关系和技术创新与外溢三大方面。

（一）内外部创新资源供给及内外部市场环境

高技术产业基地内部企业创新基础、企业创新能力、创新资源及公共创新资源等，是影响内部创新绩效的重要影响因素。任何产业、企业或产业基地的快速发展，根本源于当前和未来持续的国内外市场的需求。同时，作为一种经济组织、经济现象，产业基地本身的形成、演化及内部机制的实现，与每个组织所面临的内外部市场密切相关。广阔的市场需求形成企业对未来盈利的良好预期，是推动产业基地创新发展的最根本动力，"市场"被经合组织专家巴家克（Barjak，2004）认为是推动产业基地发展八大成功因素之一①。斯科特（A. Scott）则将新

---

① Barjak F. Analyse Innovation Wettbewerbsf, Branchenclustern in Schweiz – State of the Art. Reihe A：Discussion Paper 2004 – 2007, Schweiz：Fachhochschule Solothurn – Nordwest schweiz, 2004.

产业区定义为基于合理劳动分工的生产商在地域上结成的网络，这些网络的发展状况直接受制于产业的未来市场需求状况①。

市场对高技术产业基地发展演化的影响主要基于产业基地外部和产业基地内部两个层次。从外部市场来看，高技术产业基地形成多依赖企业基于收益递增和成本降低目的的自由的资本流动，资源通过市场流动实现重新积聚、组合，并通过累积产生比较优势的扩大，推动产业的积聚和产业竞争力的提升，推动产业基地不断发展和向更高层次演变。基于市场的高技术产业基地演化是推动其发展、创新的原动力之一。

市场机制的活力源于企业间在平等条件下的有效竞争，通过竞争压力促发企业的发展动力，通过优胜劣汰的机制保持市场的效率和资源有效配置。在高技术产业基地内部，大量同类企业的存在导致竞争更为直接和激烈，竞争压力带来持续创新动力，并推动产业基地整体竞争力的提升。按照产业基地内部的企业构成结构特征，可以分为以龙头企业为核心的"轮轴"式产业基地模式和以中小企业为构成主体的"网络式"产业基地模式。② "轮轴"式结构是以一个或少数几个大型龙头企业为核心，周围围绕着为数众多的配套企业。这类组织结构内部的竞争主要体现在同类产品配套企业之间的竞争，通过竞争压力推动配套企业不断地提高技术水平和生产效率而获取竞争优势，而龙头企业也可通过配套企业供给产品效率的提高带动主体产品竞争力的提升。另一类是以中小企业为构成主体的"网络式"产业基地模式③是以生产同类产品的企业为主，企业间实力相近，竞争激烈，通过企业间激烈的竞争促进企业的研发、创新等行为，不断提升企业技术水平，带动产业基地整体竞争力的进一步提高。同时，激烈的市场竞争促使不同的企业构建符合自身资源和条件约束的核心竞争能力和产品差异化的选择，带动整个产业基地产品供给的多样化、独特化，进一步推动产业基地本身对外的竞争能力和市场占有率。产业基地内部的竞争会迫使企业处于可持续的和动态的调

---

① A. Scott. A Collective Knowledge Communication and Innovation: The Evidence of Techonological Districts [J]. Regional Studies, 2000, 34（6）.

② 辽宁省是我国重要的老工业基地，大型龙头企业较多，但是配套中小企业不足，如辽宁省铁西先进装备制造产业基地就是典型的"轮轴式"产业基地模式。

③ 南方产业基地多为中小企业形成的"网络式"产业基地模式，南方众多的诸如江苏电线电缆特色产业基地等众多基地都属于此类。

整之中，促进动态竞争力的提升。

随着全球化、经济一体化和信息化时代的到来，全球竞争压力与信息技术的发展，整个世界变成一个更为广大、竞争更为充分的大市场，每个国家、区域都置身其中。一方面，每个国家的企业外部市场骤然打开，全球化带来了更加巨大的市场机会；另一方面，每个企业都要面临来自全球的同类产品的竞争，竞争异常激烈。新的市场形势带动了企业间关系和竞争模式的大变革，以单个企业为主要形式的竞争态势已经被打破，企业间竞争模式体现在以产业基地、产业集群为形式的新载体间的竞争。高技术产业基地内部企业间的竞争与合作关系不是孤立的，而是共生融合的状态，这种关系是产业基地优势产生的源泉（钮兰兹，2003）[1]。

同时，外部市场需求的多样化、快速变动的特性，导致传统企业的"规模优势"、"成本优势"作为核心竞争力的功能下降，取而代之的是产品的高端化、差异化和对外部市场变动的敏捷反应。在产业基地内部，企业获取信息广泛，保持对外部市场的敏感性；技术创新合作保障技术创新的高效性，缩短技术创新和商业化时间。可见，外部市场环境变动与产业基地的成长是动态的、互相促进的双向关联。

高科技产品的需求在全球市场是具有扩散规律的，根据弗农的产品国际市场扩散理论，传统高新产品在全世界市场呈现由发达国家向次发达国家及落后国家扩散的过程。但是随着全球化的推进，全球分工体系被打破，世界市场的层级扩散效应减弱，不同市场的同步性增强。发达国家以产业价值链为核心的全球分工体系形成，大量生产、制造环节转移到发展中国家。大量跨国公司通过投资、合资等形式把低端环节转移到发展中国家，给这些国家产业发展提供了重要的发展机会，并改变着未来经济格局。我国南方珠三角经济发展和产业集群的发展，承接国外的产业转移和生产制造环节的转移，实现了快速发展。

（二）高技术产业基地内部的知识外溢

高技术产业基地高端路径是以知识密集、技术有效扩散、持续创新、相互学

---

①　Newlands D. Competition and Cooperation in Industrial Clusters: The Implications for Public Policy [J]. European Planning Studies, 2003, 11 (5).

习、智力支持以及动态合作网络为特征。与传统产业集群相比，高技术产业基地更倾向于集聚（叶峥、郑建壮，2007）[①]。大量的国内外研究表明，高技术的企业区域集聚性是形成高新产业基地快速发展、健康发展和持续发展不可或缺的动力。可见，高技术产业基地主体属性与集聚效应具有相关性。

高技术产业基地的发展并不是孤立的，必须依赖于内部技术创新与外部技术的交互作用。产业基地本质是内部企业、组织之间基于分工、协作而形成整体规模效应，基于创新合作、资源共享的网络创新效应。研究表明，当前技术创新范式已从传统的"线性创新范式"向"网络创新范式"转变，创新的实现通常是企业技术资源与外部网络、环境互动合作的结果，高技术产业基地正是顺应了这样的新趋势而获取技术创新上的优势。产业基地内部由于同类企业的地域集聚，形成规模化的生产，外部的科研机构的知识外溢、产学研合作为企业技术创新的实现提供了智力上的支持，孵化器、创新合作平台等基础条件成为企业技术创新产业化、规模化的土壤。诸多的优势条件促进产业基地内部组织间在技术创新上的合作、互动，形成分工明确、联系紧密、开放共赢的创新网络（见图3-1）。

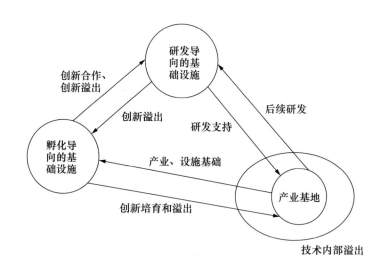

图3-1 高技术产业基地内部创新网络动态结构

---

① 叶峥，郑建壮. 高技术产业集群与传统产业集群的集群政策比较［J］. 经济论坛，2007（02）.

知识外溢效应降低了产业基地内部企业创新成本和风险，通过知识共享、溢出提高创新效率，高技术产业基地的优势在于知识、技术在产业基地内部创造、存储、扩散和转化的优势。竞争压力推动企业创新，而某项创新成果的运用又会通过传导机制带动上游、下游产业的创新。下游产品生产新的技术要求会促使上游企业创新的实现，市场需求推动型创新和技术拉动型创新都会在产业基地内部框架内有效实现。同时，产业基地内部相关科研机构、公共研发平台、信息交流中介又为技术合作、扩散提供了现实条件和机会，企业和科研机构基于彼此利益的合作有效开展，使得前沿技术成果更快速转化为产品，获取竞争优势和超额利润。另外，企业间协同效应也会促使企业间的技术创新合作联盟，通过共同研发降低风险、缩短创新时间，节约投入成本避免重复的研发投入行为。非正式沟通、产业基地内部人员的流动、内部信息资源的共享会促进知识的外溢和流动。近距离的知识外溢、创新合作、人员流动等优势条件是产业基地外部企业所无法获取的，对企业应对外部快速变化的技术变革和市场变化具有重要作用。

（三）内部网络组织

完善的高技术产业基地内部存在企业、公共部门、服务平台、科研机构等不同的组织，而协作机制是基地内部主体之间在信任基础上的接触与合作。通过正式或非正式接触合作，形成相互信任机制和信息共享机制等，构建起正式或非正式的创新协同、合作的组织和平台，形成稳定的技术创新网络和机制。高技术产业基地内企业间接触频繁，联系密切，在相互的长期的交往合作中为了彼此长远的利益会选择彼此合作和信任而不是欺骗，产业基地内部组织通过彼此分工形成稳定创新网络。在当今技术创新中隐性知识越来越重要，但隐性知识很难通过语言表述，而产业基地地域集中、相似的文化制度背景和相互的信任为企业间直面交流、接触提供了条件，促进了知识在基地内部的扩散和传播。产业基地的内部网络特征也促使技术创新行为在企业间横向和纵向的影响，公共信息平台、共享平台等服务系统又成为知识、技术扩散的加速器（见图 3-2）。

但产业基地的内部创新网络并非其创新发展的唯一动力，产业基地内部必须与外界市场、环境之间保持灵活、开放的动态交换关系。如果高技术基地内部企业之间合作关系过于紧密、封闭和僵化，演化成较强的产业技术轨道，对外部技

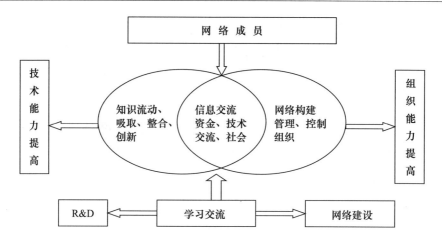

图3-2 产业基地内部创新效应及模式

术创新的变化感知的敏感度降低，错失技术创新路径选择的机会，从而可能对基地内部企业整体造成巨大的危害。所以，一个健康的高技术产业基地不仅要充分利用基地内部长期积累而形成的互动互荣的产业组织网络关系，而且产业基地应该保持一定的开放性，以便能充分利用区外技术创新成果，保持产业基地技术创新与外部主流技术变化的互动效应，保证产业基地内部技术创新整体方向的正确，保持产业基地技术创新先进性的持续性。另外，全球产业价值链的"片段化"现象带来不同区域之间技术差距进一步拉大，落后区域产业集中在低端生产、制造等低端价值环节，技术创新能力与发达国家差距越来越大，必须寻求核心技术创新突破和产业基地技术创新升级。政府引入外部创新能力、人力资源的培养，应该是地方政府可为之处。对于重点领域、重点企业，政府应进行有针对性的政策扶持倾斜，培育其创新网络节点的功能，通过重点领域和龙头企业的传导、带动作用，提升整个产业基地技术创新能力和水平，进而推动高技术产业基地向更高阶段演化。

从图3-3中可以看到高技术产业基地发展内外推动力的全貌。高技术产业基地的形成源于特色资源禀赋和原有的产业基础。其发展动力主要源于现实及未来市场的广阔需求。内部组织之间形成的分工、协作的生产网络和创新网络提高产业基地核心产品整体的竞争力，并通过动态的创新网络合作关系保持产业基地在技术创新上的竞争力。集聚效应不断凸显和释放的结果是更多同类企业的集聚，促使产业基地外部吸引效应、知识外溢效应、内部组织网络的进一步强化，形成各类效应不断强化的良性循环。

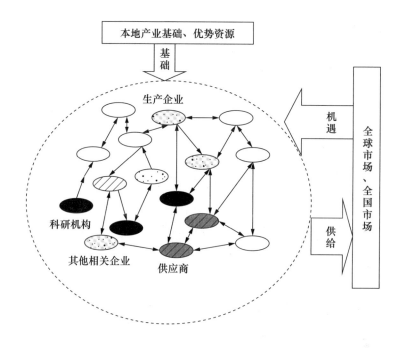

图 3 - 3　产业基地成长效应的整体

　　基于相关理论分析，结合对辽宁省主要高技术产业基地的深入调研发现，辽宁高技术产业基地的形成有赖于地方政府培育区域增长极和区域禀赋引发的产业集聚效应。资源禀赋、产业基础和政府的干预推动成为辽宁高技术产业基地形成的最重要的动力，各级地方政府都有着比较强烈的动机去培育当地优势行业的产业基地。

　　据此，本书构建高技术产业基地形成内生动力模型（见图 3 - 4）。

　　对"低势能"区域高技术产业基地而言，区域优势往往事先不具备足够的优越性，否则市场机制就会引发市场主导型产业集群自下而上的产生。所以，地方政府首先要考虑集聚效应，其包含两个层次的问题。

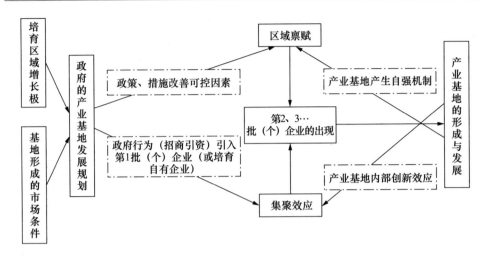

图 3-4　产业基地形成动力的作用机制

第一个层次是政府规划高技术产业基地的条件，只有具备某类高技术产业发展的条件和环境及相应基础产业才具有产生集聚效应的可能。这是政府主导型产业集群，在政府制定产业规划时应当首先予以考虑的问题，是攸关产业集群未来是否能可持续性发展的问题。这就要求政府在制定某产业集群规划时充分考虑产业的当地资源禀赋、产业历史基础、未来产业发展趋势、未来技术发展方向等多重信息，了解产业特征，根据区域产业基础、资源禀赋科学规划未来的产业基地发展。

第二个层次是引入企业的培育。对于已经建立的产业基地，其未来发展情况取决于引入企业内部发展的条件和培育，这点对于区域因素不够优越的地区尤为重要。完善的生产、生活的基础设施，当地专业化的技术人才和熟练工人、与产业相关的各类信息的充分等，都会影响引入企业发展中的成本，而成本与收益间的关系决定企业的根植性。在产业基地建设中，政府应该加强对引入企业发展必备条件的投入和完善，为其发展提供良好的培育环境，促进引入企业成长，不断增强产业基地的对外吸引力，进而促进产业基地规模的扩大和良性的发展。同时高技术产业基地内重要的创新效应是否能够发挥，这些企业能否在产业基地内低成本地获取创新资源、快捷的技术信息、值得信赖的创新合作者等因素决定产业基地对外部企业的吸引力。

产业基地形成的初始条件孕育需要所在地区的地方政府对拟引进企业进行适当公关。地方政府能否成功公关，相关优惠政策的提供或区域因素的改善仍然是不可或缺的前提。但是，区域因素中的不可控因素是不可能在短时间改变的，地方政府只能通过强有力的各种经济手段或政治手段改善可控因素。不过，由于区域因素中可控因素是一种相对的优势，在大多数地方政府都出台了这类优惠政策的情况下，优惠政策的空间越来越小，对增强区域因素的贡献也越来越小。这种局面下，一方面政府更会选择通过对区域内相关有潜力企业的扶植，强化集聚效应的对集群形成的重要作用；另一方面区域因素中的不可控因素对产业基地形成的影响将更为突出，这就会促使政府在制定产业基地发展规划时更多考虑其区域因素中的不可控因素。

　　高技术产业基地的形成和发展是一个非常复杂的过程，有多种因素在其中起作用，政府从上至下的方式强制培育产业基地时很难充分顾及各种因素对基地发展的影响，容易出现决策失误，这就需要在政府规划、扶持过程中设计科学决策制度及有效的内控、监督机制。一旦产业基地突破初创期进入正常发展轨道，其自我强化的过程就会促进它的成长和动态演化，地方政府在产业基地形成和发育成熟以后，应该避免不必要的干预，而把工作重心放在培育和完善市场作用机制上。

二、高技术产业基地技术创新的内在机制

（一）高技术产业基地技术创新——基于产业集群的角度

　　从产业集群的角度，高技术产业基地内部技术创新实现主要源于同类企业间的竞合关系、内部技术扩散外溢、相互学习效应、创新分工协作等。产业集群内的创新效应已经被大量的研究者所阐述，而高技术产业基地从本质上可以看作高技术产业集群，具备产业集群所具备的创新效应。主要体现在以下几个方面：①随着学者对技术创新的认识，强调对科技创新的方式、内在途经及影响因素的研究，发现技术创新并非如传统理论认为的创新是企业个体行为，实际上，一个

企业或组织的创新行为和绩效受多组织和多因素影响，是一个交互作用的过程。实践也表明，在产业集群内部，因为同类企业间的竞争压力会促使企业研发行为的加速。而上下游供应商技术创新的传递效应和学习效应，产业集群内部科技组织间的科技资源互补、产学研合作都加速了内部企业技术创新的实现。特别是在当前技术发展日新月异的时代，单一企业很难承担创新的高成本、高不确定性所带来的潜在风险，多组织间的创新合作成为常态，而产业基地内同类企业的近距离聚集、完备的技术创新服务体系，都使合作创新实现、缩短创新时间、降低创新风险成为可能。②从创新成本的角度看，产业集群内部组织内诸如科技孵化器、技术中介机构、风险投资机构等创新服务组织，能够为产业集群内部企业创新提供专业化的优质服务，降低科技信息的不对称性和信息搜寻成本，降低企业创新的成本。③产业集群的创新外溢效应。企业及其他创新组织在小地理范围内的集聚，包括竞争者之间的创新模仿，上下游合作伙伴间的创新传递。而且，相同的地域文化、社会背景所形成的人际关系网络、社会关系网络，促进人员间的知识流动传递；技术人员实际上也是知识的传递者，员工流动、不同组织交叉兼职等，都会形成知识的传递，最终实现技术、知识的扩散效应。

（二）高技术产业基地内创新实现——基于价值链升级视角

从价值链的角度看，高技术产业基地技术创新实现实质上是企业生产服务由低端环节向高端环节攀升的过程。当前企业间的竞争已经从简单的产品、服务的竞争转型为产业价值链的高端争夺。全球知名企业已经完成全球价值链的布局，而我国经济高速增长但产业竞争力提升有限，其中重要原因在于我国大量企业主要业务被长期锁定在低端制造环节，而涉及研发、设计、销售、品牌、营销等高端价值环节较少。我国企业价值链长期低端锁定的根本原因在于创新能力不足。大力提高企业自主创新能力、实施高新园区及高技术产业基地推动高技术发展也是推动我国企业价值链高端攀升的重大举措。从我国当前高技术产业基地建设看，虽然取得了成绩，但是整个产业基地以生产制造为主、价值链低端锁定的现象并没有根本改观。要提升我国高技术产业竞争力，根本是要提升高技术产业基地内企业的价值链环节。因此，从价值链攀升的角度来看，高技术产业基地内部创新机制是实现价值链攀升的条件。依赖于内部创新实现，推动企业从低端生产向核心技术应用和高价值产品的攀升;通过自主创新能力提高,实现企业向核心部件研发、产品设计等前高端的延伸。并且核心龙头企业的价值链攀升会带动周围一系列配套企业的提升,最终带动整个产业基地的层次提升和发展。

(三) 高技术产业基地创新演化——基于生命周期视角

高技术产业基地内部创新实现也具有一定生命周期的规律性,随着时间的推移和产业基地发展,呈现出不同的创新条件和模式。按照产业基地创新的阶段性特征,我们可以将其分为几个阶段。①创新缺乏期。在高技术产业基地形成之初,创新资源有限,自主创新能力和核心竞争力尚未形成,企业规模有限,缺乏创新的资金和创新条件;企业间、组织间创新协作网络初步形成,但彼此间的信任、高效运作的机制尚未形成,产业基地内部技术创新绩效发挥有限,大量企业还处于生产制造等低端价值链。在这阶段,政府政策、制度设计至关重要,地方政府相关优惠政策可以短期内吸引各种要素资源从高梯度地区向本地汇聚,并营造有利于科技资源汇聚、创新实现的软硬件环境,推动企业与科研院所间的交互学习与合作,实现企业技术能力的积累和创新能力的拓展。②创新仿效期。随着产业基地发展,政府政策作用不断显现,产业基地内部产业链条、创新网络不断优化,各种新企业不断进入产业基地,使基地的聚集效应更加明显,产业链进行横向和纵向的扩张,并且逐步完善。企业充分利用政府建立的公共技术平台和公共服务平台,提高了企业产品的质量,推动了产业基地的品牌建设和声誉的培育。大学、企业和研发机构之间的交互合作学习更加紧密,使企业内部的技术能力积累正在由量变转向质变转化,一部分企业逐步开发一些新技术并获得成功,形成初级的专利体系。各种知识和技术在基地内部的流动也推动了基地核心竞争力的形成。基地内部的企业逐步开发一些具有高附加值的产品。这一时期,高技术产业基地由区域经济的低梯度地区逐步发展为中梯度地区;在基地内部既存在对高、低梯度地区的要素吸收,又存在其他高、低梯度区域的要素溢出。高技术产业基地正在以其规模和产量的扩大,对区域的产业结构进行影响。区域经济内部各种产业之间的力量对比正在发生变化。此时政府的政策导向也发生了变化,政府应该逐步弱化对产业基地发展的主导作用,转向通过协调等间接政策,通过扶持产业基地内部诸如行业协会等非政府组织,推动产业基地的内部管理。③创新常态期。随着高技术产业基地的规模和产量不断扩大，品牌和声誉提高，产业基地发展进入创新常态期，基地内部的企业形成了"特色"核心竞争力和技术创新能力，开发具有高附加值的产品；由最初的满足市场需求转变为控制市场。企业之间的合作以及企业、大学、科研机构之间的合作关系更为密切，基地内部产业链明晰、组织有序，基地发展成为具有较强自组织能力的有机体。高技术产业基地发展成为区域经济中的高梯度地区，能够对其他地区进行资源和要素的外溢，带动区域经济的发展。进入创新常态期的高技术产业基地，转变了原有区域产业体系内的力量对比，成为区域经济发展的主导力量，推动了区域产业体系的发展和完善。政府逐渐淡出特色产业基地的发展，改由基地内部的非政府组织对基地进行自组织管理。政府在基地对区域经济发展的带动作用方面发挥更大的作用。

三、本章小结

本章对推动高技术产业基地成长中的动力机制中的核心要素进行分析，包括内外部市场环境、知识外溢效应和创新网络三个方面。内外部市场环境是高技术产业基地形成和成长的基础，知识外溢是高技术产业基地核心效应发挥的形式和途径，创新网络是产业基地内部知识外溢、技术扩散的渠道，这三个核心影响要素共同推动高技术产业基地内部创新的实现。以此为思路构建起高技术产业基地内部动力机制模型。并从产业集群、价值链攀升、生命周期等多视角对高技术产业基地内部创新的实现进行分析。

第四章　高技术产业基地技术创新发展中的市场失灵

一、高技术产业基地发展中的市场失灵

(一) 市场机制滞后导致的市场失灵

从产业组织角度看，可以将产业基地视为处于市场和企业科层组织之间的组织机构，它综合了市场和科层组织的功能和优势，构成了一个动态的、稳定的、有效的产业组织。而产业基地出现的原因也是源于作为资源配置的方式的市场、企业科层方式具有缺陷，需要更具效率的组织模式弥补。从产业基地的发展来看，市场机制在其形成过程中起到重要作用，但仅仅依靠市场机制的力量形成企业的集聚而产生产业基地，会产生明显的"马太效应"，导致资源向完善、发达的区域集聚；而相对落后地区由于基础设施、发展环境、产业基础等约束，处于"低势能"区域，资源吸引能力有限，造成产业基地形成条件不足，导致发展进程进一步滞后。从区域发展特别是相对不发达地区的发展来看，为了克服单纯依赖市场机制而导致的低势能"负效应"，政府在资源配置、企业引入和政策扶持中应当起到积极的干预作用。依靠政府的优惠政策，结合资源禀赋、产业优势的区域发展规划以及政府切实可行的干预政策，在一定程度上破解单纯市场机制给相对落后地区高技术产业基地的孕育不足。通过政府规划构建高技术产业基地，能够在短期内集中资源、形成合力，吸引资源、企业的进入，为落后地区发展创造先动优势而实现跨越式发展的机会。可见，在产业基地形成中，政府通过干预

政策创造良好的环境、优惠的政策可以弥补不发达地区的"资源吸引劣势",从而获取发展先机。

不仅在高技术产业基地形成阶段,在其演化的过程中,单纯依赖市场机制而缺乏政府干预的自主演化也会出现"负效应",大量现存的产业基地(产业集群)发展中的教训已经充分说明了这一点。如产业基地内部企业的自由市场行为会导致"集体无效率"、"机会主义行为",导致同类产品的"柠檬市场"的出现,进而对产业基地的健康发展产生负面影响,机会主义行为很难通过企业自身的行为避免和消除,需要政府干预来降低"负效应"。另外,产业基地发展到一定程度后,会存在企业发展需要与产业基地现有资源不足之间的矛盾,如产业基地内部的"拥挤效应"、"环境恶化效应"等,造成产业基地不可持续发展,转型升级乏力。可见,产业基地发展的不同阶段,都需要政府作为公共管理主体而采取不同的干预手段。

(二)传统古典经济学中的市场失灵在产业基地框架下依然存在

古典自由经济学的理论核心是市场机制,通过市场机制中价值规律的发挥来调节市场上产品的价格、供需关系,通过市场机制可以引导资源流向并实现资源的最优配置。当然,古典经济学的理论探讨是建立在诸多苛刻的假设条件的基础之上,在现实的社会经济生活中,市场机制是完美和万能的吗?回答是否定的,在自由经济盛行的时期就出现了关于市场机制失灵的理论观点,在市场经济条件下,资源配置、流动、产业的形成和迁移等活动通过市场机制能够达到最优化的配置。但由于产权不清、垄断、公共物品属性等因素存在,现实中的市场机制并不能够达到最优状态[1]。早期对于产业集群的研究,都将产业集群的形成解释为单纯的市场选择和通过自发的市场机制作用所形成的经济现象[2]。从韦伯(1929)把集聚效应出现归因于区域内企业集聚产生的运输成本缩减和生产分工所带来的分工效应和规模经济效应之初,大多数早期研究者将企业集群由出现到

---

[1] 萨缪尔森. 经济学 [M]. 北京:华夏出版社,1999.
   A. 哈耶克. 个人主义与经济秩序 [M]. 北京:北京经济学院出版社,1991.
[2] 迈克尔·波特. 竞争优势 [M]. 北京:华夏出版社,1991.

发展的过程看作基于市场机制发展的累积过程。具体而言，产业集群发展主要归因于集群内部成员间正反馈作用和集群对外界企业、资源的吸引作用。可见，国外产业集群的形成和发展多是基于区域本身的资源禀赋所带来市场竞争优势的吸引，市场机制是其发展的主导力量①。但即使作为市场经济最发达的美国典型的高技术产业集群硅谷，其发展中并没有完全摆脱政府干预的影子，而如印度班加罗尔高技术集群、中国台湾地区新竹科学园区等几个具有典型性产业集群，其形成、发展中，政府的作用非常明显②。从当时政府干预的形式看，干预的范围多集中在公共资源的供给上，如基础设施、生产、生活配套条件、创新平台等公共资源是高技术产业基地发展中不可或缺的条件，公共资源的高利用率是产业基地优势的来源之一。但诸如交通、通信、公共设施等属于典型的公共产品，投资巨大但投资收益较低，回收期长，而这些公共资源又是产业基地能够形成集聚效应的初始条件，按照公共产品的供给理论，公共物品由政府提供是有效率的。

（三）市场失灵与科技资源配置无效率

产业基地内部企业的个人主义导致产业基地内部群体的无效率。从产业基地发展的规律看，企业及其他组织都是基于市场交易规则而进行资源的聚集和整合，产业基地本身和企业具备自主界定其利益边界的能力。组织之间松散、利益冲突等因素导致产业基地内部的脆弱性、锁定、僵化、竞争压力降低、自满综合征及内部衰退等一系列的潜在风险③。每个组织为了追求自身利益最大化可能会带来整体的无效率状态。在完善的市场经济环境下，通过市场机制调整资源配置、流动的方式是有效率的。但是，当面临的市场经济环境、市场制度不够完善的情况下，完全通过市场机制配置资源并不能达到效率最优。在产业基地演化过程中，特别是演化初期，企业间、组织间并没有形成基于长期合作的信任、分工网络，彼此间的竞争性大于合作性，集群效应发挥不明显，完全依赖于市场间的交易或自发的合作，需要较长时间的培育期，市场机制不完善、彼此信息不对称

---

① 最具典型意义的硅谷高技术产业集群，市场机制在发展中的作用已被充分地证明。

② 如中国台湾新竹科学园区，台湾当局进行了前期科学规划，设立园区管理部门，投入大量资金进行基础设施建设和环境建设，制定相关的激励政策等，促使高新区的快速发展。

③ 陈文华等. 产业集群发展中的政府治理［J］. 井冈山干部学院学报，2008（3）：94－100.

等因素也会阻碍此过程的进展。产业基地的发展受文化、制度、理念等软因素的制约存在相当的不确定性。为了产业基地健康持续的发展，内部必须能够形成自我完善、自我纠正的机制，内部机制的建立是结果，但机制建立的过程中，政府干预的作用不可或缺。企业的集聚也会增加污染废弃物的排放、资源环境压力过大等问题，如果缺乏政府的有效管理，会造成典型的产权不清而引起的污染问题，影响外部生态环境，甚至影响产业基地的长远发展①。市场机制并不能解决私人成本与社会成本不对称的问题，需要政府的干预管理来加以消除，通过政府干预、管理减少产业基地演化中的外部性。

（四）技术创新外溢与政府干预

技术（特别是共性技术）本身具有非排他性的特征，导致企业技术创新行为带来未来收益的预期会减弱，降低企业创新投入动力，进而导致企业技术投入不足。而从区域和社会的角度看，技术创新的绩效在于技术的扩散和外溢效果，技术创新使用、扩散的范围越广，技术创新整体的社会效益越明显。因此，产业基地内部技术创新的市场失灵主要体现在两个方面。一是技术研发本身投资巨大、不确定性强会因企业规避风险而导致创新投入不足；而产业共性技术有准公共物品的特性、服务多客户特性、技术外溢性导致创新企业技术创新投入和预期创新收益之间的不对称。如果缺乏有效的技术专利保护的制度和环境，降低从事首次创新型企业创新的动机，导致众多企业"搭便车"行为，降低企业创新研发投入的规模和创新绩效。二是共性技术研发中的多组织合作问题。我们通常将技术分为共性技术和专有技术，专有技术因其"隐含性、复杂性和累积性等导致市场交易成本过高，通常在企业内部完成研发，跨企业、跨行业技术合作现象较少"②，而产业共性技术创新难度较高、涉及众多学科、知识领域、投资巨大等特性，使单个企业无力独自承担共性技术的研发，多通过企业间、企业与研究机构等多主体合作完成。而技术创新成果本身产权难以界定，创新主体间谈判、潜在违约成本过高致使研发合作机会降低。单纯依赖企业间自主的合作行为，会降

---

① 长三角、珠三角地区经济快速发展的同时，因为拥挤效应和污染，带来了不可逆转的负面影响。
② 李纪珍. 产业共性技术发展中的政府作用研究［J］. 技术经济，2005（9）：19－22.

低企业、组织间的合作概率和合作的成功率，政府可发挥其管理协调的职能，在创新合作中起到组织、引导、协调甚至主导的作用①。

产业基地作为当前推动经济发展的组织形式，一个重要的优势在于企业、高校、科研机构等组织的小范围集中对新知识、新技术形成及扩散的效应。技术创新绩效与企业创新投入、不同组织间信任与合作、良好的技术外溢环境等因素密切相关。作为政府，可以从创新环境、创新保护制度、创新设施建设，创新合作平台搭建，技术研发的财政补贴、收税减免等政策角度制定相关的政策和干预手段，以提高企业创新资源的获取，通过创新资金扶持、创新成本、风险的降低来提高企业创新的动力和投入。

（五）公共物品有效供给不足

市场失灵最初的研究主要针对市场在公共产品领域中的无效率，认为市场在产权明晰的私人物品的配置上是有效率的，而在公共物品提供上是无效的②。高技术产业基地内企业产品多以技术研发、生产、销售高新产品为主，智力知识密集，研发投入高，大量高端人才支持等特点，致使高技术产业集群多集中在经济、生活环境和外部环境质量优良的地区。完善的基础设施，高度发达的金融、信息环境，环境优美、便利的生活环境等是吸引高端人才不可或缺的条件。良好的软硬件环境有利于高技术企业、高技术人才的吸引，发达的金融服务体系有利于高技术企业的融资实现和风险投资的形成，而这些正是高技术产业基地形成和发展的必要的服务体系。高技术产业基地在发展初期，道路修建、三通一平、创新平台等基础设施建设，属于公共物品范畴。由于其投资规模巨大而投资回报率低，私人投资无动力介入，而这些最基础的设施是高技术产业基地发展的前提和基础。这些基础设施的建设需要政府通过财政投入建设、完善，为产业基地吸引企业进入创造必要条件，为未来高技术产业基地的腾飞奠定基础。

另外，高技术产业基地内部重要优势来源是其完善的技术创新网络，而高等院校、科研机构、技术创新平台、公共技术网络服务平台等组织成为创新网络中

---

① 韩国的钢铁行业发展、日本电子信息技术引入后的消化吸收再创新，其政府在组织、协调技术研发中起到了至关重要的作用。

② 保罗·萨缪尔森. 最后的宣言之一——经济学原理［M］. 萧琛译，北京：商务印书馆，2012.

不可或缺的构成组织。因历史原因，我国高等院校、科研机构等多集中在大城市的中心区，而产业基地多处于相对偏僻的非中心区，如何吸引高等院校、科研机构的入驻，仅靠利益的吸引是很难做到的。特别是在我国当前的体制之下，高等学府、科研机构多是公办背景，受相关政府部门领导管理，政府在其决策中的影响作用显著。需要通过政府的直接干预、优惠的土地、资金投入等政策，吸引高等院校等机构的入驻①，仅通过市场机制、研发合作利益是短期内无法有效吸引科研组织的。如果完全依赖市场机制的作用，企业的集聚、创新平台和创新网络的完善、相关组织机构的形成进入是缓慢的，特别是对于地域、产业基础处于劣势的区域，如果完全依赖市场机制，会造成资源向优势区集中的"马太效应"，劣势区域与先进地区的差距将进一步拉大②，资源吸引劣势将更加明显。而地方政府通过公共实施的投入、公共平台的搭建及优惠的吸引政策，可以短期内形成"洼地效应"，促进产业基地迅速形成发展。

辽宁当前经济的发展就存在上述一些桎梏，因为地域、计划经济等影响，导致辽宁地区与南方发达区域差距越来越大，对资源吸引力有限。长期的老工业基地的印象、僵化的管理体制等都成为典型的"辽宁形象"。以传统冶金、能源、制造为支柱产业的产业结构已经不能够适应当前的发展趋势。特别是如阜新、本溪等以自然资源为依托发展的重工业城市，随着资源的枯竭成为我国最具典型性的资源枯竭型城市，未来发展缺乏接续产业支撑，发展一度陷入困顿。阜新、本溪等城市是辽宁发展的一个缩影，在缺乏吸引力的现状下，如何重新建立辽宁经济新的增长点以推动辽宁产业转型升级是摆在辽宁各级政府面前的发展突破点。辽宁省政府审时度势，针对辽宁各城市的产业特点、资源环境优势，做出以高技术产业基地为重要支撑的区域发展战略规划。2008 年以来，辽宁省委、省政府先后将本溪生物医药、万家数字技术、抚顺先进装备、阜新液压产业、朝阳新能源电器五个高技术产业基地交由省科技厅牵头建设。依赖于地方政府的投入，强化硬件环境的打造和软环境的优化，以优势的资源、设施和政策构建新的区域优

---

① 从辽宁省产业基地发展来看，高等院所等进入产业基地多是依靠政府的直接行政干预，如沈阳药科大学新校区入驻本溪医药产业基地，辽宁技术工程大学职业学院进入阜新液压产业等。

② 很多落后的城市地区对企业吸引有限，与苏州等南方经济发达省份高新园区企业不断涌入、土地紧张的情形形成鲜明对比。

势。辽宁省迅速形成了五大产业基地，并且短短三年初具规模，未来对辽宁省产业结构调整、升级起到巨大推动作用。在辽宁产业基地发展中，科技平台、与技术创新相关的基础设施建设尤为突出，各级政府通过制度安排、政策倾斜和资金投入，短期内对科技创新的基础设施、科研机构入驻。以阜新液压产业基地为例，在基地建设伊始便意识到这一点，一期研发和孵化中心已经完成主体施工，总面积为15650平方米，二期研发检测中心将为2万平方米。产业基地规划建设的研发孵化中心、研发检测中心等，为基地内企业提供技术支持的同时，也为产业关键共性技术的开发奠定了基础。在政府的干预引导下，阜新液压基地内的骨干企业与国内众多重点高校进行合作研发，建立产学研合作；并与骨干企业、辽宁工程技术大学等六家单位共同出资组建了辽宁兴阜液压研究院有限公司，主要目标是为基地内企业与科研院所之间合作提供现实基础。阜新液压产业基地内部创新体系的建设与完善，为阜新液压产业基地的可持续发展起到了重要的推动作用。

同时，各城市把高技术产业基地建设与城市经济转型、新型城镇化等战略相结合，以产业基地建设推动城市新市区建设，取得了良好的效果。如本溪以医药产业基地为依托，构建起以现代医药产业为主导产业、规划面积近60平方公里的"中国药谷"，区域内部规划了生活区、产业区和山林水域三大核心区域，建设环境优美、人居和谐的生态新城，近期规划人口规模30万人，远期人口规模50万人。未来本溪医药产业基地将建成以生物制药、环保产业、循环经济为主导的新区域，成为本溪未来新的发展极和跨越发展的引擎。可见，政府前期的规划、投入对高技术产业基地的形成发展，克服单纯依赖市场演化的"区域劣势"、"发展时滞性"具有明显作用。

二、产业同构与竞争过度

（一）不完全信息条件下产业选择的博弈分析

地方政府之间在产业基地规划的定位选择上，具有信息不完全性。同时，产业基地内部企业的信息更加不充分，企业投资短期利润最大化导向导致长期的"产能过剩"和"过度竞争"。另外在当前我国高技术产业基地的建设上，因为地方政府盲目的政绩追求导致产业基地"产业同构"问题。我们试图通过典型的博弈方法对于产业基地间的投资冲动、产业同构形成、危害等方面加以分析。为了更好地分析问题，我们做以下假设：①不同的地方政府在产业基地产业选择中彼此信息是不完全的；②建立产业基地所处领域的选择有二，设为A产业和B产业。由于两区域资源禀赋、技术基础等差异，A、B产业选择的收益是具有差异的，A产业短期内比B产业更有利于地方经济利益的最大化；③地方政府存在资金约束，即只能在两个产业中选择其一。根据假设我们列出以下博弈模型：

乙地区

		A		B	
甲地区	A	5	4	9	6
	B	6	8	2	3

图4-1　政府干预导致产业同构的博弈分析

如我们所假设，甲地区在产业A上具有相对优势，而乙地区在B产业相对优势更强，错位发展从长久发展来看彼此获益，而相同选择导致彼此受损。根据博弈分析，不存在"超优策略均衡"，却存在两个纳什均衡点，即（A，B）、（B，A）。由于决策信息不完全，我们试图运用概率的相关知识测算其概率的分布值。假设甲地区以 α 的概率选择A产业，以 $1-\alpha$ 的概率选择B产业；乙地区以 β 概率选择A产业，$1-\beta$ 概率选择B产业。则甲地区的期望收益函数如下：

$$E_{甲}=5\alpha\beta+9\alpha(1-\beta)+6(1-\alpha)\beta+2(1-\alpha)(1-\beta)$$

$$=7\alpha+4\beta-8\alpha\beta+2$$

甲地区投资收益最大的一阶条件为：

$$\frac{\partial E_{甲}(\alpha,\beta)}{\partial\alpha}=7-8\alpha=0,推出\beta=\frac{7}{8}$$

同理，

$$E_{乙}=4\alpha\beta+8(1-\alpha)\beta+6\alpha(1-\beta)+2(1-\alpha)(1-\beta)$$

$$= 3\alpha + 5\beta - 7\alpha\beta + 3$$

乙地区投资收益最大一阶条件为：

$$\frac{\partial E_{\text{乙}}(\alpha,\beta)}{\partial\beta} = 5 - 7\alpha = 0, \text{推出}\ \alpha = \frac{5}{7}$$

基于甲、乙两个地区产业选择的最优概率,甲地区产业选择投资期望最大值为：

$$\text{Max}E_{\text{甲}} = 7 \times \frac{5}{7} + 4 \times \frac{7}{8} - 8 \times \frac{5}{7} \times \frac{7}{8} + 2 = 5.5$$

$$\text{Max}E_{\text{乙}} = 3 \times \frac{5}{7} + 5 \times \frac{7}{8} - 7 \times \frac{5}{7} \times \frac{7}{8} + 3 = 5.2$$

基于以上分析,从整体利益考虑整体期望最大期望收益值为：

$$\text{Max}E_{\text{整体}} = \text{Max}E_{\text{甲}} + \text{Max}E_{\text{乙}} = 10.7$$

根据地方甲、地方乙选择 A、B 的最优概率 $\alpha = \frac{5}{7}, \beta = \frac{7}{8}$,可知两个地方对于不同产业选择的组合概率如下：

$$\rho(A,A) = P(\text{甲地方选}A) \times P(\text{乙地方选}A) = \frac{5}{7} \times \frac{7}{8} = 62.5\%$$

$$\rho(A,B) = P(\text{甲地方选}A) \times P(\text{乙地方选}B) + P(\text{甲地方选}B) \times P(\text{乙地方选}A)$$

$$= \frac{5}{7} \times \frac{1}{8} + \frac{2}{7} \times \frac{7}{8} = 33.9\%$$

$$\rho(A,B) = P(\text{甲地方选}B) \times P(\text{乙地方选}B) = \frac{2}{7} \times \frac{1}{8} = 3.6\%$$

由此我们可以得出以下结论,在投资冲动和地方短期利益最大化的驱动下,地方政府在引导当地产业基地主导产业过程中,由于地区政府之间规划的不协调,各自追求自身利益特别是自身短期利益最大化的冲动会带来整个产业基地定位的结构趋同,按照我们理论上的推导分析,两个地方政府投入相同产业的概率高达66.1%,这也在一定程度上解释了地区间政府行为推动重复投资和产业基地间产业同构的背后原因。

（二）我国高技术产业基地产业同构现状分析

从我国高技术产业基地发展的现状看,在发展的过程中,每个地区都从自身利益出发，追求战略新兴产业定位，产业基地间产业同构现象比较突出。产业基地发展雷同、竞争无序的状况有加剧的趋势。从我们了解的情况来看，各级地方政府为了区域的发展纷纷加入产业基地的发展规划中，且规划主导产业集中。当前我国的产业基地的主导产业主要集中在新材料、计算机软件、新能源、生物制药等高新技术领域。在全国 249 个国家火炬产业基地的发展定位中，有 55 个产业基地把新材料作为发展方向，35 个产业基地把信息和软件产业作为发展方向，49 个产业基地将新型装备制造业作为发展方向（具体见表 4 - 1），可见我国当前市场发育不充分、地区行政分割、市场分割的现状，导致产业同构的情况严重。

表 4 - 1　全国产业基地主要产业定位的比较

	机械装备	新能源	电子信息	生物医药	新材料	其他
数量	49	12	35	21	55	77

资料来源：笔者根据火炬中心网站相关数据整理。

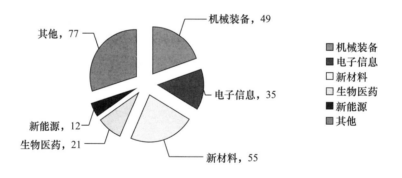

图 4 - 2　我国国家级高技术产业基地主导产业分布

高技术产业基地发展产业同构现象会导致全国产业发展中的负面影响。主要的负面影响包括以下几个方面。①分工效果不明显。产业基地产业规划要依赖于本地的产业基础、技术基础，各地产业基地发展同构导致资源分散，区域之间的分工效果不明显，造成生产资源和生产能力的巨大浪费。也造成高技术产业在全国遍地"开花"，没有秉承禀赋优势和产业优势，各地区产业特色不突出。②产业基地同构现象导致技术资源分散，技术资源集聚度不高，企业间的竞争关系影响技术资源之间的交流合作，不利于技术资源的整合和整体合作效果的发挥，最终导致每个产业基地的技术创新效果受到影响。③过度竞争，市场分割。产业基地同构造成同类产品市场竞争加剧，市场占有规模有限，限制了产业基地的发展规模和速度。甚至产业过度竞争会导致一个产业生命周期的缩短，没有进入成熟期就直接导致进入衰退期，影响产业健康和持续发展。

　　我国地区高技术产业基地定位趋同甚至雷同现象较为严重，如仅江苏一省就有国家级新材料产业基地 10 余个，光机电一体化基地 7 个，仅这两个产业就已经占据了江苏产业基地数的一大半。高技术产业基地结构趋向雷同，导致潜在的重复建设和恶性竞争危险，造成资源投入的分散而造成巨大浪费。资源投入的不集中也影响了区域产业基地做大做强，各自为政又造成了相互间的过度竞争，高新技术产业发展区域不平衡性更为突出。每个区域的发展着眼于自身的利益而导致整体利益受损。如前几年作为绿色、环保的光伏产业是典型的朝阳产业，高营利性和好的发展前景激发地方政府对光伏产业的引入和培育积极性的空前高涨，大量的光伏企业、光伏产业园区在短期内建立起来，产能迅速提高。2012 年全球 60GW 的光伏产能，其中 80% 的产能在中国完成，而全球的需求只有 30GW。短期内大量企业无序进入导致产能过剩，企业间恶性竞争，利润下降。我国光伏产业因产能过剩、无序竞争、贸易保护、金融危机等多因素叠加，光伏组件的价格持续下跌，企业亏损严重，创新投入、创新能力受到影响，光伏产业的可持续发展受到空前的挑战。前几年在国家经济形势利好的背景下，船舶制造、机械加工能行业也出现过类似的现象，造成产业整体供给与市场需求间巨大的需求错位。可见，在缺乏更高层政府部门规制的情况下，地方政府的投资、引资冲动，造成了投资的重大损失，同时也缩短了行业的生命周期，扰乱了产业正常发展规律。导致恶性竞争而影响整个产业的健康、持续发展。因此，在地区高技术产业基地构建之初，各级政府部门就应该总揽全国高技术产业基地的布局，产业选择中除了突出战略新兴的高技术产业外，更要与本地的产业技术优势结合，发展具有竞争力和禀赋优势的特色产业，错位发展。同时，国家发改委、科技部等政府部门更应发挥宏观产业调控的职能，从国家经济、产业发展的规划布局出发，通过行政审批、制度约束等形式杜绝地区盲目投资、产业同构的现象。

三、高技术产业基地发展中的"创新负效应"

高技术产业基地是同类企业及其他相关组织在空间地理上的集聚,"同类及相关产业"的空间集聚会带来较强的"资产专用性",导致企业决策的机会主义和有限理性,特别是在技术创新快速发展的大背景下,资产专用性造成企业在高技术产业基地内部的固化,缺乏对外部更优资源的吸纳和新机会的把握,而产业基地内部的生产组织网络又会形成发展中的"结构锁定",造成产业基地内部的行为固化及由此带来的低效率和风险。

(一)技术创新路径依赖效应

诺斯(1990)从制度变迁角度分析技术演化中的路径依赖,技术路径依赖可理解为企业过去的技术选择会影响当前及未来技术发展方向的可能。较强的创新发展会造成技术轨道的路径依赖,造成内部组织的相对封闭与对外部新知识、技术的排斥,导致新机会的丧失。产业基地是同类企业及其他组织在空间地理上的集聚,"同类及相关产业"的空间集聚会带来较强的"资产专用性",资产专用性会导致企业决策的机会主义和有限理性[①],而产业基地内部的生产组织网络又会形成发展中的"结构锁定"。Wilson(2007)分析了产业集聚路径锁定与产业集群生命周期的关系,认为产业集聚发展中所形成的路径依赖、路径锁定效应会导致生命周期的缩短,并分析了政府在破解路径依赖中的作用。高技术产业基地是基于集中区域的组织网络,通过基地内部稳定的组织网络、创新体系的构建会形成技术合作、技术外溢和共同学习,技术创新效应明显。任何产业的技术都是沿着特定的技术轨道进行不断的优化和创新,产业技术轨道通常具有"行业性、渐成性、结构性、发展刚性和不可逆性"等特点[②],这就决定了特定产业的技术发展具有发展轨道的刚性和不可逆性。

---

① 罗纳德·科斯. 论生产的制度结构 [M]. 上海:三联出版社, 1989:121.
② 雷家骕等. 技术经济学的基础理论与方法 [M]. 北京:高等教育出版社, 2005 (1):183 – 184.

（二）技术锁定效应

资产专用性是指资产在没有价值损失的前提下能够被不同的使用者用于不同投资场合的能力①。企业的资产专用性程度决定着企业未来发展及向其他路径转化的成本和能力。高技术产业基地内部，每个产业基地核心产品多集中在一个较小的产品区域，资产专用性较强，这就决定着基地内部企业进行发展路径转移和技术配套升级的高转换成本。而且随着产业基地发展和企业不断发展，企业资产专用性会不断被强化。

随着产业基地内部技术轨道的不断丰富和发展，其本身的"技术锁定"和对原有技术轨道的"技术依赖"性不断强化。但是在发展中，通过内部化社会的强化和对外部动力的阻止，产业基地在发展中可能会形成"自闭、排外"的固化区域网络，路径依赖导致企业对外部技术环境变化反应的钝化，强调依赖于原有的技术资源和路径，企业不愿承担过多的技术创新沉没成本和创新行为的停滞。

（三）技术路径依赖和锁定的破解

高技术产业基地技术路径锁定源于内部合作强化造成的封闭、资产专用性及技术轨道的不可逆性，技术路径的锁定实际上是源于企业有限理性和风险厌恶等因素。产业基地内部技术轨道一旦形成，企业对现有技术轨道的依赖会随着发展逐渐增强。要打破现有技术轨道建立新的技术轨道的成本很高，动力不足。且新技术轨道建立的不确定性形成对企业新技术选择的负激励，企业更倾向固守原有的技术轨道。企业有限理性、风险规避等因素无法通过市场、企业自身来转变，需要政府适当、适度的干预，政府应着力于改善外部环境，如采取促进企业技术联盟的形式扩大新技术的用户基础，进而改变原有的技术市场格局；通过利益诱导，如改变技术倡导者和市场用户对新旧技术的偏好和预期，引导他们使用新的技术。

---

① 傅沂. 我国农业产业结构调整中的路径依赖研究［R］. 北京大学中国经济研究中心发展经济学论坛，2004.

四、案例分析

——辽宁省产业基地的政府投资效益分析

（一）辽宁高技术产业基地发展现状分析

从辽宁省 13 个高技术产业基地的投入与收益预期来看，各级政府的大力投入、规划，实现了短时期内的快速成长。截至 2012 年，13 个产业基地规划面积为 595 平方公里，已建成区面积 163 平方公里；拥有工业企业 2417 家（年销售收入超过亿元的 412 家），实现工业总产值 2911 亿元。各产业基地实现地区生产总值 1094 亿元，完成固定资产投资 1633 亿元，分别占全省的 4.4% 和 7.6%。各产业基地自建立以来，累计引进工业企业 1907 家，已投产企业 1138 家。2012年，实现工业总产值 2911 亿元，相比各基地建立当年增加 2414 亿元，增长了 5倍，有力地促进了区域经济增长。阜新液压产业建立以来，短短 2 年间，就实现了超乎常规的发展。2009 年签约入驻项目 103 个，亿元项目 23 个，计划固定投资 55 亿元。同时在签约项目选择上，也秉承着远期发展的战略眼光，主要围绕阜新液压产业基地的主导产业和核心竞争力构建为原则选择项目。2012 年阜新液压产业基地实现工业总产值 177.5 亿元，同比增长 16.3%，是 2009 年的 6.1倍，规模以上工业增加值占阜新市工业增加值的 18%。抚顺市装备制造产业基地也同样通过政府的前期扶持，在短期内实现了产业基地的快速发展。到 2010年 3 月末，抚顺装备制造高技术产业基地已签订合同项目 133 项，投资总额314.29 亿元，远远超过原定计划。特别引人注目的，一是投资强度大的项目逐步增多，超过 10 亿元以上的项目已有 7 个，亿元以上的项目 67 个；二是引进一批技术先进、竞争力强的优势项目，如宁波数控机床、通化石油钻井设备、温州煤矿瓦斯稀释器等项目，均具有国际领先的技术。目前，引进项目已开工建设的占 57%，一部分项目已陆续投产，预计已签订项目全部投产后可新增产值 431.3亿元，新增税收 61.6 亿元，加之原有企业投资扩建，积极创新，不断向前发展，以及继续引资引智，将使基地规模迅速扩大，涵盖 1 个研究中心、4 个产业集群、六个科研服务平台的先进能源装备特色产业基地已经初步形成，并获国家批准。短短一年的拼搏奋斗，一个发展态势良好的国家级特色产业基地拔地而起，其成长速度之快，效率之高，堪称奇迹。可见，在各级政府的大力推动之下，辽宁省多个高技术产业基地发展迅速，成为支撑各城市经济发展的重要力量。

在产业基地整体规模快速发展的同时，高技术产业基地内部的软硬件环境不断完善，创新发展状况良好。2012 年，辽宁省高技术产业基地累计建立科技企业孵化器 13 个，在孵企业 390 家；孵化器及标准化厂房面积 182 万平方米；建立各类研发机构 155 个。其中，省级 79 个，国家级 18 个；建立了激光应用技术研发与测试、换热设备电子商务等公共服务平台 71 个；建立了 16 家投融资机构，资金规模超过 21.3 亿元，已为产业基地内企业提供 11.9 亿元融资。2012 年，各高技术产业基地实现高新技术产品增加值 380 亿元，占全省的 8%；累计拥有 1647 项专利，其中，发明专利 245 项。依赖于产业基地建设，加快了各城市新城建设进程，各市加大对产业基地的规划和投入，如本溪累计投入 70 亿元，规划、建设了 20 平方公里的药科大学、沈本医院等各类产业配套区；万家数字产业基地投入 47.4 亿元，全面实现了"七通一平"，为未来的产业发展奠定了良好的硬件基础，同时建设了九年制学校、商场、公园等配套生活设施，为产业发展提供配套条件。

（二）政府干预及效果评价

从辽宁省高技术产业基地建设历程来看，自 2007 年以来，辽宁省政府着力打造的几大高技术产业基地，在省政府、省科技厅及各市级地方政府大力扶持之下，在短短两三年内吸引了大批国内外企业的投资，大批科技创新要素不断注入基地，大批高科技企业在基地落户、聚集，高技术产业基地从无到有、从小到大、从弱到强，进入加速发展阶段，呈现较为良好的发展势头。从表 4 - 2 中我们可以对辽宁省自 2008 年重点扶持的 6 个高技术产业基地的基本情况进行分析。

在表 4 - 2 中，我们对 2007 年以来辽宁省政府重点建设的几大高技术产业基地的政府投资、引入企业资金数量、发展现状及未来发展规划等相关情况进行分析。从辽宁 6 大高技术产业基地的规划形成来看，大致可分为三类：一是依赖于原有的产业基础，以原有优势产业为基础建立规划形成。如抚顺新型装备制造产

表4-2 辽宁省产业基地招商引资状况一览

抚顺能源装备产业基地	
累计投资	18 亿元
引入投资项目数量	2008～2010 年共引入企业 133 家，预计已签订项目全部投产后可新增产值 430 亿元，新增税收 61.6 亿元
引入投资数量	截至 2010 年，引入资金 314 亿元
创新平台打造	一个研究中心、四大产业集群、六个科研服务平台的先进能源装备高技术产业基地发展框架初步形成
未来预期发展	新增产值 431 亿元，新增税收 62 亿元 2012 年实现规模以上工业增加值 146.4 亿元，占所在市的 24.1%；预计在 5 年内，工业增加值会达到 600 亿元以上，成为我国重要的能源装备制造基地

本溪医药产业基地	
累计投资	70 亿元
引入投资项目数量	3 年累计引入企业 226 家
引入投资数量	引入资金 300 亿元
创新平台	建设公共研发平台和创新孵化器 8.7 万平方米，引入 3 所医药大学、12 个海内外研发团队和 32 家研发机构
未来预期发展	2012 年实现规模以上工业增加值 146.4 亿元，占所在市的 24.1%；预期在 5 年内实现工业总产值超过千亿元，将成为本溪资源枯竭型城市转型最重要的产业推动力量

辽宁葫芦岛（万家）数字产业基地	
累计投资	政府累计投入 47.4 亿元，其中征地补偿 9.5 亿元，两期基础设施建设投资 3.3 亿元，标准化厂房建设投资 1.5 亿元
引入投资项目数量	共累计引入企业 86 家
引入投资数量	2010 年引入资金 66.6 亿元
未来预期发展	预计到 2020 年，形成占地总面积 5.3 平方公里，产值规模超过 1000 亿元，将成为辽宁辽西北振兴实现的最重要产业载体

辽宁阜新液压产业基地	
累计投资	48 亿元
引入投资项目数量	2009～2012 年引入企业 418 家
引入投资数量	引入投资累计 416.5 亿元
创新平台建设	建设一期总面积 15650 平方米的研发和孵化中心，2010 年 6 月投入使用；二期 2 万平方米的研发检测中心正在规划设计

续表

辽宁阜新液压产业基地	
未来预期发展	2012年实现地区生产总值53亿元,同比增长30%;实现工业总产值301亿元,同比增长48.7%;完成全社会固定资产投资60.5亿元,同比增长20.7%;招商引资域外资金到位额60亿元,同比增长43%;直接利用外资2300万美元,同比增长57%;出口创汇实现2500万美元,同比增长78%。计划用3~5年时间引进企业600户,销售收入达到1000亿元以上,实现利税200亿元以上
辽宁营口镁质材料产业基地	
累计投资	2011年投入8亿元
引入投资项目数量	截至2012年,产业基地内引入规模以上企业达373家,超过亿元以上企业66家,超过10亿元以上企业2家
引入投资数量	累计引入资金超过130亿元
未来预期发展	预期在"十二五"期间,完成新增投资350亿元以上,镁质材料产业产值实现1000亿元,其中,高端镁质耐材产值实现500亿元,非耐材产品产值实现500亿元。工业产值超过亿元企业达到100家,其中,10亿元以上企业达到20家
辽宁朝阳新能源电器产业基地	
累计投资	截至2010年底投入资金8亿元,其中朝阳市政府投入1亿元,科技厅投入8000余万元,政府融资6亿元
引入投资项目数量	2009~2010年引入企业31家
引入投资数量	2009~2010年引入资金30亿元
未来预期发展	2012年实现销售收入达到20亿元,未来预期到2015年产业基地将实现销售收入1000亿元、税收100亿元。基地常住人口达到10万人以上,成为国内领先、国际知名、自主创新能力强、特色鲜明的高新技术产业集群

资料来源:辽宁特色产业基地建设基本情况,以及辽宁省各市产业基地建设规划,http://www.lninfo.gov.cn/zdgz/show.php?itemid=352。

业基地、阜新液压产业基地、营口镁制品产业基地。这三个产业基地已具有相当的产业基础,政府通过谋划扩大规划面积、制定优惠政策,吸引区域外同类企业的进入。二是依赖于当地的优势资源,以资源禀赋为基础构建新产业形成和聚集,有规划、有步骤地实施。本溪医药特色产业基地、朝阳新能源电器产业基地、营口镁制品产业基地属于此类。朝阳丰富的杏林资源、营口周围地区占全国总储量80%以上的镁矿、本溪传统的优势中药材资源都是当地高技术产业基地构建的核心资源禀赋，为当地产业基地主导产业发展提供了不可比拟的优势条件。三是完全依赖于政府规划，根据区位优势和未来产业发展趋势构建起的全新的产业基地，如辽宁（万家）数字技术产业基地。这类高技术产业基地产业基础和资源禀赋优势都相对匮乏，在发展中处于劣势地位，需要较长的市场培育期和政府强力的支持推进才能进入成长期。

自 2007 年以来，辽宁实施高技术产业基地发展的战略实施效果来看，通过省政府和省科技厅的规划、重视和资金等方面的支持，效果是明显的。政府初期投入资金带动外部资金投入的引致比基本上都超过了 1∶5（主要通过 2~3 年内引入的外部投入资金量指标反映），① 资金引致效果最好的营口镁制品高技术产业基地，各级政府累计投入 8 亿元资金，引致外部投入资金近 130 亿元。这与营口本身的矿产丰富资源优势、原来已经成型的产业基础、完善的配套设施等因素有关。比较好的是抚顺先进装备制造高技术产业基地和阜新液压高技术产业基地，政府投资引致比接近 1∶10，特别是阜新液压高技术产业基地，作为典型资源枯竭城市阜新市的接续产业，对拉动阜新经济发展和产业结构优化转型起到重要作用；最差的是葫芦岛辽宁（万家）数字的技术产业基地，因为此产业基地是在零基础之上建立起来的，前期的基础性投资比较高，而且没有产业基础和比较完备的配套设施，前期的政策引致、资金吸引效果还没有充分释放，至于今后的发展还有待进一步规划和加强。从具体的引资、发展效果来看，短短四五年时间，辽宁几个高技术产业基地从无到有，迅速发展壮大，取得了令人瞩目的成绩。辽宁高技术产业基地的迅速发展，不仅体现在规模上，还体现在高质量的成长上。辽宁省科技厅牵头，政府将高技术产业基地的功能定位在高技术创造、成果转化的载体。因此，在高技术产业基地规划之初，各级政府都加强了科技创新基础、创新体系的投入和建设，并制定了诸多不同的科技引领政策。各产业基地本身定位多为具有发展潜力的新兴产业，科技创新带动效应明显，依赖于各级政

---

① 投资引致比 = 引入资金累计/累计投入资金，比值越高表明政府资金投入到产业基地的引致效果越好。

府创新政策优势、创新资源支持等干预政策，初步建立起较为完善的科技创新体系，并不断吸引技术、人才等创新要素向高技术产业基地汇聚，科技厅也投入大量的科研经费，重点扶持入驻企业新产品开发、技术成果转化和市场推广等科技活动，取得了明显的效果。辽宁省重点建设的六大高技术产业基地，已经逐渐成为引领辽宁技术创新、实现经济结构调整和发展方式转变的重要极点和载体。

以本溪医药高技术产业基地为例，本溪作为传统的老工业城市，作为支柱产业的冶金行业在全市经济中比重过高，技术引领改造效果有限，特别是作为城市支柱产业的钢铁行业受经济周期影响过大，未来发展缺乏接续的战略新兴产业。自2009年本溪医药产业基地建设以来，新兴生物制药行业迅速发展壮大，带动经济发展的同时，也成为本溪高技术、新兴产业最重要的汇聚地，为本溪市资源枯竭型城市转型、调整产业结构做出了突出贡献，成为本溪市"创新引领经济发展"的重要基地。自产业基地建设初始，本溪市就着力把医药产业基地建设成为科技创新产生、汇聚的重要载体，本溪市政府投资3亿元，建设了总面积9万平方米的药业基地研发中心和生命健康产业孵化中心，无偿提供给科研企业和科研机构使用，为基地技术创新体系建设提供了必要的硬件条件。另外，产业基地专门规划了教育培训区，并成功引进了三所医药类大学入驻，为基地汇集了创新必备的人才要素。其中沈阳药科大学本溪校区、辽宁中医药大学、中国医科大学南校区等建成后，每年可为基地输送大量的专业人才，也为实现基地产学研同步发展提供了重要支撑。目前，本溪医药产业基地已经发展成为集研发、生产、物流、配套服务于一体的全国最大的医药产业聚集区，其平均投资强度达到每平方米4212.6元，是国家标准的近4倍（国家标准为1088.6元）；企业投入产出比为2.44，是全国医药产业平均水平的2.7倍；拥有在研新药122个，其中国家一类新药品种45个；4年内已获取授权国内外专利139项，其中发明专利102项，7项技术填补国际空白，58项技术填补国内空白①。新技术新产品不断涌现，并不断提升产业基地本身的吸引力和影响力。可见，辽宁省运用政府规划、投入建设的高技术产业基地，在构建、发展初期，产生了良好的预期效果。通过财政资

① 数据来源：本溪建成生物医药产业聚集区，中国质量新闻网，2011－11－28，http：// www.cqn.com.cn/news/zgzlb/ diwu/500359.html。

金投入，不仅短期内吸引大量外部资金投入和企业进驻，带动了经济整体的发展，而且大量的科技专项资金注入、科技创新平台的建设和完善以及创新的各类科技政策，促使高技术产业基地真正成为高技术产生、扩散、产业化的载体，大大提高了所在地区的高技术水平和创新能力，为未来创新驱动的"内涵式"发展战略实现奠定了良好的产业和技术基础。

五、本章小结

本章主要从高技术产业基地形成和发展中存在潜在市场失灵的角度看，在对产业基地发展中政府干预纠正市场失灵的作用进行分析。高技术产业基地成长中的市场失灵主要体现在市场机制发育不充分导致的滞后失灵，包括完全依赖市场的产业基地形成"时滞性"、"资源配置的非效率性"等。并运用博弈论方法对产业基地的产业同构和过度竞争问题进行分析。从产业基地演化的视角，高技术产业基地内部技术创新发展中存在"创新路径依赖"和"技术锁定"等负效应，需要政府干预来消除，通过理论分析和推演证明政府干预在高技术产业基地创新发展中的必要性，并具体分析了辽宁省几个重点扶持的高技术产业基地发展的现状。

第五章　高技术产业基地动态发展
中的政府作用

一、创新资源供给与政府干预

　　产业基地是处于市场和企业科层组织之间的组织机构，它综合了市场和科层组织的功能和优势，构成了一个动态的、稳定的、有效的区域产业组织。市场和企业科层资源配置方式具有缺陷，产业集群及产业基地出现的原因之一即是对市场机制和企业科层资源配置方式缺陷弥补的新形式。从产业基地的发展来看，如果仅仅依靠市场机制的力量形成企业的集聚，会产生明显的"马太效应"，导致资源向高水平产业基地集聚，而落后地区由于基础设施、发展环境有限，资源吸引能力有限，就会造成发展进一步滞后。特别是技术创新要素集聚的"马太效应"更为突出。从区域发展特别是相对不发达地区的发展来看，为了克服单纯依赖市场机制而导致的"负效应"，政府在资源配置、企业引入和扶持中应当起到积极的干预作用。依赖政府的优惠政策，结合资源禀赋、产业优势的区域发展规划以及政府切实可行的优惠政策，会在一定程度上破解单纯市场机制给相对落后地区带来的不足。通过政府规划形成高技术产业基地，能够在短期内吸引资源、企业的进入，为落后地区发展创造先动优势而实现跨越式发展。

　　随着产业基地发展，基地内部的企业行为同样因为"柠檬市场"的存在导致负的外部性，如产业集群内一家企业的机会主义行为，就可能会导致整个产业集群受到负面影响，缩短产业基地发展生命周期。20世纪90年代初期，温州的制鞋业就是一个明显的例子，特定时期产业集群内企业为追求自身利益最大化而生产假冒伪劣产品，劣质产品厂商赚得盆满钵满，产生"劣币驱逐良币"的"柠檬市场"，最终导致整个区域产品品牌效应受损，使温州鞋业这个产业集群受到很大的打击，并迫使其转型升级。产业基地内的机会主义行为可以由产业基地内的机制来消除，但产业集群外的机会主义行为往往需要政府行为来消除，通过诚信的市场环境建设、加强基地内部管理，或引导建立产业基地内部企业协会等方式，从内部消除机会主义行为。

二、技术创新外溢与政府干预

知识、技术具有典型的公共产品属性，具有非排他性的特征，导致技术创新行为带来未来收益的预期减弱。而从区域和社会的角度看，技术创新的绩效在于技术的扩散和外溢效果，技术创新使用、扩散的范围越广，技术创新整体的社会效益就会越大。因此，产业基地内部技术创新的市场失灵主要体现在两个方面。一是技术研发本身投资巨大、不确定性强会因企业规避风险而导致投入不足，而产业共性技术有准公共物品的特性、服务多客户特性、技术外溢性导致创新企业技术创新投入和预期创新收益之间的不对称。如果缺乏有效的技术专利保护的制度和环境，将会降低从事首次创新型企业创新的动机，导致众多企业"搭便车"行为，降低企业创新研发投入的动力而损害企业创新投入，甚至形成管理学中典型的"柠檬市场"。二是共性技术研发中的多组织合作因组织间信息不对称增加组织间创新合作成本，降低合作的可能。我们通常将技术分为共性技术和专有技术，专有技术因其"隐含性、复杂性和累积性等导致市场交易成本过高，通常在企业内部完成研发，跨企业、跨行业技术合作现象较少"[1]；产业共性技术创新难度较高、涉及众多学科、知识领域、投资巨大等特性，使单个企业无力独自承担共性技术的研发，多通过企业间、企业与研究机构等多主体合作完成，而技术创新成果本身产权难以界定，创新主体间谈判、潜在违约成本过高致使研发合作机会降低。单纯依赖企业间自主的合作行为，会降低企业、组织间的合作概率和

---

① 李纪珍. 产业共性技术发展中的政府作用研究［J］. 技术经济，2005（9）：19－22.

合作的成功率，政府可发挥其管理协调的职能，在创新合作中起到组织、引导、协调甚至主导的作用①，通过协调和信息平台建设等方式，降低组织间创新合作的信息成本，提高组织间创新合作成功率和绩效。

产业基地作为当前推动经济组织形式，一个重要的优势在于企业、高校、科研机构等组织的小范围集中对新知识、新技术形成及扩散的效应。技术创新绩效与企业创新投入、不同组织间信任与合作、良好的技术外溢环境等因素密切相关。作为政府，可以从创新环境、创新保护制度、创新设施建设、创新合作平台搭建、技术研发的财政补贴、收税减免等政策角度，增加企业创新资源获取和成本的降低，提高企业创新的动力和投入。

三、产业基地内部网络组织与政府干预

产业基地内部网络组织形成的初期，网络的发起者有可能是不同的主体，没有固定的模式，哪个组织能够成为创新网络的发起者取决于组织在整个网络中的资源占有优势和主动权。在现实中，创新网络构建发起者以龙头企业居多，但也有地方政府作为发起者，构建政府主导的创新网络。丘海雄、徐建牛（2004）的调查说明政府或政府主导创新网络的重要性，认为在企业创新资源占有不足、创新能力缺失、创新意识不强的背景下，政府在搭建创新网络中应该有所作为②。正如我们所知，我国很多产业的核心技术多处于技术劣势，而核心技术绝大多数把控在发达国家的大型跨国公司，当前经济领域大企业主导的技术联盟进一步加剧了我国产业技术与国外先进技术的差距。③ 我国高新技术园区和高新技术产业基地虽然已经开展了 20 多年，但从高新技术产业基地发展现状来看，产业基地企业"聚而不群"的现象突出，严重影响创新效应的发挥。虽然企业在区域内集聚，但是企业间没有建立起紧密的合作网络和技术创新网络，企业间基于横

---

① 韩国的钢铁行业发展、日本电子信息技术引入后的消化吸收再创新，其政府在组织、协调技术研发中起到了至关重要的作用。

② 丘海雄，徐建牛．产业集群创新中的政府行为［J］．管理世界，2004（10）：34 – 38.

③ 如 IBM、惠普、西门子等大公司都建立起以自身为主的庞大的网络组织。

向、纵向的分工体系不完整，创新割裂现象明显，创新平台、科研机构建设不足。因为辽宁省高技术产业基地发展时间较短，上述问题在辽宁省高技术产业基地中表现得更为突出，这些现实的问题需要政府从不同层面加以扶持和完善。

高技术产业基地的创新活动本身存在生命周期的特征，在产业基地建立之初，产业基地内部创新网络还没有建立起来，很多创新活动多属于自发的、零星的行为，组织之间还没有建立起来基于长期合作产生的信任和依赖，企业间多出于业务优势互补和应对市场竞争的考虑进行创新合作。完全依赖于企业自身发展和市场自发形成网络组织，形成的过程会比较漫长，而且由于我国整体的技术创新组织市场化、产学研合作体系、公共创新平台等方面的市场机制配置效率很低，公共平台、研发、外部环境等属于典型具有正外部性行为。当市场无法对这些正外部性行为提供有效率的促进时，就会造成产业基地内创新效应缺失。作为公共产品供给者和公共事务的管理者，可通过主导、促进等不同模式解决市场在创新网络构建中的缺失，为政府干预经济提供了理论依据。

四、政府干预的具体政策手段分析

政府干预的具体形式较多，不同的政策手段实现的干预目标、政策效果各有差异，政府干预的具体形式可以分为以下几种类型。

（一）财政干预政策

财政干预手段是政府进行经济调节、鼓励引导企业行为的重要手段，主要通过财政资金投入的倾斜、重点区域、产业、企业的投入，实现资源流动配置，财政政策也是地方政府在推动产业基地建设中运用最多的干预政策。地方政府实施的土地出让金减免、通过政府公共投入完善投资环境、投产初期相关税收的减免等政策。通过财政扶持政策，降低企业投资的总量和风险。另外，一些地方政府为了完善产业基地内部创新网络和创新体系，通过财政投入对一些企业无力投入或具有公共性质的创新平台的建设，为企业间的创新合作、创新网络构建创造实现条件，促进企业创新的行为，降低企业创新成本。财政扶持政策在辽宁省产业基地扶持发展中运用得比较多。如阜新液压产业基地建立之初，为了短时间内吸引液压企业投资，规定固定资产投资在 2000 万元以上的企业，可以享受：①企业投入的土地出让金，待工程竣工后，扣除国家、省规定提留部分全部返还企业；②重点项目积极给予国债申请、技改贴息等优惠政策；③开发区管委会负责整个园区的"六通一平"，免收企业基础设施配套建设费和其他所有行政事业性收费。除上面的规定外，关于科技成果入股、技术创新专项资金等相关的财政扶持政策不断出台，对于短期内外部企业投资涌入，降低企业投资成本起到良好的作用。再如沈阳市政府针对铁西装备制造产业基地，设立总额 200 亿元的产业投资基金，对重大技术装备专项给予 15% 的国债专项补助资金，提高税收返还力度等具体政策。

（二）税收干预政策

税收不仅是政府维持运作的收入来源，而且通过不同税种、不同税率的制度设计，具有调节经济、产业发展及企业行为的作用。在产业基地发展过程中，税收干预政策也经常被使用。税收政策按照其效果可分为优惠性税收政策和惩罚性税收政策。①优惠性税收政策。在产业基地发展初期通过对入驻企业相关税收的减免，增加企业预期收益，提高产业基地对外部企业投资的吸引力；另外在产业阶段形成期，企业刚刚建立，规模较小，利润有限，企业面临众多困难。在初创期给予企业所得税等税收优惠，对增强初创型企业的成活率，促进企业快速成长具有积极的作用。在产业基地发展阶段，对于政府扶持、引导发展的战略新兴产业和支柱产业，政府可以采取税收优惠促进其发展。对于具有高新技术的产品，可通过出口退税的税收方式刺激企业产品出口的积极性。②惩罚性税收政策。主要对具有负外部性的企业行为、产品征税，如为了促进企业不断调整产品结构，推动技术升级，对于资源消耗大的传统产品生产保持较高的税率；在产业基地发展成熟期，由于大量企业扎堆造成相关要素成本上升，外部环境污染等问题，要坚决对外部环境具有污染等负外部性的企业额外增税，以保障产业基地的健康发展。另外也可通过税收政策规范企业行为、促进企业技术创新投入等，如一些政府制定大型固定设备加速折旧的政策。

（三）产业干预政策

政府产业政策可分为直接干预产业政策和间接诱导产业政策。直接干预产业政策包括行政审批、政府采购、地区主导产品保护等。如为了保障产业基地内部进入企业的产业相关、技术实力等，可对要申请进入的企业资格进行审核，以保障产业基地核心产业的凝聚力和创新实力。一些政府为了保护本地重点企业、重点产品的竞争力，对重点产业实施政府采购的政策。政府采购主要可以提高企业初创期的产品销售困境，对企业创新风险的降低具有一定作用。同时，政府采购也会带来示范导向效应，带动市场销售量的提升，提高企业综合实力。间接诱导产业政策主要通过专项资金、补贴等工具，引导企业的行为。如政府为了促进企业产品特别是创新产品出口，实施出口退税的政策，提高企业高技术企业产品进入国际市场的积极性和竞争力；政府为了弥补企业技术创新投入的不足，给重点项目、产品研发提供专项资金扶持等政策。

（四）协调性干预政策

协调性干预政策是政府不直接参与，以公共管理者的第三方身份，对企业及其他组织的行为进行协调管理。如产业基地内部创新网络建设中，因为企业间信息不对称、组织间缺乏信任基础的原因造成内部创新合作网络形成滞后。如政府通过建立创新信息交流平台、产业创新对接洽谈会等平台，增加企业组织间相互获取信息和交流信息，降低信息不对称影响。政府亦可以引导企业与科研机构间的合作，降低彼此合作的潜在风险，促进以企业为核心的产学研合作体系建设。

政府为了发挥协调功能，应在产业基地内部建立行业协会，要充分利用和发挥行业协会在信息交流、技术咨询、组织行业培训、会展招商、标准制定、行业统计分析、国家政策传达、企业问题反馈等方面的职能，全面协调产业的发展秩序，避免无序竞争，使其踏上分工合作、有序竞争的良性发展轨道，同时为基地的招商引资、采购销售，以及快速发展壮大"保驾护航"。

（五）人才培育、培训等干预政策

高技术产业基地发展水平与高技术人才的培育、引入等关系密切，知识、人才是创新实现的前提。政府可通过增加教育经费特别是针对高技术产业基地特色人才需求的专业人才的培养、企业培训的形式，为产业基地发展提供优秀的人才。如辽宁省政府及本溪市政府为了支持医药产业基地人才需要，通过优惠土地政策和教育经费的投入，在本溪医药产业基地内部引入和建设沈阳药科大学本溪分校，为本溪医药高技术产业基地发展提供人才保障。同时，在人才培养上要紧紧围绕产业基地发展需要，调整、增加新学科，以满足新的人才需要。阜新市为了满足阜新液压高技术产业基地技术工人的需要，在液压产业基地引入辽宁工程技术大学职业技术学院，专门针对液压产业中高端的研发、生产的人才需要，不断调整学科专业和培养方案，为本地液压产业基地的发展提供人才支持。对于地域、外部环境相对落后地区，政府对人才吸引政策同样重要，通过政府相关政策，对高端人才创造优厚的薪资水平和优越的工作条件，并在配偶工作、子女教育、配套生活条件等方面实施优惠的政策，以吸引国内外高端人才，营造崇尚人才、重视人才的创新氛围。

五、案例分析
——辽宁（本溪）医药高技术产业基地发展与创新

　　本溪是我国重要的钢铁城市，是典型的资源型城市，资源依赖程度高，产业结构单一，经济受外围经济因素影响较大。特别是近年来受外围经济放缓影响，钢铁产业受到较大冲击，增加城市经济可持续发展风险。本溪市一直在探索未来经济发展的接续产业，以新产业为引领本溪未来经济发展的新增长点。结合本溪市本地资源特征，市政府将生物医药产业作为未来发展接续产业，在国家科技部、辽宁省科技厅等上级部门的全力支持下，建设辽宁省（本溪）生物医药高技术产业基地，并以高新技术产业为支撑建设本溪新城，将产业结构优化与城市布局、沈本同城化等有机结合，加快本溪市老工业基地振兴和资源型城市的转型。2010年1月5日，科技部正式批复建立"国家辽宁（本溪）生物医药科技产业基地"，至此本溪生物医药科技产业基地晋升为"国家级"。

（一）本溪医药高技术产业基地建设现状与发展概况

1. 本溪医药高技术产业基地建设背景和优势

本溪市是我国比较典型的资源依赖的重化工业城市。依靠本溪铁矿、煤炭、石灰石等丰富的自然资源，形成本溪以钢铁冶炼为主导的重化工业结构突出的产业结构。"一五"期间国家确定的694个重点工业项目，本溪占有13个，且全部集中在钢铁、煤炭、水泥三大产业，奠定了本溪市产业结构基础。本溪因钢铁而兴，也受产业单一的结构限制。第二产业特别是钢铁产业一业独大的情况长期没有改观，而长期的一业为主的产业结构带来了诸如产业活力不足、接续产业有限、环境污染压力等问题。如何依托自身的优势资源发展接续产业、带动经济发展一直是本溪市政府关注的重点问题。

2003年12月，在中共本溪市委第九届五次全会上，市委、市政府从资源型城市未来发展的战略高度出发，明确提出了在做强做大钢铁支柱产业的同时，加快培育发展医药、旅游和钢铁深加工三大接续产业的经济发展和产业结构调整的发展战略。2008年，在省委、省政府的大力支持下，本溪市委、市政府高起点、高标准的研究规划，提出了打造辽宁（本溪）生物医药产业基地，打造"中国北方药谷"的重大发展战略；依托生物医药产业，建设"本溪生态新城"的发展思路。其主要的目标是通过生物医药高技术产业基地建设，构建本溪市未来发展的新产业动力，优化现有产业结构，谋求未来经济潜力。

本溪市委、市政府经过7年来的艰辛努力，特别是在省科技厅的大力支持下，科技元素从逐步渗透到引领基地规划、建设与发展，以科技创新为引擎的生物医药科技产业基地已经初具规模。以生物医药为主导产业的20平方公里产业基地基本建成，产业基地规划面积扩张到205平方公里，为未来产业发展、配套环境完善提供充足发展空间。高技术产业基地引领作用初步形成，吸引了东北制药辽宁生物、成大动物药业等企业投资建厂，引入上海绿谷等区域企业总部和各类销售类、产业服务类项目多个，完善了产业链体系，成为引领本溪市产业结构优化和经济发展的重要力量。

2. 地理区位优势

辽宁（本溪）生物医药科技产业基地位于本溪经济开发区，距母城本溪21

公里，距省会沈阳43公里，通过沈丹高速、沈丹铁路和304国道三条交通动脉和省会沈阳、母城本溪紧密相连。距大连港360公里、丹东港210公里、营口港200公里、距离桃仙国际机场31公里，交通十分便捷。并且贯穿开发区全境的沈本产业大道和沈本城市轻轨正在建设之中，使基地的交通更加便捷、产业发展环境更加完善、经济地理位置更加优越。特别是在"沈阳经济区"上升为国家级综合改革示范区的背景下，本溪生物医药高技术产业基地处于沈阳—本溪两市的连接区域，是实现沈本同城化的重要空间节点，是未来实现沈本同城化的产业连接带。本溪经济技术开发区所处的沈阳经济区邻近日本、韩国。而日、韩两国文化与中华民族文化一脉相承，是目前世界上除中国外的两个中药和功能食品生产大国，在以中药为特色的生物医药产业领域有共同的文化认知。因此辽宁（本溪）生物医药科技产业基地接近海外消费市场，有利于推进产业的国际化合作，加速开拓国际市场步伐，区位资源优势、产业布局优势和市场优势明显。

3. 境内药材资源及工业用植物资源丰富

本溪市地处长白山余脉，境内山峦起伏，有着948万亩的大森林，80%的山地面积，72%的森林覆盖率，独特的自然环境条件，孕育了丰富的中药材资源，是中国中药材的主产区之一，药材品种和产量均居辽宁首位。本溪属于温带湿润气候，雨量充沛，四季分明，年均降水量、无霜期以及腐殖质含量很高的土质，均适合根茎类道地药材的栽培。当地主要生产的药品包括人参、辽五味、细辛、哈士蟆、关白附、关木通、威灵仙、玉竹、黄精、黄柏、马兜铃、白蔹、白鲜皮、苍术、淫羊藿、贯众等，在国内外久负盛名，特别是人参、辽五味、细辛更是享有"辽药三宝"之美誉。现查明本溪山区大约有30种天然药材可以供人工选择栽培，产品质量卓越。

全地区有各类中药材1117种，其中植物类114科974种，动物类67科105种，矿物及其他类38种。中药材自然蕴藏量2200万公斤。全市适合中药材种植的山地面积300万亩以上。据探查，仅本溪县目前拥有各类野生中药材970余种，包括具有开发潜力的刺五加、辽五味、林下参等几十种。桓仁县仅山参保护面积就达58万亩，年产干货2吨。2015年本溪全市中药材种植面积达到146万亩，药材种植户1.6万余户，从业人员近3万人，占全市农村劳动力总数近10%，规模化、特色化突出。仅桓仁市中药种植业中，平地中药材种植有500亩以上药园 12 个，200 亩以上 27 个，林下中药种植 200 亩以上示范园 20 个，各类中药材示范园 40 余个，获得"中国森林中药材产业基地"称号，本溪县获得"中国刺五加之乡"称号，桓仁县获"中国山参之乡"称号，"本溪辽五味"、"连山关刺五加"、"桓仁山参"、"桓仁蛤蟆油"被列为国家地理标志保护产品。

4. 原有产业优势

本溪生物医药产业具备一定工业基础，截至 2007 年末，全市医药生产企业（包括医药工业、保健食品、饮片加工、医疗器械、医药包装）现有 37 家，其中，开发区有生物医药企业 15 家，2007 年实现产值 1.6 亿元。全市共有 12 家企业完成了 GMP 改造，年产值在 5000 万元以上企业 5 家（辽宁好护士药业有限公司、辽宁华源本溪三药有限公司、九鼎集团、辽宁东方人药业有限公司、本溪龙宝参茸有限公司）。改造后的医药生产企业生产能力得到极大提高，目前已形成生产能力：片剂 57 亿片；颗粒剂 7.4 亿袋；丸剂 7500 万丸；冻干粉针 2000 万支；口服液 1.75 亿支；胶囊剂 13.4 亿粒；原料药 480 吨。2007 年，全市中药产业（含中药材种植、保健食品）实现销售收入 17.9 亿元，同比增长 31%；实现增加值 10.4 亿元，同比增长 42.1%。其中，本溪经济技术开发区拥有生物医药产业类企业 15 家，积蓄产能 12 亿元，中药材提取处理能力 7600 吨。

（二）高技术产业基地规划目标

产业基地战略规划的核心内容主要体现在三个方面：

第一，建设国内一流、世界先进的国家级生命健康产业基地。为确保产业发展目标，特将规划面积调高到 205 平方公里，其中产业园区建设用地 100 平方公里，包括三个功能区：生物医药产业园、国际医疗器械产业园、森林健康城。力争 3~5 年时间，形成 200 家企业的产业聚集，实现千亿元的产业规模，使本溪药业基地入驻企业数量国内最多，产业集群规模全国最大，药业科技研发和医药物流能力全国一流，使药都成为独具中国北方特色、国内一流、世界先进的国家级生命健康产业基地。将生物医药产业作为支撑未来本溪市经济发展的支柱性产业。

第二，建设一个完整的产业化体系。本溪医药产业基地建设要围绕产业基地内部的龙头企业，建立起上下游联系紧密的全产业链条，构建开放、高效、适应市场变化的产业体系。充分发挥本溪药业资源丰富、工业基础雄厚、生产要素充足、科研支撑有力、发展环境优越等比较优势，努力打造第一产业、第二产业、第三产业并进的产业发展势头。生物医药是典型的高技术产业基地，要以技术创新实现为主线，构建起以企业为中心、科研院所等科研机构为辅助，以产业基地内部的孵化器、风险投资、创新平台等为支撑的创新体系。形成以中药和天然药为主，以保健食品、医疗企业、化学制剂为切入点和突破口，以生物制药、医药研发外包服务为战略重点的产业发展格局。同时，积极寻求与省内外大专院校和科研机构更加广泛的合作，通过不断完善产业功能，把"中国药都"建设成为沈阳经济区的生物制药产业的科技高地、人才高地、制造研发及物流集散地。

第三，依托产业优势打造一座生态新城，扩张和优化现有城市布局。产业基地的构建与发展不仅形成新的产业增长点，也会通过产业集聚的优势吸引各类资源集聚和人才汇聚，带动区域城市布局的优化。本溪市以构建高技术产业基地为契机，规划以生物医药产业为支撑，运用先进的运营理念，继承自然的山水格局，深入发掘城市意象与历史底蕴，注重新型工业化、新型社会化、新型城市化相结合的科学发展模式，在沈阳和本溪的节点上，规划建设一座与沈阳行政区接壤、占地面积205平方公里、容纳人口100万人的沈溪新城。以此为契机，改变本溪市以重化工业为支柱的城市形象，优化本溪市现有城市布局，以沈本同城为契机向外拓展产业空间和人居空间。新城建设的出发点要保持青山绿水、使用清洁能源、维护生态平衡，建成一座有特色、有魅力、适宜居住和创业的沈阳卫星城，使产业化与城市化互为依托、相互促进。

（三）本溪高技术产业基地建设的创新发展

1. 基于招商引资的带动作用，产业基地的雏形显现

截至2009年末，基地累计签约落地项目131个，总投资147亿元，达产产值为365亿元。到2010年3月底，累计落地项目150个，投资总额200亿元以上，达产后可实现年销售收入400亿元以上，项目开工建设已有62家，完成投资60亿元。特别是在国家级基地获批后，为基地的招商引资再添金字招牌，将使基地的产业规模和经济实力跃上一个新台阶。截至2014年底，本溪生物医药产业基地全年实现销售收入240亿元，聚集常住人口超过10万人，并被国家认

定为全国唯一的医药领域高技术产业集群试点，综合实力进入全国同类园区的前5名。经过几年的建设，辽宁（本溪）医药高技术基地产业雏形已现，并为本溪市经济发展转型提供了蓬勃的生机，成为本溪市经济发展新的增长点，以此拉动生物医药上下游产业繁荣发展。

根据高新产业基地发展的内部产业链特点，在产业基地内部构建了生物医药产业园区、医疗器械产业园区、森林健康城等板块。

生物医药产业园辖区面积88平方公里，是整个产业基地的核心产业区，现已经签约企业超过百家，达产后年销售收入超过600亿元。重点项目包括辽宁成大疫苗和保健品项目，总投资15亿元；东北制药生产诊断试剂和生物工程药项目，总投资3.5亿元；天士力集团医药物流项目，总投资2.7亿元；另外，如吉林修正、美国凯普、双鼎药业等一批国内外知名医药公司项目也将入驻生物产业园。同时，为实现高技术产业基地创新人才供给、产学研合作，沈阳药科大学本溪分校、中国医科大学本溪校区建设完成，为产业基地内部高端人才获取、产学研合作实现提供了良好的支撑和平台。由各级科技部门投资新建的研发中心和孵化中心有超过50家的科研机构和孵化企业入驻，整体发展势头良好。

医疗器械产业园区，规划面积45平方公里，其中建设用地15平方公里。园区重点发展体外诊断产业、医用电子诊疗器械、功能性生物医药材料和一次性医疗器械四大产业。目前入驻医疗器械项目16家，总投资超过20亿元，达产期计划实现销售收入近40亿元。

2. 得益于科技政策的支持，引导各类创新要素向产业基地汇聚

高技术产业基地内创新效应是构建其竞争力的根本，而对于本溪这样一个缺乏高科技资源和产业基础的内陆城市，完全依赖市场机制很难在短期内在高技术产业方面有较大突破。要在短期内实现高技术产业跨越式发展，重要的是提升地区科技资源的吸引力并以此作为高技术产业发展基础。为形成本地产业资源和科技资源的"洼地效应"，科技厅会同有关部门与本溪市地方政府通力合作，充分发挥土地、财税、科技、金融等政策，使人才、技术、资本等各类创新要素不断向基地汇聚。科技厅对入驻基地的企业在高新技术企业认定、研发中心建设、科技成果转化、产学研合作以及科技攻关等方面给予了重点政策倾斜。2010～2011年辽宁省科技厅累计投入了2.1亿元经费，重点用于扶持入驻企业进行新产品开

发、技术成果转化与市场推广等。

本溪市政府投资 3 亿元，建设了总面积 9 万平方米的药业基地研发中心和生命健康产业孵化中心，无偿提供给科研企业和科研机构使用，为基地技术创新体系建设提供了必要的硬件条件。另外，药业基地专门规划了教育培训区，并成功引进了三所医药类大学入驻，为基地汇集了创新必备的人才要素。其中沈阳药科大学本溪校区、辽宁中医药大学、中国医科大学南校区等建成后，每年可为基地输送大量的专业人才，也为实现基地产学研同步发展提供了重要支撑。

本溪市政府提出了"不为所有但为所用"的理念，不拘形式聚集国内外人才智力资源，通过调整和完善人才政策，拓宽人才引进渠道，鼓励海外和域外各科门类高层次人才到基地创业。目前招才引智初现成效，成功引进了海内外研发团队和科研机构 31 家，这将为基地构建科技创新体系提供重要支撑。

3. 依托基础设施建设，产业基地的项目承载能力不断扩充

本溪城市投资发展有限公司的成立和运营，为基地基础设施建设的资金投入提供了有力保障。截至目前，200 亿元投资大部分用于基础设施的建设，已经整理城市用地 10 平方公里，产业用地 15 平方公里，园区内路网、供水、供电、供热等基础设施的完成，扩充了项目承载能力，为基地的进一步发展奠定了必要的基础。

4. 以平台建设为载体，服务型政府正在形成

以"平台比政策更重要"为园区建设的理念，重点建设研发平台、孵化平台、实训平台、融资平台和专业化行政服务平台，同时本溪市围绕科技特色，为基地规划和正在建设的六大核心技术平台和六大支撑技术平台。六大核心技术平台包括基因工程疫苗和诊断试剂创新平台、组分中药创新平台、三维微型器官药物筛选平台、道地药材产品开发平台、体外特检诊断试剂创新平台、国家重大新药创新平台；六大支撑技术平台包括大型仪器共享实验平台、公共信息服务平台、辽宁省医药临床研究平台、动物实验平台、安全评价平台和注册认证服务平台。尽管目前这些平台还没有完全发挥作用，但是构建完善的科技创新体系，通过科技创新来引领产业基地发展的思路和进展，以企业为对象的服务型政府形象和能力正在形成，这将为基地的进一步发展提供有力的保障。

（四）医药产业基地发展面临的瓶颈

辽宁（本溪）生物医药高技术产业基地发展应该是辽宁众多高技术产业基地中发展较快、创新绩效明显的样板，取得的成绩令人振奋。但是，也要看到在成绩背后，还有诸多亟须解决的问题，面临资金、技术创新、创新平台等方面的瓶颈束缚。因此，有必要从战略高度对未来基地的发展态势做一个清晰的判断，从可持续发展的角度审视现存问题，并提出针对性对策建议。

1. 主要的政策瓶颈

作为政府主导型的园区建设，主要是政府在确定主导产业的基础上，制定一系列优惠措施，尤其是通过一些优惠政策进行招商引资，吸引更多同类企业与相关企业、机构进驻，从而形成产业集群。但是，在调研中我们感到，目前基地发展已经开始面临政策瓶颈，为招商引资而制定的一系列土地和财税政策不足以支撑基地的可持续发展，亟须对政策进行升级，从建立高新技术产业集群的动力机制入手，建立系统性的科技创新政策。

为鼓励医药企业发展，加快做大做强本溪医药产业，使本溪成为辽宁乃至国家级高技术医药产业基地，除给予振兴东北老工业基地有关政策外，本溪市委、市政府制定了《本溪市关于鼓励投资的优惠政策》，在此基础上，又先后推出了更加优惠的《关于加强医药产业发展若干政策的决定》、《本溪市现代中药产业发展扶持政策》、《本溪市促进中药科技产业基地发展扶持政策》等。这些政策在土地、税收、项目扶持等方面都对投资者给予了相当大幅度的优惠，促进了生物医药产业基地的建设与发展。

从国内生物医药产业园区的发展经验来看，湖南浏阳生物医药园对本溪基地具有一定的借鉴意义，该基地从1998年10月开园至今，共引进了110家高科技医药及相关企业，产值已突破70亿元，已成为全国GMP认证车间最密集、药品剂型最齐全、医药创业平台最完善的生物医药园区。仅从入园企业数量来看，目前本溪基地150个落地项目的业绩表现并不逊色，但湖南浏阳生物医药园通过准确的产业定位、鲜明的产业特色、完善的产业链条、独立的财政体系、优惠的税收、土地及银信政策，吸引越来越多的医药及相关企业进驻，走出了一条独特的医药产业集群发展之路的成功经验与做法，值得我们借鉴和学习，尤其是其产业集群的发展思路为我们今后的发展提供了有益的战略启示。

2. 未来发展的资金瓶颈

首先，基础设施建设面临大量资金缺口。截至 2012 年，本溪市政府为扶持高技术产业基地发展投入了近 200 亿元，现已完成了园区和城市用地 25 平方公里的基础设施建设，按照 205 平方公里的规划，目前也只完成将近 1/8 的用地整理，据此比例推算，完成整个基地的基础设施建设大约还存在近 1500 亿元的资金缺口。另外，本溪市城市发展投资公司的银行贷款的偿还问题应该得到重视，按照入驻企业和本溪市政府的协议，在 5 年之内基本不会对地方的财政收入有直接贡献，对本溪市政府的财政是较大挑战。同时，中国银监会和国家开发银行等相关机构基于风险控制，也开始逐渐收紧对城投公司的贷款，这都给园区建设带来了巨大的资金压力。

其次，企业融资渠道和机制尚未健全。本溪生物医药产业基地入驻的企业以中小企业或创业型企业为主，缺乏真正意义的大型医药企业，企业经营效益普遍偏低，自身资本实力有限。2009 年，只有辽宁好护士药业和辽宁本溪三药有限公司销售收入超过亿元，好护士达到 2.2 亿元，而其他企业销售收入都很低。企业发展过程中需要大量资本，由于基地开发建设时间较短，融资渠道和投资环境尚未健全，企业借贷比较困难。高技术产业基地的医药企业盈利模式主要依赖新药上市，而新药的研发投入大、审批周期长，加之企业盈利能力较弱，大部分企业只能靠省市政府每年的科技投入来进行新药研发，尽管政府投入近年来不断加大，特别是省科技厅连续两年在基地投入了 2 亿元的扶持资金，但与 100 多个企业的需求相比，显然无法满足要求，更难以形成集中优势，加之管理约束条件多，效果尚不明显。

3. 产业基地内创新绩效有待进一步提升

科技创新体系是本溪医药高技术产业基地的特色，是基地创新发展的核心要素，也是支撑基地可持续发展的关键，甚至在某种意义上说，这正是科技主管部门介入产业基地建设与发展的核心价值所在。但就目前基地的形势来分析，科技创新体系尚未健全，创新要素的支撑力度不足，创新已经成为基地进一步发展面临的一大瓶颈。生物医药科技产业基地的硬件条件正在逐步建立和完善，9 万平方米的研发中心和孵化中心已经成为基地招商引资的一个重要亮点，但从科技创新体系构成要素及其运作的角度来分析，创新主体、创新机制则更为关键。我们认为，目前虽然基地创新机制正在形成过程中，但创新主体的能力和积极性仍然存在着许多不确定因素，同时支撑创新的科技人才相对短缺将是制约创新体系建立和完善的主要瓶颈。

（1）企业创新能力较弱。国家科技中长期规划中明确提出要建立以企业为主体的技术创新体系。而目前入驻基地企业的整体创新能力不强，个别大型知名企业虽然拥有较强的研发能力，但是否会在基地设立研发中心还不确定，这既取决于基地提供的研发平台和条件，也取决于入驻企业是否可以在此形成"马太效应"。基地创新体系的建设要求不断提升企业的创新能力，特别是主导产业的龙头企业，一定要通过自主创新来抢占市场的制高点。但目前基地内企业距离这样的目标还有一定的差距。

（2）创新人才队伍聚集相对滞后。创新人才队伍的聚集是基地发展所面临的又一重要瓶颈，由于地理位置和区域经济发展水平等原因，基地在汇集产业创新人才特别是高层次人才方面仍受到诸多限制，与现代生物医药科技产业发展要求相比，还缺乏一批创新思维活跃、通晓新药研究开发的全过程、把握专业领域发展方向的学术带头人；缺乏一批具有科技先导意识、熟悉专业和企业管理的复合型知识、了解国际医药行业和科技发展大趋势的企业家群体；缺乏一批具有战略思维、熟知国内外相关政策和法律法规，对发展趋势具有前瞻性判断能力的高级管理人才。

（3）创新空间的知识支撑不足。按照"三螺旋"的创新空间理论，在某些特定的条件下，企业、政府和大学三者中的任何一方都可以成为创新空间的主导者，甚至替代其他实力比较弱的一方或两方，从而推动创新空间内知识等创新要素的流动，形成一定的创新能力。但创新空间的知识支撑非常重要，需要在创新空间内有知识外溢出才能有效地促进创新。

目前本溪基地引进沈阳药科大学本溪校区、中国医科大学南校区和辽宁科技学院三所高校。辽宁科技学院是一所以钢铁冶金为主的综合性大学，另外两所医药类大学均属分校，基本以职业教育和基础教育为主，其科研能力尚不确定。以本溪目前的区位条件和学术影响力，引进这三所大学的真正目标是将其打造成医药产业基地创新空间的知识提供者、信息交换载体和对外学术交流的纽带，使其成为基地创新空间不可或缺的有机部分,将其与基地的研发中心和各企业的研发中心融为有机整体,实现其与企业间创新要素流动,特别是科技人员的流动和信息共享,但我们认为上述三所大学至少目前还较难担此重任,基地进一步发展势必要面临创新瓶颈。

(五)关于本溪医药产业基地发展的若干战略性思考

以上对基地发展存在的一些瓶颈问题进行了归纳总结并提出了相应的对策建议,但总体来看,我们感觉这似乎还属于基地发展过程中的一些表层问题,应该也有必要从基地可持续发展的角度,对一些深层次问题进行战略性的思考。应该从微观、中观和宏观三个维度,分别对基地企业根植性培育、产业集群到创新集群升级以及生态新城与产业基地共生等进行战略性思考,为基地建设与发展提供战略性的选择依据。

1. 从项目招商向培育内生成长转变

依靠优惠政策招商引资在产业基地发展初期确实很重要,尤其是本溪生物医药产业基地主要是靠政府主导,其发展的必经阶段就是通过招商引资来完成最初的企业聚集,但招商和招商政策本身并不具有无限的可持续性。我们必须思考入驻企业能否在基地生存并发展起来,我们如何保证在优惠的招商政策过期后确保企业不被其他园区的优惠政策吸引而搬离。目前,本溪基地已经聚集了150多个入驻的企业,我们有必要将工作重心逐步从招商引资转移到促进基地内生成长上来,其中最为关键的就是培育企业根植性。

企业的根植性又称为本地化,是指企业的经济活动已经深深嵌入了当地的社会关系、制度体系和土壤文化之中。而企业根植性的培育是一项系统工程,政府需要做大量而细致的工作。首先,需要政府营造良好的市场环境,尤其是提升基地的软环境,提供企业发展需要的各项服务,促进企业技术创新以及成果转化,提升企业的盈利能力;其次,需要重点培植龙头企业,按照主导产业规划实现基地内产业集群,将相关企业纳入主导产业的产业链中来,降低经营成本,实现规模效益;最后,建立合理的退出机制,为与生物医药关联度更高的其他企业进一步向基地聚集腾出空间,加大基地的非政策性吸引力,促进主导企业对基地的非政策性依赖,通过市场力量留住企业,增加其根植的筹码,培育基地的内生成长。

项目招商具有不可持续性，一是与基地匹配的可招商项目数量有限；二是招商期间的优惠政策是有期限的；三是政策具有比价效应，我们无法保证政府持续对企业进行利益让步，招商政策的恶性竞争本身就具有不可持续性。从产业基地的企业集群动力而言，政府主导是一种比较有效的形式，但产业发展毕竟还需要遵循市场规律，同一的市场、产业链延伸、信息共享和知识共享等对基地主导产业的集群更具可持续性，企业基于各自的利益诉求而形成产业集群，其组织更具有稳定性，更能促进产业基地的可持续发展。

2. 从产业集群到创新集群的升级路径

围绕基地龙头企业和主导产业、延伸产业链条，发展企业集聚是基地发展的核心动力。目前，本溪的生物医药科技产业基地通过招商引资，基本已经阶段性完成了众多同类或相关企业的集聚，下一个目标就是充分发挥市场的资源配置功能，通过政策扶持等手段，发挥集群化效应，真正实现基地由"企业集群"向"产业集群"过渡。

生物医药产业作为新兴战略性产业，本身对科技创新有着强烈的需求，激烈的市场竞争要求企业必须具备持续的创新能力，通过科技创新不断向市场推出新产品是生物医药企业的生命力所在；而作为科技厅主抓的国家级高技术产业基地，科技元素是产业基地突出的特色，也是科技部门服务于经济主战场的成功案例，这一点业已得到了科技部和省政府的充分肯定和认可。因此，在本溪生物医药科技产业基地的发展战略设计上，必须高度重视通过加强基地内创新体系的建立和完善，促进创新要素的合理流动和优势组合，进而完成从产业集群到创新集群的升级。

从企业到产业集群，再到创新集群，这既是基地发展的目标，也是本溪市区域经济发展谋求战略转型的必然要求。产业集群主要是通过产业链的延伸以及资源的优化配置，是个体企业为了降低生产或运营成本而聚集起来的产业组织形式，其核心是资源禀赋的选择结果。创新集群是由创新作为驱动力而形成的产业组织，创新要素的顺畅流动与优化配置是关键，而创新要素的核心是知识、技术专利和科技人才等。从促进创新集群的角度出发，本溪生物医药科技产业基地接下来的重要工作应该是，围绕基地研发中心和孵化中心，大力引进生物医药科技人才，特别是通过各种人才和科技政策，培育和稳定一定的科研队伍，并使其与企业的技术创新实现有机的衔接，营造官、产、学、研合作创新机制。

六、本章小结

本章从高技术产业基地技术创新实现要素出发，从技术创新资源供给、创新网络构建和知识外溢实现三个方面深入分析政府干预对产业基地创新发展的作用机理，从创新公共产品特性、技术外溢性、市场创新失灵等角度验证了政府干预必要性，提出政府具体干预的政策手段。并以辽宁（本溪）医药高技术产业基地为案例，分析了政府干预的具体措施和效果。

第六章　高技术产业基地共性技术供给、需求与政府干预

一、共性技术的理论概述

共性技术是针对企业专有技术而提出来的概念，1988 年美国 ATP（先进技术计划）首次提出关于共性技术的概念，认为共性技术是指对整个产业的技术水平、生产效率及产品质量等具有带动作用，能产生重大经济效益和社会效应的一类技术[①]。此类技术多为处于产业化前期的基础性技术研发，一旦技术成功，将会对所在产业及相关产业产生大范围、深刻的影响，产生良好的社会效应。共性技术具有以下几个特征。①共性技术的基础性。共性技术多处于专有技术研发和产业化之前，是后续产业专有技术研发的基础，只有产业的一些关键共性技术研发成功之后，才能带动后续围绕共性技术的专有技术的研发和技术产业化、商业化的实现。②技术的共享性和外溢性。与专有技术相比，共性技术的应用范围广，具有典型的公共产品属性。公共产品也造成了组织进行共性技术研发会产生研发成本与成果收益间的不对称，降低了企业进行共性技术开发的积极性，而且很多共性技术以无形技术知识为主，比专有技术更难实施知识产权保护。所以很多共性技术的研发多以科研院所或者产学院合作、企业合作的形式进行。

[①]　徐冠华在全国 CAD/CIMS 大会上的讲话。

二、高技术产业基地共性技术的选择研究

（一）技术创新分类与政府干预

1. 基础性研究

技术创新的理论源于熊彼特（J. A. Schumpeter）的理论，"创新是经济发展的核心力量"，是"建立一种新的生产函数"，把一种前所未有的关于生产要素和生产条件的新组合引入生产体系（J. A. Schumpeter，1912）[1]。熊彼特对于技术创新理论的贡献最重要在于区分了技术创新与发明创造之间的区别，并梳理了企业技术创新的主要模式。"技术创新是市场经济中的企业行为"[2]（傅家骥等，1998）。但技术创新作为企业市场和盈利行为，其创新的基础是对于自然科学原理、自然规律的认识，新知识、新理论、新方法的获取。商业领域中重大的技术创新多源于相关基础理论研究的新进展[3]，往往这类理论上的突破会带动技术跳跃式发展并引发产业的繁荣。基础性研究主要集中于基础理论、方法和新知识的探索和创造，多来源于大学、科研院所和大型企业研究院等研究机构。这类研究的产出品多以学术论文、专著等形式存在，多为公共信息，信息外溢完全、充分，属于准公共产品范畴，无法通过申请专利获取产权保护。正是由于基础研究本身的非市场化、非商业性及纯公共产品的特性，决定私人对于基础研究的投资不足[4]。而基础研究又是构建和保持区域技术创新能力的前提条件，是保持区域、企业竞争力的最根本源泉。基础创新研发投入不足与其对企业研发的重要性形成了一个"悖论"。要保持区域基础创新投入活力的根本是增强投入主体的盈利预期。如何保持基础研究作为公共产品的前期投入，从各国的实践来看，政

---

① Schumpeter J. A. Captalism，Socialism and Democracy，New York：Harper，1912.

② 傅家骥，姜彦福. 技术创新——中国企业发展之路［M］. 北京：企业管理出版社，1992.

③ 从蒸汽机、电灯、有线通信的根本性的技术创新到当今的信息电子技术、纳米技术、海洋生物技术的创新，都源于相关理论知识进步。

④ 实际上在西方的国家中，很多私人投资出于自身利益或社会责任也投入到基础研究之中，一起带动基础研究的发展。

府对于基础研究、高等教育的投入是重要途径①，政府也可以通过直接的财政扶持降低企业前期研发的成本投入，促进创新行为实现。国家和政府对于基础技术研发干预和投入是必要的。从高技术产业基地内部的技术需求来看，关键的共性技术是决定一个产业基地未来发展层次和竞争力非常重要的因素，共性技术的突破对于产业基地内众多企业生存提升和发展具有决定性影响，是企业未来创新优势的根本源泉。很多共性技术代表某一领域技术创新的方向，处于科学技术研发的前沿，多属于多技术集成创新范畴，并成为产业集群内众多企业技术升级的瓶颈。这类技术的研发突破，中小企业研发实现的可能性很小，需要多领域、高层次科技人才的共同努力。并且这类技术研发高风险性和高不确定性，也让很多企业投资者望而却步。

2. 通用技术

通用技术是具有跨行业、跨产业的交叉性技术，表现为基础性和通用性。通用技术是基于某一具体产业内部而言，在同产业内部或跨产业技术应用中具有较强的外溢性，排他性较弱，具有一定的公共产品的特点。而通用技术公共属性造成私人企业投入动力不足，依赖于市场机制会导致通用技术投入的无效率；特别是当前技术变革日新月异，在同一技术领域技术创新实现具有典型的"赢者通吃"现象，也注定单纯依靠单个企业创新实现越来越困难。另外，随着技术创新的不断发展，通用技术创新交叉性、复杂性更强，投入资金巨大，研发周期长、风险巨大等特点，导致独立的企业很难凭借自身的研发能力独立完成。目前，通用技术开发很难依赖一家企业独立完成，多通过企业间、企业与科研机构之间的多组织合作完成，产业基地内部创新网络组织显得尤为重要。在高技术产业基地内部呈现紧密的创新网络化趋势，即以龙头企业为核心，依托周围上下游企业、同类企业、科研院所等资源，通过有效的技术创新分工和创新协同实现最终创新，并分享创新成果的模式。这类产品的供给，因其具有一定的公共产品特性，完全市场化的供给可能导致技术供给不足，需要通过公共政策加以弥补。

①　美国依赖于在高等教育的领先，保持着全球技术创造者的优势。而以色列，每年小学生平均的财政教育投入为4000美元，而大学生年平均投入为1.3万美元，依赖于在基础教育上的投入，保持源源不断的创新动力。

3. 专有技术

专有技术是指能够为私人部门带来利益的秘密知识、经验和技能，包括隐性知识和技术诀窍。专有技术具有经济性、可授权性和可转让性等特点，其本质是私人商品，具有较强的排他性。可见专有技术是一种以保密性为条件的事实上的独占权，能有效地控制其外溢。特别是在当前，大量的技术以隐性知识存在，因此，政府对专有技术应尽可能减少直接干预，充分发挥市场资源配置的基础性作用，政府主要依靠政策和法规对其加以引导和规范。

表6-1分析展示了 R&D 产出品的性质和政府干预力度之间的关系。从表6-1可以看出，基础研究、通用技术和专用技术三者专用性越来越弱，外溢性逐渐下降，也就是说市场失灵程度越来越弱，政府干预的力度也就应当越来越弱。

表6-1　技术的分类及性质比较

R&D 产出	专用性	风险	产品类别	外溢效果	政府干预
基础研究	弱	高	纯公共物品	强	强
通用技术	较强	较高	准公共物品	较强	较强
专业技术	强	低	私人物品	弱	弱

资料来源：笔者根据资料整理。

（二）产业基地内部技术创新的公共属性

在产业基地之中，内部企业多属于同类产业或上下游相关产业，产业间技术的共性效应十分明显。共性技术的开发是促进行业整体技术水平不可或缺的环节，但同时共性技术具有公共物品和私人物品的双重属性，是较为典型的"准公共物品"，共性技术的公共物品属性导致市场供给不足。如传统经济学中对于公共产品供给的论述，公共物品的属性导致该物品的供给者付出成本和收益之间不对等，会降低公共产品的供给数量进而降低社会福利水平。共性技术的市场失灵与传统的技术市场失灵具有一定差异性，传统技术市场失灵是基于技术本身的复杂性、隐含性、累积性等属性导致技术交易、转移的市场失灵。而共性技术多是由于技术创新本身的复杂、高投入、高风险性及非独占性所导致。技术本身的公共属性和外溢效应，决定了创新企业将不能获取全部创新收益①，导致边际收益下降，当边际收益小于边际成本时，企业创新行为会自行终止，注定企业对公共属性的共有技术投入不足。

1. 产业基地内部企业创新投入的博弈分析

Audretsch（1996）的研究也证实了集群内技术溢出（LKS）的存在。许多研究者（刘凤满、赵烨等）运用博弈论的分析方法，分析共性技术供给者和技术使用者之间的成本收益关系，发现共性技术供给的纳什均衡产出低于帕累托最优状态，说明完全市场化的共性技术供给导致供给不足，出现"市场失灵"。这种失灵是建立在对企业单次、非完全信息博弈分析基础上。企业间不信任强化单个企业的机会主义行为。

现通过博弈的方法对产业基地内部企业创新投入行为进行分析，以分析产业基地内部机会主义行为的隐性契约作用机理。假设甲、乙两个企业同处于一个产业基地内部，代表参与博弈的双方，企业间是独立个体并拥有不完全信息，每个企业都追求自身利益最大化。结合技术创新的外溢效应，假定先实现创新的企业的创新信息是不可保密会外溢扩散的，那么两个企业在选择技术创新策略的时候具有典型的"囚徒困境"，在不存在政府干预的条件下，由于企业本身"趋利"和"搭便车"的动机，必然导致单个企业创新投入不足，而影响整个产业基地内部创新的投入、创新绩效和可持续的竞争力的维持。

		乙	
		创新	不创新
甲	创新	5　5	2　8
	不创新	8　2	3　3

图 6-1　无政府干预下企业创新策略的博弈分析

---

① 国外的相关研究表明，技术的外溢比率在 55%～80%，可见，技术特别是共性技术的个人收益与社会收益存在较大的差距。

如果我们做以下假设，在产业基地内部的两个企业甲、乙，如果其创新与否的选择后的收益如图6-1所示，此种情况下不论是甲还是乙，选择不创新都是最佳的选择，此时博弈均衡为（不创新、不创新），此时甲、乙获取的收益为（3，3），因为"搭便车"行为导致企业技术创新行为不足，企业维持原有技术获利而非创新。很显然，一次博弈的均衡点并非最优的纳什均衡点。如果两者可以采取（创新、创新）的策略，两个企业都会收益增加（5，5），每个企业的创新收益都会有所增加。博弈分析不仅要考虑企业的收益，还要从社会的角度分析整体收益。如上例所述，即使两个企业选择了（创新、创新）策略，从社会的资源投入和创新绩效考虑，此选择是最优的策略吗？显然，考虑社会创新总成本，（创新、创新）策略并非最优策略。因为甲选择不创新而乙选择创新（或者相反的选择）的策略，从社会总的创新收益来看，与两企业同时创新策略收益相同，都是10单位，并没有增加整个社会的收益。两个企业同时选择创新实际上导致了创新资源投入的浪费，从社会的角度着并非最优的选择。我们假设每家企业进行创新的成本为1，则可有以下博弈矩阵。此时综合考虑创新成本问题，最优选择应该为（创新、不创新）或（不创新、创新）两个均衡点。但实际上，最终的纳什均衡点仍然是（不创新、不创新），并且企业不创新动机被进一步强化。

乙

甲	创新	不创新
创新	5　5　(1, 1)	2　8　(1, 0)
不创新	8　2　(0, 1)	3　3　(0, 0)

图6-2　考虑创新成本的创新策略的博弈分析

　　正如以上通过博弈理论的分析，在产业基地内部的企业间如果按照市场规则，每个企业的创新行为以自身利益最大化为准则且没有外部力量干预，是不会出现最优的选择结果。其结果是企业间因为个体逐利性导致整体的非效率。此时，政府可以作为公共政策制定者的角色，从社会创新绩效的角度看，对企业创新行为加以干涉和纠正，提高社会的整体创新效果。在此种情况下，政府可以通过创新补贴、专项资金等财政投入实现对创新投入者的创新激励，而对于模仿、抄袭他人技术的企业实施严厉打击。我们顺着这样的思路进一步分析，如果政府对从事创新的企业进行补贴，补贴度为2，而对于抄袭企业实施6单位的惩罚，则博弈矩阵如图6-3所示。

乙

甲		创新	不创新
	创新	7 7	4 2
	不创新	2 4	3 3

图6-3　政府干预下企业创新策略的博弈分析

此时，对于两个企业来讲，（创新、创新）是均衡点。可见，政府的财政性投入及规制的干预手段，对企业创新投入是具有正面作用的，通过对创新行为足够的激励和对"搭便车"行为的惩处，可以提升企业创新行为动力。需要注意的是，只有政府惩罚措施严厉并能够有效实行，起到威慑作用时，对创新的规制效果才会出现。另外，从政府干预的结果来看，整个社会的创新绩效总量为14，但政府对创新投入为4，即社会总的创新绩效为10，通过政府单纯的补贴或惩罚干预，从社会总的效益来看，政府干预政策并没有真正提高整个社会效益，只是改变了企业的行为（当然，这里所作的理论探讨与现实情况是有差异的）。在此种情况下，如何才能实现企业和整体效益的最大化呢？为了提高整体创新绩效，政府可以从促进企业间合作研发的角度，促进同类企业、企业与科研机构等合作以实现共同投资、风险分担、成果共享。如果是这样，那么两个企业间的博弈矩阵见图6-4，通过促进企业间的合作可以在保持整体社会效益不变的情况下，降低1单位的社会创新成本。如果考虑创新合作过程中的资源共享、学习效应等，长远社会效应会更高。因此，在不能够充分合作的产业基地内部，一些具有共性技术的研发行为，政府可以通过对技术投入者的补助，或者技术供给者、需求者之间的交易行为，在保证创新效果的前提下，减少创新资源的重复投入，提高创新的绩效。

		乙	
		创新	不创新
甲	创新	7　7（0.5，0.5）	4　2（1，0）
	不创新	2　4（0，1）	3　3（0，0）

图 6-4　同时考虑政府干预和创新成本的创新策略博弈分析

2. 共性技术"市场失灵"的经济学分析

对于技术创新效率实际上是投入和产出的均衡，我们对于单个企业的创新投入运用边际收益和边际成本的工具进行分析，现假设产业基地内企业拥有完全的信息，并且是以追求利益最大化为目标的"理性经济人"。

（1）不考虑成本外部性的共性技术创新"失灵"。

对于共性技术的研发投入，我们通过简单的经济学供需模型分析，设 D_1 为企业边际收益，D_2 为社会边际收益，因为共性技术具有正的外部性，因此 D_2 在 D_1 之上。在具有产业共性技术的研发投入中，如果不考虑成本外部效应，则私人边际成本与产业内其他企业边际成本相同，即 $MC = MSC$，则有如图 6-5 所示的均衡。如果完全依赖市场的供给关系和企业最优化决策，最终的创新产出水平为 Q1，此时达到市场均衡是无效的，因为在这点社会边际收益大于私人边际收益，作为理性经济人的企业会选择不进行创新投入，会出现企业创新投入不足和整个社会创新需求无法满足。此时需要政府通过政府补贴，以达到共性技术供给和需求水平的同步增加。

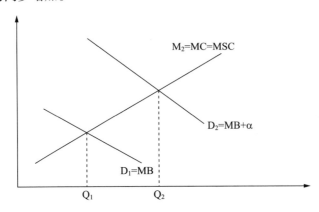

图 6-5　政府研发补贴达到有效创新的均衡

（2）综合考虑成本外部性和收益外部性的共性技术"失灵"。

在共性技术研发投入中，当同时考虑成本外部性和收益外部性时，即同时考虑产业共性技术成本外部性和技术收益外部性。对于社会收益较大的共性技术开发中，因边际私人收益远低于边际社会收益，导致私人共性技术创新投入严重不足。如图6-6所示，企业共性技术创新投入的平衡点为 Q_1，而考虑社会收益的平衡点为 Q_2。针对共性技术创新投入不足问题，可以通过政府技术补贴政策和税收政策相结合的方式提高企业创新投入。通过财政补贴政策提高企业未来收益预期，使私人收益上升到社会边际收益，使私人边际收益上升到社会边际收益水平，通过实施税收优惠政策，促使私人投入的边际成本下降到社会边际成本水平。在图6-7中，无政府干预情况下创新均衡点为 Q_1，而通过政府创新补贴增加企业创新收益，导致收益曲线 D_2 向 D_1 右上方移动，此时新均衡点为 Q_2；如果考虑政府对创新投入的税收优惠等政策，税收优惠降低企业创新成本，导致创新成本曲线 M2 向 M1 的右下方移动。此时，社会上创新产出的水平由 Q_1 点移动到 Q_4 点，从而通过政府的公共政策解决在公共技术创新投入中的"市场失灵"问题，促进企业创新的有效投入和整个社会的创新绩效的提高。

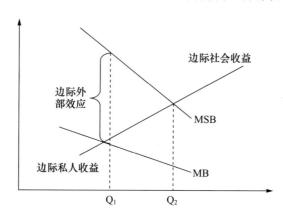

图6-6　创新中的私人收益与社会收益的不对等

政府对企业的创新补贴、创新税收缩减在很多发达国家高新区发展中被广泛运用，对增强企业创新动机、提高企业创新绩效起到重要作用。但政府的补贴和税收优惠政策运用过多也会造成企业对于政府投入的依赖，对企业创新投入产生

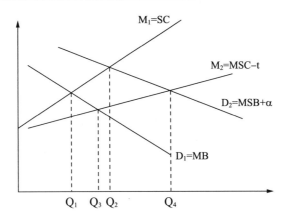

图6-7　政府补贴和税收优惠提升创新绩效提高

"挤出效应"。正如 Dominique 和 Bruno 的研究验证了政府技术创新资助与企业的 R&D 支出呈现先增加后下降的规律，政府资金资助过高会导致对私人创新投入的"挤出效应"[①]。在我国产业基地（产业集群）中，地方政府对于很多企业创新投入给予很多诸如财政补贴、税收减免、加快折旧等优惠政策。一方面，政府政策促进了企业创新的动机和投入，带动基地内部企业的创新绩效的提升；另一方面，政府政策扶持过多，也会造成了一些负面的影响，过多的财政投入可能会导致企业技术创新投入的"挤出效应"，降低政府投资的引致效果，甚至可能出现企业骗取政府优惠政策、资金的情况。因此，政府在制定相关政策的时候，要充分考虑政策的短期效应和长期效应。

三、高技术产业基地共性技术供给

（一）内部共性技术供给的主体

如以上分析，共性技术具有准公共物品的属性，研发难度大且风险较大，导

① Dominique，G.，Bruno，V. P. The Impact of Public R&D Expenditure on Business R&D［J］. Economics of Innovation and New Technology，2003（12）.

致很多企业对共性技术的研发投入不足。例如,我们在调研中了解,海城菱镁产业基地发展中"轻烧粉煅烧技术"等共性技术是制约产业基地内众多企业生产效益的共性技术。这些技术一旦突破,会产生明显的社会效益和经济效益。但由于共性技术研发机制缺失,导致很多企业对此类技术研发积极性不足。实际上,外部几个科研院所已经对"轻烧粉煅烧技术"取得理论上的突破并完成实验室中试,但因为没有企业愿意独自投资,企业间相互观望,都希望其他企业试制成功去模仿而不是自己去投资试制,导致该技术试制和推广被搁浅。可见,共性技术的特性导致创新投入的不足。那么,谁来承担高技术产业基地内部共性技术提供主体的重任?

从现实高技术产业基地内部共性技术提供的主体看,主要集中在以下几个来源。①产业基地内科技创新服务中心是共性技术创新实现的重要主体。科技创新服务中心是很多区域根植于高技术产业基地内部,承担共性技术选择推广的科技服务实体。从投资主体看,分为事业单位制和专业科技服务企业两类。挂靠在政府科技部门的科技服务中心属于政府直接设置机构,参与共性技术研发的组织、产学研合作促进及共性技术的选择和推广工作。这类政府主导型的科技服务中心在资源投入、组织协调方面具有优势;但是这些组织与市场结合较差,对共性技术选择可能产生偏差,而作为政府组织其运作效率较差。因此,未来市场化运作的科技型服务企业具有内在发展动力,代表着未来共性技术组织的发展方向。②龙头企业的研发中心是共性技术供给的重要载体。在高技术产业集群中,以价值链、创新网络为核心的组织关系,决定骨干企业在共性技术创新和供给上起到重要作用。企业作为技术创新主体的地位不断凸显,作为投资主体、风险承担主体和创新收益主体的地位日益显著。因此,企业特别是产业基地内的龙头企业应该在共性技术创新实现中肩负起使命。这些龙头企业具有共性技术创新的能力,并且基于规模性,共性技术的突破能够给他们带来比中小企业更大的利益。政府应该运用政策适度引导,包括相关资金的扶持、其他创新组织介入的协调等,引导多重创新资源的整合并最终完成共性技术创新,分享共性技术创新的成果。此类模式以企业技术研发中心居多,企业自己配置研发资源,并适度引入外部弹性的科技研发资源。③企业与科研院所共建的研发组织。高校、科研机构在基础性研究、理论研究上具有优势,企业可以通过共建研发组织的形式,获取外部研发资源。如在阜新液压产业基地，在地方政府的扶持之下，骨干企业与清华大学共建了研发中心，在一些关键技术突破上起到重要作用。处于铁西先进装备制造业产业基地内的骨干企业——沈阳鼓风机集团，每年投入 2000 万元，与大连理工大学联建研发中心，实施长期的产学研合作，在一些共性关键技术上实现了突破。

（二）共性技术提供中的政府功能分析

基于以上分析，政府在高技术产业基地的共性技术研发中，应该在创新投入促进、产学研合作及创新服务平台等方面发挥一定的功能。政府的功能主要体现在以下几个方面。①政府相关科技管理部门可组织行业专家，对关键产业、具有重大影响的共性技术进行预测，为企业把握未来技术发展趋势和方向提供建议。企业本身的逐利性导致一些企业在进行技术选择时更关注眼前的利益，"技术短视"导致对外来机会把握偏失。另外，因为关键共性技术研发周期长，投入巨大，涉及多学科交叉，研发高风险性导致单个企业很难承担，而共性技术的公共物品属性又进一步降低了企业研发的动力。两方面的因素导致我国本处于技术劣势的各类企业的"创新劣势强化"，在未来技术竞争中将处于更为不利的地位。因此，政府在一些关键的、战略性的技术领域发挥作用，结合未来技术发展趋势，对关键共性技术进行论证，并正确预测技术发展方向。可通过财政政策或产业培育等政策，引导行业内重点企业的技术资源整合和研发合作，把握战略技术发展先机。如决定未来产业竞争力的新材料技术、航空航天技术、生物工程技术、通信网络技术等产业成为未来国家间技术竞争的战略重点，应该引起我国科技部门的重视。由信息产业化部牵头，科技部、发改委、中移动、大唐通讯、华为通讯等多组织参与对 3G 技术标准的研发就是一个很好的例子。通过政策引导、资金投入等政策，整合研发资源，组织多主体参与的合作创新模式，加快共性技术的研发和商业化，设置能够被多组织认同的专利共用共享机制，集中资源在最短时间内实现核心技术突破。②运用政府政策，推动高技术骨干企业的研发投入、积累和研发软硬条件的提升。我国高技术企业发展时间较短，技术创新投入能力、投入意识较差，造成了技术创新能力不足。政府可通过直接的技术创新基金补贴、专项建设资金鼓励、高新技术企业的优惠税收政策等多重手段促进企业技术创新意识提升和创新投入增加。如我国科技部门火炬计划，各级政府企业技改专项资金，对于骨干企业建设国家级、省级及市级企业研发中心，会给予一定的资金扶持，降低企业创新投入成本，也刺激企业创新研发的投入。国家税务部门对高新产品出口的出口退税、地方优惠的税收政策也起到一定作用。一些实证性的研究表明，政府对研发企业的各类资助有利于提高其研发收益的期望，降低研发风险，增强企业研发抗风险能力①。③政府在宏观政策方面的制度、发挥建设，营造公平、有效的研发环境。在合作研发组织中，不同参与者具有不同的利益诉求，政府应正确判断不同参与者需求，通过多种途径促进参与者的积极性，减少技术联合研发中的组织文化冲突、利益冲突等行为，降低合作的交易成本。政府可设置整体合作框架，营造一个和谐、共赢的组织环境，促进信息、知识在研发合作组织内部的共享和流动，增强合作研发组织研发的效率，促进共性技术的研发顺利进行并尽快成功。

四、本章小结

本章从高技术产业基地内部共性技术研发的角度，分析了共性技术与专有性技术之间的差异。共性技术具有典型的"准公共物品"属性，导致企业对共性技术创新研发投入动力不足；而共性技术本身研发需要大规模研发投入，涉及多领域知识，创新风险大。这些特性导致企业对共性技术创新积极性下降，单一企业很难独立承担共性技术研发重任。因此，政府相关政策的干预是必不可少的。本章对基于共性技术研发的政府作用进行了较深入的分析。

---

① 徐佩，费方域. 政府资助产业共性技术研发的原理及模式研究［J］. 现代管理科学，2010（7）.

第七章　高技术产业基地发展中的知识外溢与政府干预

一、高技术产业基地发展中的技术创新

（一）创新阶段与政府干预

前文对于技术创新中基础性研究和共性技术研发的政府干预进行探讨，按照熊彼特对于创新的定义，技术创新是一个包含着基础理论研究、应用研究、技术开发、产品设计与生产及商业化等多个环节的创新链条（见图7-1）。

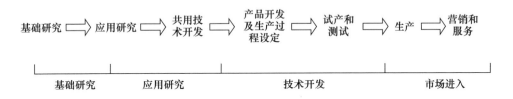

图 7-1　技术创新的过程

从技术创新链的角度看，在不同的技术创新阶段，技术创新性质与政府介入方式、干预强度是具有差异性的。基础研究多产生于大学和科研院所，因其基础性研究公共产品特性明显，多以学术论文、科研成果、专利等形式存在。基础性研究周期长、开创性的特点决定其较大的风险，私人企业直接参与基础研究动力不足。因此在此阶段，政府应该注重对于高校、科研院所科学研究的投入，包括科研基金和相关创新条件的扶持，并推动基础研究与企业技术需求的结合以促进

产学研合作，促进科研成果的快速商业化。从我国当前的基础性技术研发现状看，创新产出不足的主要原因并非资金投入不足（实际上我国各级科技管理部门针对基础性研究的项目资金在不断提高），而是体制、机制方面的桎梏。对于高技术产业基地内的企业和科研院所，中央政府、科技部、火炬中心等各层次有不同的扶持资金支持，扶持力度不断加大。但对于项目的申请、申报，很多企业不了解，缺乏经验，地方政府要加强宣传，通过配套项目基金提高企业科研项目基金申报的积极性，通过培训等形式提高项目申报的成功率。

在技术应用性阶段，技术公共产品特征仍然存在，对于具体企业来讲，高风险、高投入和成本收益不对称的情况仍然存在，政府的干预多以补贴政策为主，以政府为核心建立企业间的创新网络，对前瞻性、关键性技术进行联合攻关，建立面向集群内部企业资源合作共享的创新技术平台。而进入商业化、市场化时期，政府干预策略应该发生明显变化，技术本身的公共成本属性降低，市场风险和收益间平衡对称，政府主要从外部市场环境上加以扶持，如通过政府组织风险投资基金、低息贷款、贷款担保等方式解决企业技术商业化中的资金瓶颈问题，推进企业孵化器的建设和完善，扶持外部服务体系建设和中介机构的建设等方面下功夫。可见，从技术创新的阶段性划分来看，政府对产业基地内部技术创新的政府介入的手段、政策取向应该有所差异。

（二）外部技术的流入、内部化与技术创新

高技术产业基地作为一种自组织形式，其组织发展演化必须依靠从外部获取资源能力及与外部环境的互动能力的提高，高技术产业基地内部创新能力的维持同样如此。产业基地的开放度及对外部技术的吸引、流入的情况都会成为产业基地持续创新能力构建的重要源泉[①]。如 Grabher 在对伦敦广告行业衰退的实证研究得出，产业集群失败的重要原因在于集群内部过度封闭、过度排外和过度刚性。谢洪明等认为外部知识流通机制与企业竞争力之间具有强的正向关系，并且在产业集群发展初期正向关系更为显著。随着产业基地（产业集群）发展，稳

---

① Kern 教授的研究表明，外部市场、技术信息的流入对防止产业集群的"锁定"效应具有重要作用。

定的制度力量和强大的内部组织关联导致内部组织产生惰性，造成企业安于现状，对外部新知识缺乏敏锐感知而造成产业集群的衰落。

可见，产业基地外部知识资源动态更新对其竞争优势的保持和风险规避具有重要作用。产业基地的开放度、内部环境等诸多因素都会影响外部技术的流入，但技术流入后的内部化过程同样影响着内部企业技术创新的绩效。开放、活跃的创新氛围、坦诚互信的创新合作制度、高效的合作创新网络平台等都对外部化技术有效内部化起到积极作用。波特（1990）指出，"一个产业集群形成后，内部自我强化的过程会推动产业集群发展演化"①，但在发展到一定阶段之后，丧失与外部的技术沟通、封闭的技术系统会阻碍产业基地进一步发展而导致衰败。

1. 知识流入

知识、技术从外部转移到产业基地内部的途径可从宏观、微观两个层面进行分析。宏观上随着全球经济一体化的不断推进，产业基地作为区域经济组织形式不断地融入全球生产网络之中，发达国家的"龙头企业"把一些生产环节、设计环节甚至研发环节转移到更具有相对成本优势的相对落后国家②，并与落地所在区域相关的企业通过生产外包、合资合作等形式，产生外部技术的植入，为产业基地内部带来新的知识源。如中国台湾地区的电子企业，在 20 世纪 70 年代后飞速发展，形成自己技术创新能力和品牌并行销世界市场的重要原因就在于其从引入国外龙头企业，通过为其代工等形式，不断在制造中实现"干中学"，进行技术积累、模仿创新，提升企业自身的技术创新能力，最终实现企业从发达国家企业的代工厂向自主研发、自主品牌转型。知识技术的 FDI，同样是宏观层面技术从外部进入产业基地内部的重要途径。从微观层面上看，引起外部知识流入产业基地内部的途径主要是通过外部高技术企业进入、外部科技人员、劳动力的流动所带来的知识转移。这方面的研究成果较多，如 Almeida 和 Kogut（1999）对硅谷的调查表明对全世界工程师等高技术人才的吸引、技术工人的频繁跳槽等行为会带来技术的流动。而魏江（2004）等的研究表明专用设备的购买、租赁也是知识流入的方式之一③；李纪珍、吴贵生（2007）根据东莞和台州两地集群的实

① 迈克尔·波特. 竞争优势 [M]. 北京：中信出版社，2003：208－219.
② 诸如中国、印度这样的发展中国家一直都是发达国家进行投资的重要国家。
③ 魏江. 产业集群学习机制的多层次分析 [J]. 中国软科学，2004（1）.

证研究结果提出了我国产业集群"外向型"技术学习模式以非正式的方式在集群内扩散。可见,产业基地知识流入具有多种形式①。

上文曾把知识分为明晰知识和缄默知识,这两类知识的传播途径有明显差异。通常能够通过全球生产网络、产业价值链转移的知识,以明晰知识为主,缄默知识很少能够通过正式的商业形式实现转移,而多通过个体劳动者之间正式、非正式的流动实现转移(见图7-2)。在产业基地内部,因全球价值链片段化会实现产业基地接入全球生产网络,通过全球价值链的接入融入全球产业体系之中。同时,在高技术产业基地内部,因为企业间人力资源的流动产生知识特别是缄默知识的转移;而同类型技术人员的私下交往、沟通也成为企业间相关知识、技术、信息扩散的重要渠道。通过产业基地内部企业与外部技术的相互交流,会促进外部知识的流入。

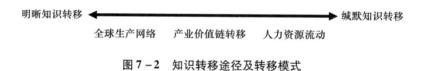

图7-2　知识转移途径及转移模式

2. 高技术产业基地流入知识的内部化

高技术产业基地的技术溢出效应与企业集聚互为因果,一方面,因为产业基地内部企业存储较多技术知识而产生较强的技术溢出效应,吸引外部企业是为了获取外溢效应而选择投资建厂②;另一方面,新建企业又成为知识、技术流入的源泉,外部知识、技术流入、内部化成为维持产业基地持续竞争力的重要源泉和动力。产业基地创新能力的持续不仅与流入企业内部知识结构、流入知识的持续性相关,创新绩效如何,主要与流入知识的吸收能力程度密切相关。"产业基地吸收能力"(Cluster Absorptive Capability)是由"企业吸收能力"概念演化而来,Elisa Giuliani(2002)首先将企业吸收能力运用到产业集群研究之中,认为"集

---

① 李纪珍、吴贵生. 我国产业集群外向技术学习模式研究[J]. 中国软科学, 2007 (7).

② 杨洪焦、孙林岩、吴安波. 中国制造业集聚变动趋势及影响因素研究[J]. 中国工业经济, 2008 (4).

群吸收能力"就是"集群识别、消化和应用新知识于商业目的的能力"①。陈鸿鹰（2010）通过对产业网络的研究认为，创新资源是影响网络中企业创新绩效的关键因素，吸收能力对于创新网络特征对创新绩效的影响起到中介调节作用②。整个产业基地外部知识内部化的能力实际上是所有企业吸收外部知识能力的集合，但在基地内部，不同企业技术创新地位不同。我们通常分为具有较高技术能力的主体和技术能力较低的主体，事实上不同技术能力的主体对技术吸纳、内部化的能力是具有明显差异的，拥有较高技术能力的主体的吸收能力很大程度上决定了基地内部企业组织的技术吸收能力。产业基地内部知识流入的整体效果并非仅包括外部知识流入所带来的直接绩效，更重要的是外部流入的知识通过基地内部组织形成的"技术发酵"效应，依赖于技术的扩散、内部合作、技术流动等形式，产业基地内部技术绩效的总体效果超过单纯外部技术流入之和。外部知识直接吸收主体的吸收能力以及与其他主体间的交互作用，共同决定着产业基地内部企业对外部知识源的吸收能力，并最终决定了产业基地技术创新的动态演化和提升的路径方向。具体的产业基地内部对外部流入知识的吸收过程如图 7 - 3 所示。

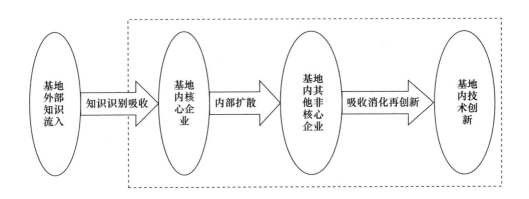

图 7 - 3　产业基地外部知识流入及内部吸收过程

---

①　Elisa Giuliani. Cluster Absorptive Capability: An Evolutionary Approach for Industrial Cluster in Development Country, Paper to Be Presented at the DRUID Summer Conference [DB]. Copenhagen/Esiore, 2002: 6 - 8.

②　陈鸿鹰. 企业创新网络特征与技术创新绩效关系的研究——基于浙江省的实证 [D]. 浙江大学硕士学位论文, 2010.

外部知识流入基地内部，具体的知识消化、吸收、扩散及再创新的效果，更多地取决于产业基地内部企业的组织结构、相互合作、信任氛围等要素。"信任机制使得集群内企业比松散企业具有更强的知识组织能力，使其获取持续竞争的优势"（杨瑞龙，2001）[①]。组织之间长期合作所形成的信任关系，可降低知识转移者的风险预期，弱化知识转移中供给双方对收益和成本的预期，加速基地内部的技术扩散速度和范围。

完善的高技术产业基地内部的企业间呈现"集群式"发展特征。在产业集群相关研究中论述了产业集群内部制度化与内部企业成长的关联。如谢洪明等对产业集群和企业竞争力的关系进行了实证分析[②]，他们认为产业集群中企业间的互动机制和知识流通机制与企业竞争力之间是正向关系，而产业集聚程度、知识流动机制和企业间的互动机制导致的集群内部的制度化现象和企业竞争力之间的关系却是不显著的。在产业集群内部企业间会建立起较为紧密的合作、创新的协同网络，并促进知识技术的外溢和流动。企业间互动程度与企业成长呈现正相关关联，即互动越紧密的企业关系越能够促进企业的竞争力提高。而知识外溢效应对企业竞争力的提升正效应我们已做了充分论述。但产业基地内部的制度化现象对企业竞争力提升效应如何，不同阶段表现不同。在制度构建早期，能够通过内部制度化构建为制度内部企业分享更多信息，促进新进入企业快速融入产业基地，对企

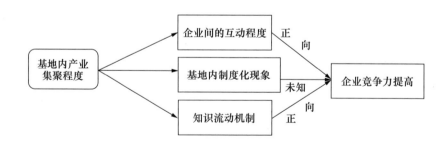

图 7-4　产业集聚程度与企业竞争力提高的关系

资料来源：唐晓华等.产业集群：辽宁经济增长的路径选择［M］.北京：经济管理出版社，2006.

---

① 杨瑞龙.专有性、专用性和企业制度［J］.经济管理，2001（3）.

② 谢洪明等.产业集群、企业行为与企业竞争力的实证研究［J］.科学学与科学技术管理，2005（5）.

业竞争力有正面效应。但制度本身具有演进路径依赖，内部制度又使组织产生惰性，企业在不断强化的制度框架下安于现状，对外部环境、知识等敏感度下降，会导致产业基地整体发展停滞甚至逐渐消亡。

同时，产业基地内部结构会影响企业间知识转移的绩效，而产业基地的绩效同样会反作用于内部结构，形成一个互动的演化过程（见图 7 - 5）。根据产业基地的内部组织结构，可分为"中心—卫星型"产业基地、"原子型"产业基地等模式。在"中心—卫星型"产业基地内部结构以龙头企业为核心，围绕在龙头企业周围有大量的中小型企业配套，龙头企业作为产业基地内的技术源头，通过协同、制造分工等实现向外的技术传导、外溢效应，周围的卫星企业以技术吸收为主，彼此间的技术外溢主要基于分工网络，效应有限；而"原子型"产业基地内部企业间规模相当，多为同一产业内部不同领域的各类中小企业，彼此之间因竞争而引发的技术创新效应更为明显，而中小企业人员间的频繁流动，也为知识和技术外溢提供了通道。可见，不同产业基地结构对内部企业创新效应实现是具有影响的，而因技术绩效差异带来的企业间的规模变化、此消彼长的关系同样会造成产业基地内部结构的动态变化。

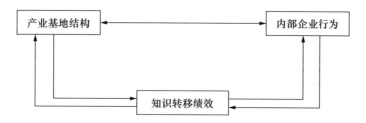

图 7 - 5　产业基地外部知识流入及内部吸收过程

（三）公共平台、中介组织与产业基地内技术创新

从外部社会和环境角度看，"那些促进和支持知识扩散的区域更易于产生高技术产业集群"[①]，而知识的产生和扩散不仅需要充足的资金投入、设备、高端

① Ryan, Phillips P. Knowledge Management in Advanced Techonlogy Industries：An Examination of International Agricultural Biotechnology Clusters［J］. Environment and Planning C：Goverment and Plolicy, 2004, 22（2）：217 - 232.

人力资源等条件，而且根植于社会相互信任文化氛围、组织间稳定的社会关系网络对技术合作、技术流动扩散具有明显的促进作用（Bathelt，2002；Slivell，2003）。郭亚平等（2009）从企业创新网络的角度验证了企业与大学、政府机构、客户、竞争者等的联系对企业创新绩效的影响是明显的①。

从当前产业基地内部公共平台建设的主导者划分，可分为政府主导型、企业主导型和行业协会主导型三种类型。每种类型都各有其优缺点，如政府主导型主要是政府通过投入、行政能力对各类企业、科研院所等科技资源进行整合，资源整合效率较高，资金投入有保障，成功率也比较高，共性技术推广比较快。但其也有诸如政府官僚作风导致效率较低、对共性技术研发的判断偏差等弊端。行业创新公共平台建设与产业发展是一个互动、互促的关系。公共平台服务为产业基地内部企业提供各类服务，降低单个企业的经营成本。特别是产业基地内的创新服务平台、各类专业检验检测平台，为基地内企业的创新合作实现、创新风险分担、产学研合作提供条件，是高技术创新实现、技术外溢流动、技术产业化的重要支撑。另外，产业基地内部企业数量和发展质量是平台发展的根源和基础，两者相互促进、共同发展。

从产业基地的定位来看，多数产业基地定位在产品大类集中的特色产业定位，特色化产业技术和产业共性技术成为产业基地内部技术的主要形式。共性技术对整个产业技术水平、行业产品质量和竞争力都发挥着不可替代的带动影响，是具有巨大的经济和社会效益的一类技术②。产业共性技术是可在同类或相关产业中广泛应用，研究成果共用共享，并对整个产业或多个产业产生深度影响的一类技术。产业共性技术对高新技术产业基地发展的促进作用是不容低估的。产业基地特别是高技术产业基地发展的目标和优势即是通过产业内组织空间上的集聚实现分工、技术合作、创新，而紧密的创新网络、活跃的技术外溢和扩散是产业基地重要的优势来源。产业共性技术由于其本身具有一定准公共物品的属性，导致在一个专利保护制度不甚完善的环境下，企业创新投入和创新收益之间产生不对等，而不参与企业会因为技术的外溢、扩散效应"搭便车"，从而使企业对于

---

① 郭亚平，孙丽雯. 高技术产业集群创新网络与创新绩效研究——以河北省为例［J］. 河北工业大学学报，2009（12）.

② 郭晓林. 产业共性技术与区域集群发展的关系［J］. 中国软科学，2006（9）：111–115.

共性技术创新投入的动力降低。同时，共性技术研发的复杂性、多领域性、高投入高风险性等也会降低企业对共性技术研发的动力。产业基地内部的共性技术研发多通过内部网络化组织和创新平台来实现。产业基地内部创新平台是在产业基地内部，围绕一个特定产业共性技术研究与开发的组织（如企业、大学、科研院所、政府、中介机构等）共同参与构建的创新组织模式，产学研合作就是典型的技术合作创新的模式。通过共性技术平台的建设，可以有针对性地整合各类科技资源，减少企业技术创新高投入、高不确定性的风险，实现资源的共享、信息互通和技术创新共赢。

（四）高技术产业基地技术路径锁定的破解与升级

任何事物的产生和发展都具有一定的规律性，任何一个地区的经济发展，一般都是技术演变和制度变迁的过程①。任何事物的发展过程对路径选择和规则都具有依赖性，一旦选择了某一路径就很难改变方向，一旦适应了某些规则，就很难改变。在产业基地的演化过程中，"由于地区化接触和缄默知识交流的增强，导致产业基地内部企业间的过度依赖而丧失对外部技术、市场、环境变化的预见"②，可能导致"技术短视"而造成高技术产业基地衰落或技术方向与世界主流技术方向的偏离。对于路径依赖的研究，最初停留在从技术轨道、技术范式的角度解释③，认为新技术轨道、技术标准出现并因为收益报酬递增效应而产生自我强化的动力，企业间、企业与组织间的学习和知识外溢效果强化了产业基地内部的组织关系，并形成长期、稳定的固定网络型组织，内部组织网络强化也加强了对外部组织的排斥。随着研究的深入，后续的研究角度不断扩展，从组织结构演变、制度变迁、区位等方面进行分析，研究的结论多认为区域发展路径依赖会导致发展的相对封闭而引发地区经济发展的停滞甚至衰落④。我们认为，高技术产业基地的技术创新路径锁定效应集中表现在资产专用性、报酬递增效应递减、

---

① 宋德勇，刘曙光．我国制造业路径依赖与产业升级策略［J］．生产力研究，2006（3）．
② 俞培果．集群策动——集群政策与政府行为［M］．北京：经济科学出版社，2008：59．
③ W．布莱恩·阿瑟．经济学中的正反馈［J］．经济社会体制比较，1996（6）．
④ 德国地理学家 Glabher 教授通过对鲁尔区的案例研究，认为鲁尔区衰落的重要原因在于"路径锁定"效应；而我国王辑慈教授认为"路径依赖是一些地区衰落的最主要原因"。

不确定性和风险厌恶、有限理性等方面①。

1. 高技术产业基地技术锁定效应的成因

技术演化具有周期规律，报酬递增、资产专用性、自组织增强机制及群体博弈等均会影响组织对未来技术方向的选择，而这种技术发展可能使企业陷入固定轨道进而丧失进入未来技术新轨道的机会②。

（1）技术创新的报酬递增效应。高技术产业基地技术创新主要依赖于内部创新网络、创新资源流动、创新知识外溢等效果实现，较近的地理距离、相似的文化背景、多元复杂的企业关系为近距离学习、创新网络构建、产学研合作等提供了条件。随着技术学习、交流的增加，此类技术会在集体企业的相互作用下不断完善，并成为基地内部的主流技术路径。在技术路径形成的初期，可能因为技术本身的先进性导致外部收益递增效应明显，进一步强化了技术轨道本身及相关企业对技术轨道的依赖。Brian Arthur（1989）认为，报酬递增效应主要存在四种自我强化机制：规模经济、学习效应、网络外部性和适应性预期。Vang（2006）认为企业可能不愿放弃与现存技术连为一体的聚集经济利益而导致产业集群内部的锁定效应不断强化③。同时，网络效应也会进一步强化技术路径依赖，在产业基地内部企业间的知识技术创新及扩散通过创新网络实现，随着整个产业基地的发展、成熟，内部创新网络范围会扩大、紧密程度增强，技术创新收益也会随着创新网络的扩大而增强，紧密的网络关系强化了彼此的合作、选择和发展方向，使整个基地的技术发展路径进一步被锁定。同时，紧密的内部网络垄断了整个的内部生产分工和技术创新，形成一个较为稳定的内部组织形态，其封闭性可能导致对外部技术发展敏感性的降低，导致整个基地内部创新陷入落后的技术路径之中，给产业基地发展、演进带来潜在风险。

（2）资产专用性和风险厌恶。资产专用性指资产（包括机器设备、技术等

---

① Arthur W. B. Competing Technologies, Increasing Returns, and Lock – in by Historical Events [J]. The Economics Journal, 1989, 99 (3): 116 – 131.

② 王子龙, 许潇迪. 技术创新路径锁定与解锁 [J]. 科学学与科学技术管理, 2012 (4): 21 – 26.

③ Vang J. B. Asheim. Region, Absorptive Capability and Strategic Coupling with High – Tech TNCs: Lessons from India and China [J]. Science Techonlogy & Society, 2006, 11 (1).

无形资产等）的价值转换到其他领域而降低其价值的现象①。企业的资产专用性程度决定着企业未来发展及向其他路径转化的成本和能力。高技术产业基地内部，每个产业基地核心产品多集中在一个较小的产品域，企业资产专用性较强，这样的属性决定着基地内部企业进行发展路径转移和技术配套升级的高转换成本。而且，随着发展变化，企业资产专用性会不断被强化，进而造成资产专用性愈加强化。

另外，企业本身的技术轨道转化具有很强的不确定性，一般来说，在中国东北地区，长久的文化造成个人（企业）对风险持规避态度②。企业为了降低技术创新中的风险和不确定性，通常通过合约的方式约定未来执行条款及违约惩罚，产业基地内部的创新合作及创新网络，也是通过基于合同的契约或非合同的默许约定来降低风险。在长久的网络形成中，依赖于合同和信任的契约关系，又会降低彼此的预期风险，形成长期、稳定的合作关系。这种合作网络的强化又会进一步强化企业彼此的风险厌恶效应，形成一个相对封闭的生产、创新的网络。对纽约纺织产业集群的研究证实了"过度嵌入"不利于长期竞争力的保持（Uzzi，1996）。而对德国鲁尔传统钢铁产业集群及瑞士钟表业的研究同样表明无法与外部市场、技术环境变革相适应，内部网络组织"过度紧密"会导致产业集群"锁定效应"（Glasmeier，1991；Grabher，1993）。可见，随着产业基地网络合作的发展，网络锁定效应产生，并带来未来发展受限的潜在风险。

在产业基地发展初期，创新网络的正效应明显，推动产业基地不断地发展。基于合作的网络关系也具有"生命周期"。但是技术、市场是不断变化的，产业基地初创期的"关系嵌入"可能演化成为"过度嵌入"，一旦外部技术环境、市场环境等发生变化，资产专用性及风险厌恶所带来的负面效应会集中爆发，使整个产业基地的发展面临困境，导致整个产业基地的低端化，又无向更新技术、产品转化的空间，产业基地会走向衰落。因此，产业基地的开放性、与外界的技术互通性非常重要，保持动态从外部获取新技术的能力，提高本地创新网络联系中

---

① 傅沂．我国农业产业结构调整中的路径依赖研究［R］．北京大学中国经济研究中心发展经济学论坛，2004（7）．

② 虽然我们提倡的企业家精神的本质是创新和变化，但在我国当前的环境和文化背景下，企业对不确定性风险的规避态度是企业状态的常态。

所携带知识的质量。

2. 高技术产业基地技术路径锁定的破解

高技术产业基地技术路径锁定源于内部合作强化造成的封闭、资产专用性及技术轨道的不可逆性，技术路径的锁定实际上是源于企业有限理性和风险厌恶等因素，这些因素无法通过市场、企业自身来转变，需要政府适当、适度的干预，政府应着力于改善外部环境，如采取促进企业技术联盟的形式扩大新技术的用户基础，进而改变原有的技术市场格局；通过利益诱导，如改变技术倡导者和市场用户对新旧技术的偏好和预期，引导他们使用新的技术；引入外部冲击，如政府对某种专利技术的强制推广、使用等。政府也可以通过相关组织（如相关政府部门、行业协会、技术中介组织等）对本基地的核心技术路径给予足够关注，发布相关信息，加强外部创新信息的引入，保持外部创新信息的开放性和动态流动。

另外，存在技术路径依赖很重要的原因在于我国企业家缺乏创新的"企业家精神"。不论是在产业基地网络内部还是独立的企业，企业家精神对企业不断进取、改变、创新，适应环境的变动是至关重要的要素。由于辽宁省长期受计划经济和传统文化影响，企业家精神缺失似乎更为突出。如何激发企业家持续创新的精神，政府要尽力营造鼓励创新、崇尚竞争的环境，要从财政支持、提供相关服务等方面降低企业家持续创新的成本和风险，这样才能保持企业家持续的创新意识和创新热情。

二、高技术产业基地内部知识外溢

知识外溢是高技术产业基地实现创新发展的根本动力，是集群创新产出和效率提升的源泉[1]。马歇尔在关于产业集群的研究中，较早地关注了集群效应中的知识外溢问题，认为在产业集群内部较小的地域内，借助组织间的交往和长久交易形成的信任，"各类知识、创新的信息弥漫在空气中，成为公共物品"，并促

---

① Freeman C. Network of Innovators: A Synthesisi of Research Issue [J]. Research Policy, 1991 (20): 499 – 514.

进各类组织的创新实现①。

（一）高技术产业基地内部知识的产生、流动与共享

新知识、新技术的产生主要通过企业内部的投入、研发行为产生，并依赖企业新产品市场化、企业间竞争模仿、技术外溢等形式实现知识的应用和流动，而推动创新实现的是规范市场机制下企业对未来高额利润追求的冲动和商业冒险的企业家精神。随着当前的经济模式、生产组织模式和新技术重点领域等社会领域的深刻变化发展，新技术产生的方式已发生深刻变化，原来的知识、技术的产生很多来源于单一个人、组织的单独创新行为，是典型的线性创新模式。随着技术创新发展，当前的技术创新（特别是根本性技术创新）的实现越来越困难，这源于当前技术创新的复杂性、多学科融合性等特征使创新资金投入越来越大，创新的风险不断提高。因此，在当前经济竞争中，依赖于单个组织的技术创新行为越来越难以维持，多领域合作、多组织合作的非线性创新模式成为创新主流。

外溢是知识、技术的重要属性，创新的大量收益流向外部组织和社会，而创新企业收益并不是创新收益的全部。相关的研究表明，非线性创新的外溢效果要远高于线性创新，创新过程中的"外溢比率"一般会达到55%~80%②。

（二）高技术产业基地内部知识外溢的实现途径

高技术产业基地内部知识外溢效应需要现实的条件，并非所有的企业都会在产业基地内部获得知识外溢的效应，是否能够获取技术外溢主要取决于企业属性、地理距离、企业规模等因素。Verspagen 和 Schoenmakers 指出，在产业集群中的企业因为知识外溢的地理维度导致吸收知识外溢的效率③。地理位置是影响知识溢出效果的重要因素，弗里德曼（1996）等通过实证的数据分析，表明美国电子信息技术创新具有比较明显的集聚效应，对于地理位置与技术外溢效果进行

---

①　马歇尔. 经济学原理［M］. 廉运杰译，北京：华夏出版社，2005.
②　蒋长流，王晴. 基于能力假说的企业创新外溢与创新激励分析［J］. 科技和产业，2007（6）.
③　魏后凯. 论我国产业集群的自主创新［J］. 中州学刊，2006（3）.

了开创性的探讨①。Krugman（1991）的实证研究表明同行业内企业间的知识外溢效应存在于空间距离的边缘，隐含知识的溢出对地域距离要求更高②。Abramovitz（1986）认为企业人力资本的水平影响对外部知识外溢吸收的效果。Audretsch 和 Feldman（1996）的研究表明，熟练的工人有助于知识的溢出③。Wolfgang Keller（2000）通过对经合组织（OECD）国家技术创新的影响探讨技术溢出的距离特征，发现技术知识外溢的区域性特征，他认为"技术是地区化的而不是全球化的"，原因在于"知识外溢效应随距离的增加而减弱"，"地理因素在决定技术外溢方面起到非常明显的作用"④。Inkmann 和 Polhmeier（1995）引入"技术距离"（包括技术领域、技术先进性、制度等）度量产业集群技术溢出效应，研究中把产业集群中的企业分为领先企业和落后企业两种类型，认为领先企业因其拥有的技术基础，更容易获取其他企业的技术为己所用，而落后企业获取的技术外溢也超过一半水平，并根据企业间技术相似性的企业特征元素之间的几何距离⑤，如下面公式所示：

$$P_{ij} = \sqrt{\sum_{p=1}^{p} \left(\frac{X_{ip} - X_{jp}}{S.D.(xp)} \right)^2}$$

其中，$S.D.(xp)$ 表示企业所有特征的标准差，X_{ip} 表示某企业的技术特征值。X_{ip} 和 X_{jp} 越接近，P_{ij} 趋近于 0，表明企业间技术差异性越小，技术溢出的可能性越小。可见，产业基地内部企业之间具有地域集聚性，但是内部企业之间的技术势能差异、制度安排、地区的政策导向等都会对产业基地内部技术溢出的效果产生影响。另外，产业基地内部企业拥有相似的文化背景促进了企业对外部知识的接受吸收，内部基于产业链的分工和合作也加强了创新能力共享的"社会化效应"。

①③ Feldman. R&D Spillovers and Geography of Innovation and Production [J]. American Economic Review, 1996, 86（3）.

② Krugman, P. Increasing Return and Economics Geography [J]. Journal of Policy Economy, Vol. 99, 1991.

④ Wlofgang Keller. International Technology Diffusion [J]. Joural of Economic Literature, 2000, 24: 752 - 782.

⑤ J. Inkmann and W. Pohlmeier. R&D Spillovers, Technological Distance and Innovation Sucdess. University of Konstanz Mimeo [J]. Joural of Economic Literature, Vol. 12, 1995.

（三）产业基地内部不同主体间的知识外溢

成熟的高技术产业基地内部除了集聚大量同类高技术企业外，还包含着诸多的"创新利益相关者"，包括主导产业企业的供应商、客户、大学科研院所、各类中介机构、专业服务型企业、政府公共管理部门等。这些"创新利益相关者"在产业基地内部创新实现中扮演着不同角色，形成密切关联的创新分工网络。如研究性大学是原创型知识的创造者，同时也可通过人才招聘，部分专家兼职、创业等形式形成知识转移流动的渠道，并持续地为产业基地发展输出经过系统培训的专业人才。而供应商、客户与企业间会基于垂直的分工和业务联系产生创新的纵向扩散。各类行业协会组织通过为企业提供平台、信息发布，有助于建立企业间的联系和信任。可见，各类组织都可能成为知识扩散的中心，它们既可能是创新信息的来源，也可能是外部知识外溢的接受者。各类组织间的关联推动了知识的创造、存储、转移和产业化，为组织间的创新互动、彼此学习提供了前提条件。Vargas 以巴西 Rio Pardo 地区的烟草集群为研究对象，重点研究了基于创新价值链的集群内各组织间的知识外溢和信息流动规律，并通过实证方法分析了各类组织在创新信息外溢流动中的作用（见表7-1）。

表7-1　Rio Pardo 地区创新活动的主要信息来源

企业创新信息获取来源	所占比重
同类企业间信息互换	78%
专业技术期刊	34%
客户	75%
集群以外的机器供应商	50%
本地机器供应商	25%
本地大学与研究机构	11%
其他地区大学与研究机构	13%
技术顾问	很少
其他地区企业的研发部门	62%
本地企业的研发部门	71%

资料来源：Vargas M. A. "Forms of Governamce，Learning Mechanisms and Upgrading Strategies in the To-bacco Cluster in Rio Prado Velley – Brazil", IDS Working Paper, 2002（16）：125.

(四) 创新网络嵌入强度、知识外溢与产业基地发展

当前技术创新的研究已经从传统"线性范式"向"网络范式"转变,"网络范式"的研究更注重企业与外部环境组织之间的互动关系,而在产业基地内部,应该说"线性范式"和"网络范式"并存。安歇姆(Asheim, 1998)对两者特征进行了系统的比较分析(见表 7-2)。

表 7-2　创新的线性范式与网络范式的比较

	创新的线性范式	创新的网络范式
创新主体	大企业和研发机构	中小企业和大企业、研发机构、客户、供应商、大学、公共机构等
创新要素	R&D	R&D、市场信息、技术竞争与合作、默会信息
空间分布	创新活动发生在中心区域	创新活动在地理空间商扩散

资料来源: Asheim T. Interaction, Innovation systems and SME Policy [C]. EU Commission on the Organization of Industrial Space residential conference, Gothenburg, Sweden, August, 1998.

产业基地内部创新网络中的隐性知识具有组织根植性,如生产网络、知识网络和社会网络具有空间根植性,而根植性决定了产业基地的竞争优势难以模仿和超越。Baptista 和 Swann(1988)认为区域内企业的地理邻近性带来并维持强化技术创新网络的关键要素,内部文化认同感、相互信任基础上交流的便利性等[1]。企业嵌入创新网络的程度与企业间联系的紧密性、技术创新的绩效是具有关联性的。

三、基于技术创新和知识外溢角度的政府干预

(一) 营造有利于创新的软环境

基于上面的分析,政府对于高技术产业基地技术创新的干预主要体现在财政

---

[1] Baptista R., Swann G. M. P. Do Firm in Clusters Innovate More? [J]. Research Policy, 1988, 27: 525-540.

投入、环境营造、制度的完善。文化是推动经济社会发展的重要动力，这里更强调的是创新文化。在高技术基地建设中，既需要企业创新，也需要政府创新，需要抛弃陈腐、狭隘的思维方式，树立勇于探索未知、敢为天下先的领先理念，需要有披荆斩棘的胆略和冒险精神，需要有鼓励创新、宽容失败的氛围，需要有高度的责任感、进取心和对事业执着的追求，需要有永不满足已有成就、不断超越自我的精神。特别对于辽宁老工业基地，计划经济下的保守思想根深蒂固，创新意识和创新精神缺失。政府管理僵化，行政管理环节多，政府部门服务意识不强，创新意识不够。创新软环境的营造对辽宁高技术产业基地的发展尤为关键。政府应着力在转变政府职能、增加服务意识等方面加快改革，力图通过机制、体制改革为突破口，带动辽宁整体创新环境的优化。

（二）实施知识产权战略

为了更好地保护创新企业的利益，政府应认真贯彻国家保护知识产权的法律法规，以及建立相应的地方法律法规，使企业成为创造、使用和保护知识产权的主体。加大知识产权的保护力度、市场监管力度和对侵犯知识产权行为的打击力度，支持和激励企业申请、实施发明专利，加强知识产权作用、申请等的宣传活动，提高高技术企业的专利保护意识。一是推动有条件的高技术企业参与行业标准、国家标准和国际标准的研制，谋求在未来技术创新竞争中的竞争优势。专利和核心技术的效果还需通过具体的产品实现，通过技术优势支持企业创造知名品牌，以产品优势和品牌优势实现高技术产业基地长久的发展。二是认真落实国家鼓励创新的产业、税收、信贷、贸易、政府采购等各项政策，给予地方政府和产业基地管理部门较宽松的管理权限和宽松政策制定环境，根据高技术产业基地发展需要制定鼓励自主创新和创业投资的有关政策措施。

（三）加强共性技术的研发基础设施的建设

从降低企业创新成本的角度，政府应该加强公共研发基础设施建设，主要包括：建立基地公共研发中心，提高解决基地重大技术问题、行业共性技术和关键技术难题的能力；建设以工程实验室为中心的工程试验、检验检测基础设施，提高工程化试验、检测能力；建设研发公共服务平台，整合大型科学仪器、生产设备共享和专业化服务；并向基地内企业开放。建设科技创新信息服务网络，通过科技基础数据库、科技文献资料库以及追踪国内外科技发展新动态的信息网，加强基地主流技术与外部技术的沟通对接，降低基地发展中的技术锁定效应；建立技术创新融资服务平台，拓宽融资渠道，推进风险投资主体多元化，创新风险投资、贷款、担保、信托、保险等融资业务，解决创新投入的资金瓶颈；大力支持、扶植企业建立研发中心，提高企业自主创新能力等。

（四）加强产业基地内部创新服务体系的建设

创新行为的实现与外部的制度、环境及服务体系可获取性密切相关。如融资及风险投资机构可为中小科技型企业提供资金支持，扶持科技型中小企业的快速成长。创新孵化器、创新平台可解决中小企业创新初创期资金不足的限制，为中小企业孕育、成长提供良好的环境。为了降低企业技术信息的搜寻、融资、服务等成本，政府应引导各类专业中介、服务类企业在高技术产业基地的入驻，为企业提供多种多样的中介服务，主要包括：品牌策划、工业设计、技术咨询、管理咨询、信息服务、税务代理、资产评估、项目评估、信用评估、包装上市、法律咨询、财务代理、员工培训、市场调研、广告策划等。通过专业化的服务体系构建，为高技术企业发展提供有力的支持。

四、专题分析
——辽宁高技术产业基地内部创新
网络建设现状、问题及对策

目前辽宁省产业基地多处于形成期和成长期，并且其形成的过程中政府政策引导的作用明显，造成同类或相关企业短期的集聚是基于政府政策引导而非纯市场机制的作用，导致企业"聚"而不"群"的现象，企业间、企业与其他组织间的协作创新网络没有形成或不紧密，企业创新网络嵌入有限。另外，辽宁省产业基地中企业组织另一个重要特点就是大型企业较多，很多大中型国有企业在全国同行业中占有重要地位。多数大中型企业建立起封闭的内部创新网络，而外部中小企业数量较少，没有与大企业形成密切互动的创新网络，集群效应不佳。以沈阳市铁西先进装备制造产业基地为例，沈阳机床作为全球最大的机床生产企业，虽然已经建设现代化的数控机床产业基地，但基地内部配套效果不佳，每年超亿元的配套订单需要省外企业完成，生产协作、创新网络不完善。而新建的诸如阜新液压产业基地、辽宁（万家）数字技术产业基地等，因建立时间短，招商引入企业与本地原有企业之间联系还较少，没有形成联系紧密的创新网络，创新平台虽然建设完成，但企业使用率不高；还有些地区产业基地为了获取招商引资短期效果，招来的企业与产业基地主导产业相关性差，无法实现技术合作和创新网络化。因此，辽宁地区以大企业主导的产业基地模式中创新网络的断裂现象对产业基地内部企业技术溢出和创新绩效产生较大的负面影响。

辽宁省正处于产业升级和经济转型的攻坚期，为配合产业结构的调整和优化，促进省域经济快速、健康发展，2011 年，辽宁省政府启动实施了产业基地工程，鼓励和支持各地区以工业园区为载体，推进优势产业集群式发展，一大批新兴、特色、优势产业基地加速崛起。但由于辽宁省产业基地发展时间较短，企业间、组织间没有形成稳定的分工协作、合作研发的体系，集群效应发挥不足；企业规模、能力参差不齐，技术储备和创新能力不足，产业层次较低，整体质量和效应不高。伴随着产业基地的发展壮大，基地内部企业发展需求由原来"土地"、"硬件环境"等政策性需求转向"创新平台"、"服务体系"等软环境的需求。为推进产业基地持续快速健康发展，必须把着力点由聚集企业转变到聚集与培育并重，由完善硬件设施、提供优惠政策转变到健全创新和服务体系上来。

（一）辽宁产业基地服务平台建设现状分析

1. 服务平台成为促进产业基地发展的新引擎

工业产业在辽宁省经济发展中占有重要比重，高技术产业基地成为支持当前和未来辽宁经济发展的重要载体。经过多年的努力，辽宁省围绕着装备制造、汽车零部件、船舶、生物制药等建立起特色产业基地，工业产业基地轮廓清晰。随着辽宁产业基地的发展，在各级政府的大力引导和内部服务需求的双重推动下，产业基地内部各类创新服务平台、检测平台等服务体系得到较快的发展，并与产业基地内工业、制造业相互促进，形成互促发展的良好局面。

截至 2012 年，辽宁各高技术产业基地累计建立科技企业孵化器 13 个，在孵企业 390 家；孵化器及标准化厂房面积 182 万平方米；建立各类研发机构 155 个。其中，省级 79 个，国家级 18 个；建立了激光应用技术研发与测试、换热设备电子商务等公共服务平台 71 个；建立了 16 家投融资机构，资金规模超过 21.3 亿元，已为产业基地内企业提供 11.9 亿元融资。辽宁省教育厅、科技厅联合，促进工业产业基地与高校创新资源对接、共建，2011～2013 年重点支持包括沈北手机检测公共服务平台、辽宁省大连半导体产业技术创新公共研发平台、轴承产业集群公共检测平台、光伏产业公共服务平台等工业产业集群公共服务平台 60 余项，各级政府配套资金近 3 亿元①。如浑南新区软件及电子信息集成电路公共研发平台自建立以来，为浑南高新区内部企业创新提供了大力支持。目前，浑南高新区内具有全部自主知识产权的 IC 装备及零部件产品超过 100 种，申报专利 305 项。本溪医药产业基地现拥有链式新药研发平台和公共技术服务平台，并且拥有新药筛选、新药药效学研究、安全评价、医药临床研究服务 4 个子平台，构建起比较完备的新药研发链条，为内部企业研发中的合作共赢提供载体，降低内部企业创新成本、缩短研发创新周期，并整合科研院所等科技资源促进产学研合作，成为推动本溪医药产业基地发展的核心引擎。

2. 产业基地创新和服务体系建设正处于起步阶段，平台运营还不够完善

辽宁省现有产业基地发展时间较短，各类服务平台发展时间更短，大多数服务平台还处于建设期和起步期，真正运营良好的平台数量有限。如法库陶瓷产业基地等 6 个产业基地，已投入运营和正在建设的服务平台共有 14 个，其中，研发检测平台 11 个，中介服务、电子商务服务和金融服务平台各 1 个。其中，已投入运营研发检测平台 3 个，中介和金融服务平台各 1 个。一些公共服务平台尚处于规划和建设阶段，如鞍山激光产业基地构建的四大研发检测平台有三个还处于建设阶段；有几个检测平台、服务平台因技术资质、财政资金配套不足等问题还没有正式运营。

3. 服务平台运营机制市场化，投资多元化格局逐渐形成

辽宁省产业基地发展主要由辽宁省经信委产业集群处主管，同时省发改委、

---

① 资料来源：辽宁省教育厅支持的工业产业集群公共服务平台项目一览表，http：//kjc. lnu. edu. cn/ kjjb. htm。

· 132 ·

科技厅、中小企业厅等众多部门参与管理，各层次管理部门都制定了促进服务平台建设的若干政策，促进产业集群内服务平台的建设。除了在产业基地建设初期依赖政府财政投入建设各类服务平台，政府的投资政策逐步从直接投入转向多元政策引导，运营模式也逐步实现以市场机制为主的方式。如辽宁省经信委科技创新平台建设专项资金，通过政府资金支持、政策引导等方式刺激各类组织以"资源共享、利益共有、风险共担"为原则的平台构建模式，形成"政府＋管委会＋企业"、"研究机构＋大学＋企业"等多元的投资模式，运用政策导向加快各类平台建设。各类服务平台逐渐打破单一政府运营管理的传统模式，逐步探索以市场机制为核心的新运营模式，取得了良好的经济和社会效应。

如法库陶瓷工程技术研究中心由法库县政府和辽宁省轻工科学研究院联合组建，平台总投资1亿元，平台性质为事业法人，采取"政府引导、市场运作"的运营模式。鞍山激光产业基地建有4个研发检测平台，其中，激光应用技术研发测试平台由鞍山工业技术研究院与哈尔滨工业大学共同出资组建，平台性质为企业法人，现已从哈尔滨工业大学等高校引进了7个研发团队，未来发展前景看好。高功率激光器件研发检测平台、激光技术测试中心和激光先进制造技术研发测试平台均为独立企业法人，主要从事科技成果转化，并以此为依托与企业合资建设新产品生产线。阜新浙大液压装备技术创新中心是由园区管委会、浙大科技园和杨华勇院士共同出资组建的企业法人，中心的董事长和总经理均由杨华勇院士团队的专家担任，副董事长由园区管委会的一名副主任担任，实行正规企业化运作。阜新液压装备产业基地贷款担保中心是由园区管委会和5家企业共同出资组建的企业法人，园区管委会投入3000万元，带动5家企业投入7100万元，为基地内部各类企业提供了融资支持，促进了各类服务平台的建设和发展。

4. 部分服务平台经济和社会效益明显，自主发展能力不断提升

通过政府硬件设施的投入和大力扶持，一些产业基地内部围绕主导产业和核心技术形成了企业间、企业与科研院所等机构间的联系与对接，为产业基地发展提供技术上的服务与支持，其经济效益和社会效益凸显。法库陶瓷工程技术研究中心于2010年开始运营，具备省级计量认证资质，主要为企业开展检验检测、技术咨询、成果转让和新产品中试服务。现已取得发明专利23项，年收入近1000万元。阜新液压装备产业基地贷款担保中心为30多家企业的近10亿元流动

资金贷款提供了担保服务，平台收益率高达15%。阜新浙大液压装备技术创新中心在成立不到一年的时间里，取得技术服务收入100万元，成功转化浙大科技成果3项，并以此为依托，与企业合资建设了3个浙大科技成果转化项目，拉动企业投资近5000万元。鞍山激光应用技术研发测试平台引进了7个高水平研发团队，现已完成了9个科技成果转化项目，并以上述9个科技成果转化项目为依托，与产业基地内的4户企业合资成立了4家公司，该平台2014年预计实现营业收入700亿元。刚刚打造不足十年的本溪现代医药产业基地在规划之初，就注重公共创新平台、服务平台等服务体系建设，本溪市政府累计投资3亿元，建设了总面积9万平方米的药业基地研发中心和生命健康产业孵化中心，无偿提供给科研企业和科研机构使用，为基地技术创新体系建设提供了必要的硬件条件。同时，产业基地内专门规划了教育培训区，并成功引进了三所医药类大学入驻，为基地汇集了创新必备的人才要素。其中沈阳药科大学本溪校区、辽宁中医药大学等建成后，为实现产业基地产学研同步发展提供了重要的人才支撑。短短6年时间，本溪医药产业基地已经发展成为集研发、生产、物流、配套服务为一体的全国最大的医药产业聚集区，创新服务平台建设引致了企业创新投入，新技术产品不断涌现，并不断提升产业基地本身的吸引力和影响力。

（二）辽宁省产业基地内服务平台发展存在的问题分析

辽宁产业基地创新和服务体系建设正处在起步阶段，虽然一些高技术产业基地中的服务平台正常运营并产生了良好的带动作用，但处于起步期的服务平台运行机制、服务功能、服务能力尚无法满足集群企业的需要，存在的问题不容忽视。

1. 完善、开放的产业基地服务平台体系没有建立起来

产业基地公共服务平台服务的对象面向整个产业基地内企业，企业无论规模大小、技术能力高低，只要具备接受产业基地内公共服务平台辐射的能力，都能享受到平台开放性所带来的好处。社会发展决定未来信息化必然成为资源共享、企业合作的重要平台，辽宁产业基地信息系统建设还有待完善，科技含量低，各个企业信息系统兼容性差，信息不能共享，还未把企业整合在统一的网络平台上。另外，产业基地内中小企业信息化程度较差，很多中小企业的负责人最关心

的是销售额、成本、利润这些经济指标。而信息化项目往往需要投入大量资金，建设周期又长，而信息化的效果又难以用语言表述清楚，导致现有中小企业信息化水平不高。以电子商务、物联网、云计算等现代技术为依托的信息化服务联盟还未成型，服务平台的服务半径和辐射范围较小，公共服务平台的公共性、开放性不足。基地内服务网络还不够完善，中介机构、信息服务平台、市场拓展平台等服务平台建设不足。如现有的几十家高技术产业基地，会展服务和融资担保等平台覆盖率都很低，现有服务平台定位、功能有待进一步深化，服务内容缺乏特色和针对性，服务机构和主体提供的服务产品种类偏少，层次较低。

2. 政府投资模式单一，缺乏机制创新

产业基地公共服务平台的构建主体并不是单一的组织和机构，通常不同类型的产业基地公共服务平台的构建主体是市场主体的不同组合形式，具有多元特征。多元特征有利于将各种建设主体的优势集中，满足内部不同类型企业多方面的需求。从实践来看，单纯依靠"一元化"公共服务平台运营模式很难建设成为既代表所服务产业基地的利益又代表公共利益的组织，造成资源配置的无效率。

辽宁省产业基地内公共服务平台建设以政府规划投资为主，公共服务平台运营模式单一。大多数产业基地公共服务平台运营主体多为产业园区管委会和各级政府。这造成两个问题：第一，政府财政投入有限，虽然辽宁省为推动辽宁高技术产业基地发展投入数十亿元的专项资金，但相对于数量众多的产业基地来说，资金规模小而分散，无法满足公共平台建设的需要，亟须针对投入主体上的制度创新；第二，以政府投入为主体的运营机制导致市场机制发挥不足，社会力量参与服务体系建设的积极性和潜能还未充分发挥。在部分服务平台建设的过程中，没有调动企业及其他组织参与投资的积极性，导致投入和研发条件不足，达不到高水平研发团队的入驻条件。政府扶持的服务平台自身缺乏有效的整合手段，难以与各类社会化服务机构建立起稳定的合作关系。

当前政府对于高技术产业基地内的扶持政策主要针对企业，但是对企业研发中心等科研机构建设的投入中，忽略了研发中心的开放性，造成创新平台的利用率不足，科技平台资源共享性、开放性不足。如铁西先进装备产业集群，沈阳市政府对新批准的企业与科研院所联建的国家、省、市级工程技术研究中心，给予

200万元、50万元和30万元的资金支持；对沈阳市依托科研院所在企业建立的国家级实验室给予200万元资金支持。但这些扶持政策仅从单个企业的角度提升企业研发投入的积极性，对促进共性技术外溢、科技资源共享、组织间合作等服务网络建设软制度建设带动不足。

多数研发平台只注重通过完善研发设施吸引研发团队，片面强调以高薪吸引和留住人才，不注重通过建立股权激励机制和科技成果分享机制等现代管理理念调动科技人员的积极性。如法库陶瓷工程技术研究中心为事业单位，运行费用由县财政提供，免费为企业提供研发和技术咨询服务，其研发经费主要来自于政府科技部门的支持。虽然其依靠省级检验检测资质和一批科技人员取得了不俗的业绩，但由于没有建立起完善的市场机制，导致其研发活动与企业实际需要结合得不够紧密，发明专利转化率不到10%。

3. 公共制造业、金融、电子商务等服务平台建设明显滞后

辽宁省产业基地服务创新平台建设还以支持共性技术创新、产学研合作平台为主，而市场化程度较高的诸如融资、检验检测、营销中心等服务体系构建不足。全省多元平台建设缺乏系统的规划，产业基地及服务平台发展层次参差不齐，分布也不平衡。以丹东仪器仪表产业集群为例，几乎所有生产仪器仪表的企业，都要研制生产功能各异的电路板。企业研发人员设计的电路板，需要立即生产出来以便企业进行测试。企业急需电路板快速加工中心，以满足大量企业的共性需求。但当前企业还处于各自为政的分散状态，既加大了产品生产成本，降低了竞争力，又阻碍了产品检测产业向专业化、高效化方向发展。还有一些公共检测平台因投资规模巨大且利用率较低，中小企业无法单独购买，需要提供公共检测服务。以鞍山激光产业基地为例，一些激光装备关键器件的加工均需进口价格高昂的五轴联动激光加工中心，该设备在单个企业的利用率不高，所以企业不愿自行购置，希望能有一个公共加工中心购置该设备后，由基地内的企业共同使用。由于园区资金不足，各产业集群几乎没有组建公共制造中心。另外一些产业集群内部的中小企业，市场开拓经验不足，资金瓶颈、技术制约等问题较为突出，对金融、电子商务、产品展示展销、营销推广等服务的需求也十分强烈，但由于产业集群本身市场化程度不足等因素导致这方面的服务平台还很少。

（三）制约辽宁产业基地服务平台发展的因素

1. 投资、运行机制单一造成平台建设滞后

产业基地原有服务体系的发展障碍主要是传统发展方式的羁绊和发展过程中涉及的运作机制问题，要实现产业基地的良性发展，必须创新服务体系发展路径，坚持以促进产业基地转型升级为核心，以社会化、专业化、市场化为导向，充分发挥政府引导和市场机制的双重作用，大力创新服务机制，创新服务网络，丰富服务内容，从而提升服务质量和效率，形成多元化、多层次、多样化的专业服务机构和社会服务主体相结合的产业基地服务体系。

政府投资导致产业基地内服务平台的运作以政府干预引导为主，没有形成以市场为导向、多企业参与、多元投资的运作模式。内部企业需要与服务平台供给之间存在差距，缺乏以市场为核心对服务平台的机制引导和协同发展。跨集群、跨地区的资源流动、组合不足，服务平台的共建共享、多元自由的服务资源流动机制还处于培育阶段，这些问题都需要顶层制度设计来解决。

2. 缺乏以企业运营为主体、以市场机制为导向的内部氛围

公共服务平台建设本身投入比较大，投资收益较低，具有较为典型的公共产品的特性，因此从辽宁高技术产业基地内部的公共服务平台建设的主体看，大量的公共服务平台建设以各级政府投资为主。另外，由于产业基地的形成发展中，依靠市场机制自发形成的产业基地数量有限，大量产业基地是依靠政府的推动、优惠招商政策吸引等方式形成，使得政府投资公共平台的行为在辽宁省尤显突出。政府大规模投资建设从长远来看对产业基地的发展确实能起到支撑作用，但缺乏以市场机制为基础，也会造成短期内公共服务平台运行模式单一、运用效率不高、超越产业基地发展阶段等问题。未来在政府投资为主的情况下，应按照政府推动、市场运作、自主经营、有偿服务的原则，促进以企业为主体、以市场为导向的基地服务体系建设。要强化制度体系建设，努力消除阻碍产业基地发展的政策性、体制性障碍，建立健全有利于产业基地快速健康发展的体制机制。

3. 产业基地发展层次较低，制约服务平台高端、多元化发展

辽宁高技术产业基地除了沈阳先进装备制造产业基地、大连软件高技术产业基地等几个规模较大的产业基地外，大量的产业基地还处于初创期和成长期。另

外，辽宁产业基地的形成较多依赖于土地、税收等招商政策，企业间业务联系不足，产业基地功能发挥还需时日。一些大集团研发机构在外，而小企业研发能力不足，导致一些规模较小的产业基地不具备较高服务平台发展壮大的条件。以辽宁（铁岭）专用车生产基地为例，自 2008 年建设以来，先后引入中航工业集团、华晨集团等一批大型骨干企业和其他各类相关项目 150 余项，2011 年实现主营业务收入达到 270 亿元。但因其成立时间过短，大型企业研发机构多数并非在产业基地内部。而一些中小企业因层次低端，基本上不具备研发团队和研发能力。内部企业以生产制造、车辆改装为主，处于产业价值链低端，较少涉及产品设计研发等服务环节，产业基地内部服务平台还不具备发展条件。

4. 合作研发机制不完善，阻碍关键共性技术的突破

产业基地内部共性技术的研发对基地内企业具有重要意义，共性技术具有典型的公共产品的特点，导致单个企业投资动力不足；知识产权保护制度的缺失进一步加剧了投资不足的现象。以海城菱镁产业基地为例，低品位矿石浮选技术、尾矿综合利用技术、轻烧镁煅烧技术、"三尘"（扬尘、烟尘、粉尘）治理技术是制约基地发展的四个共性技术，一旦取得突破，便会在基地内大量企业间进行推广，经济效益和社会效益明显。但由于知识产权保护不力和共性技术研发机制缺失，致使这些极具推广价值的共性技术长期得不到突破。以轻烧镁煅烧技术为例，目前，西安建筑科技大学、天津水泥设计院、东北大学等 4 家研究单位均在该项技术的研发上取得了重要进展。特别是西安建筑科技大学徐德龙院士团队研制的轻烧镁煅烧技术已完成了实验室小试，但由于该项技术一直未能进行工业化放大实验，企业不敢贸然投资，徐德龙院士也不敢承担投资失败的责任，致使这项技术被束之高阁。再以阻燃剂型氢氧化镁的研制为例，目前，阻燃剂型氢氧化镁的生产技术已日趋成熟，但由于缺乏中试和示范项目建设，同时也由于缺乏知识产权保护，企业之间相互观望，都想等其他企业试制成功后再去模仿，致使这一能大幅提高产品附加值的技术无法在产业集群内推广。

（四）健全辽宁产业基地创新和服务体系的建议

1. 建立并完善服务平台的建设和运行机制

科学的建设和运行机制，是健全产业基地创新和服务体系建设的根本出路。

单纯依赖政府单一投资建设的模式无法满足各类企业多样化的服务需要。但完全依赖企业投资短期内不具备实施条件，必须将政府投入引导与社会支持、企业投入相结合，形成"政府鼓励"、"社会机构参与"和"各类企业投入"的多赢发展局面，产生政策的叠加和级数效应。对商业性的社会服务机构，政府可加强分类引导，通过相关服务、税收减免等方式促进其规范运营。建立科学有效的激励机制，靠机制和制度吸引和留住人才。转变单纯依靠高薪吸引和留住人才的传统思路，积极引导研发平台建立科学的研发成果分享机制和股权激励机制，实现知识产权私有化和成果收益终身化，依靠环境、机制和制度吸引、留住人才。

基地内部部分服务业平台发展不足的原因在于工业企业生产性服务业分离有限，而主要障碍在于税制造成的障碍，尽管"营改增"政策对此将会产生一定的积极影响，但不同行业增值税抵扣范围和额度不同，纳税增减不一。建议国家实行明确的税费优惠及财政资金补贴政策，支持制造业分离生产性服务业。在实行"营改增"后，对分离设立的研发设计、检验检测、供应链物流等生产性服务业企业给予营业税、所得税减免优惠，或者比照高新技术企业、小型微利企业征收企业所得税，通过引导性的优惠政策支持生产性服务企业的发展。

引进高水平研发机构和研发团队是研发平台建设的核心。但吸引高水平研发机构和研发团队，需为其提供设施和功能完备的实验室和相关各类软硬件服务环境。要通过政府投资的引导和带动作用，调动企业参与投资的积极性，最终建立起以股份有限公司为载体、实行市场化运作、产学研相结合的公共服务平台。

2. 围绕产业基地内主导产业，构建关键技术和共性技术研发机制

产业基地关键技术和共性技术研发具有很强的溢出效应，具备一定的准公共产品属性，应成为政府支持的重点领域。辽宁省产业基地很多以中低端生产制造环节为主，面临资源约束、恶性竞争、利润过低等多重压力，提高自主创新能力是必然选择。核心技术、共性技术开发，一方面单个企业的资金、科技资源很难承担，另一方面共性技术的公共产品属性和外溢性又进一步削弱了企业独自开发的积极性。因此，要发挥政府的投入和引领作用，可尝试由政府牵头组织相关机构和企业参与，通过一定的资金扶持引导企业投资的积极性，建立"目标一致、通力合作、风险同担、收益共享"的合作创新机制，并将合作机制长效化。组织实施产业基地核心技术攻关计划，摸清制约产业基地发展的关键技术，对于内部

企业无法合作完成的前沿技术创新，可通过政府的力量聘请高水平专家进行研发的可行性分析，以关键技术为突破口，整合全国甚至全球的技术资源和力量合作攻关。注重内部运行机制的改革与创新，加强技术专利保护制度的建设，提高企业创新投入的动力。加强中试基地和示范项目的建设，推动具有产业化价值的科技成果实现市场化和产业化，通过政府扶持和引导政策增强企业创新的信心和积极性。支持产业园区建设中试基地，对相对成熟的新技术进行中试试验，支持骨干企业进行示范项目的建设。如部分镁化工产品利润率极高且其生产技术已通过实验室小试，但因没有条件进行工业化放大试验而被长期束之高阁，可以对具有发展潜力的企业进行重点扶持，组织各类企业、科研院所等共同研发、资源互补，在缩短研发周期的同时又可促进技术的扩散。

3. 完善产业基地多元服务体系的建设

当前，辽宁省产业基地发展正面临转型升级的关键时期，亟须国家的引导、支持和帮助。建立规范透明的行业检测资质准入标准。在许多领域，具有检验检测资质的机构在全国只有少数几家，企业检验检测费用高、时间长。而产业基地内部分龙头企业的检验检测机构，虽然技术先进、设备齐全，但因没有相应资质，只能为本企业提高产品质量、研制新产品提供服务，无法向外开拓服务领域。建议国家制定检验检测资质认定标准，对符合条件的检验检测机构给予相应资质。建设直接服务业集群转型升级及与市场紧密相连的专业服务平台。对于具有发展条件的集群，提供一站式、综合配套的服务平台，包括融资担保、技术支持、市场开拓、人才培养等服务项目，降低产业基地升级的制度性成本和运营成本，支持内部企业的快速发展。

4. 依托信息技术建立互通共享的服务网络体系

产业基地主管部门应统筹规划全省各类服务平台，依托信息技术、开放式运营模式等建立起省、市、县及专业镇等综合服务机构的业务联系和服务项目的互补、互通、共享，构建起基于产业基地间业务联系需要的横向与纵向结合的服务网络。依托现有的信息化平台建立信息化服务联盟，为产业基地内部企业和外部协作单元提供各类信息技术服务，降低信息不对称和信息搜寻成本。对有条件的产业基地内部提高电子商务、物联网、云计算等现代信息技术的运用范围和深度，实现信息、创新资源、供销信息等共享，形成产业基地内迅捷的知识学习和信息共享网络，促进共性技术的扩散，支持企业及不同组织间的技术创新、技术扩散和相互学习。

五、本章小结

本章从产业基地内部创新实现的角度，分析了产业基地内部创新实现的条件和创新溢出效应。从技术分类的角度分析了在产业基地内部技术共性特征明显，而共性技术的研发因技术本身的非排他性、外溢性的属性，导致产业基地内部企业共性技术投入不足的现象。运用博弈分析模型、供给效益模型分析政府政策干预对解决产业基地内部技术创新市场失灵的作用机理。分析了产业基地内部知识流动、吸收和外溢效果的产生机制和影响因素，对辽宁现有的高技术产业基地发展中的技术创新效果、存在的问题进行分析，并从产业基地发展阶段性的角度提出了相关的政策建议。

第八章　高技术产业基地发展与创新中政府干预效率分析

一、政府干预效率评价

上文中我们已重点论述了政府在产业基地发展中起到的干预作用的理论基础，从理论上和现实政府干预的实际效果来看，政府干预在特定的条件和区域下是具有效率的。但是，因为政府政策干预手段本身的非量化特点，政府干预效果是多重因素影响的结果，而政府干预力度又很难清晰量化，导致对政府干预的绩效也很难通过准确的定量方法进行分析。当前对政府绩效的评价主要从财政资金使用效率的角度分析，从评价对象上主要以国家政府为评价对象，来评价国家财政资金投入效率问题。如美国会计总署在 20 世纪 60 年代曾建立起以经济性、效果性、公平性和效率性为评价主体的"4E"绩效评价体系。到 20 世纪 90 年代，美国还将平衡计分卡、层次分析法等方法引入到对政府绩效的评价。但总体来看，都是针对政府财政支出的整体绩效的评价。

从我国对政府绩效评价发展来看，我国学者对政府效率的评价主要从财政投入的宽口径的效率分析，如杨冠琼、蔡芸（2005）对我国 31 个省市的财政产出效率从经济发展能力、政府管制效果、教育、卫生等诸多方面进行分析①。刘振亚等（2009）年运用 DEA 的包络分析方法，对全国各省市政府产出的绩效进行

---

① 杨冠琼，蔡芸. 中国地方政府财政相对有效性的实证分析［J］. 经济管理，2005（5）.

实证分析①。从现有的文献来看，对政府干预效率的评价大多数是针对财政投入效率的评价，而对其他政府干预政策效率的评价很少，主要是因为财政投入数据的可获取性，其他干预政策的效果受多重因素影响，很难定量化。对于地方政府对产业基地发展的干预政策，因其干预政策采取的方式比较多（包括财政扶持政策、土地优惠政策、税收优惠减免政策、科技专项资金投入等），政策之间相互叠加、相互配合共同起作用，很难将不同政策之间的效率分析割裂开来，只能将整个政策作为政策组合的整体一并进行评价。而且，因为一些干预政策的间接性和效果的时滞性，很难对一年内政策的干预效率进行客观评价。如财政政策、科技创新专项资金投入等，政策投入后效果如何，可能要较长时间才能够客观评价。本书第三章在分析政府财政投入的绩效上，也是通过政府投资引致比、政府政策组合对创新平台打造、创新网络构建、产业基地内部企业经济效益等方面进行的相对粗略的分析。但里面很多更为细节性的影响因素，因为获取数据的有限性，很难进行实证性及更为深入的分析。

二、政府干预失灵的原因和表现

如上文所述，在产业基地发展中，政府凭借着其资源控制分配、行政管理与政策干预在诸如产业基地发展规划、克服技术创新市场失灵等很多方面发挥着正面的、不可替代的作用。但是政府干预并非经济发展中的万能良药，现代市场经济并非市场与政府之间非此即彼的选择，而是两者混合的统一体。在政府力图通过干预弥补市场失灵的同时，由于政府干预本身的局限性导致另一种失灵——政府失灵。政府作为一个组织，由于其决策的非理性、自利性等原因导致政府干预不足和干预过度而不能达到理想的干预状态，不可避免地导致经济效率和社会福利等损失。凯恩斯政府干预理论在战后盛行数十年，带来的诸如政府巨额财政赤字、寻租行为、交易成本增加、社会经济效率低下等问题，验证了政府干预失灵的存在。

---

① 刘振亚，唐涛，杨武. 省级财政支出效率的 DEA 分析［J］. 经济理论及经济管理，2009（5）.

（一）政府干预不当及干预过度

上文论述了政府在产业基地形成初期中在解决市场失灵、技术失灵等方面不可替代的作用。但是，政府并非万能的，就如市场机制会失灵一样，政府失灵在经济和社会领域普遍存在。我们就对产业基地成长中政府干预失灵的问题进行进一步分析。

虽然政府干预在产业基地形成过程中起到重要作用，各地政府通过土地优惠、税收、投资、基础设施建设等政策手段，推动产业基地的建设。政府通过政策手段、优惠政策等干预，确实起到了在短期内集聚资源、缩短产业基地形成的周期、短期内构建起产业基地的整体框架等效果，但是也要看到政府干预不容忽视的负面作用。政府干预无效率主要体现在"干预过度"、"干预不足"、"干预效率低下"等问题。

干预不足主要体现在政府干预手段在一些需大力扶持的领域和环节没有作为，造成产业基地发展滞后，竞争力提升不足。如有些产业基地在建设初期，依赖于政府短期优惠政策吸引，企业短期内集聚，但是多以"人工林"为主，没有形成根植于区域创新体系的创新集群，创新能力和创新效率弱，产业发展低端锁定现象严重，产业辐射和带动及向传统产业渗透能力较弱[①]。高技术产业基地的集群效应发挥不仅需要硬环境的打造，更重要的是软环境与平台、服务的完善。在部分产业基地建设规划中，往往政府对于硬环境投入较多，而软环境建设表现不足，影响政府干预效果。

政府政策效果发挥需要一贯的、持续的政策扶持，而当前的政治体制却无法解决政策持续性的问题。地方政府主要官员的职位任期带有较大的不确定性，官员调动频繁。主要政府官员的变动造成原有政策执行的不确定性，政策的非连续性造成一些好的政策朝令夕改，给投资者造成潜在的投资风险。特别是辽宁部分地市政府管理部门，存在少数为了追求短期吸引投资增加，采取夸大优惠政策力度，甚至带有欺骗性质的招商宣传和政策承诺。一旦企业投资到位后，往往有采取拖延、政策不兑现等手段。此类行为虽然属于极个别的现象，但却产生不良的

---

① 滕堂伟，曾刚. 集群创新与高新区转型 ［M］. 北京：科学出版社，2009：55.

传播效应和企业对相关政府部门的信任危机，对辽宁整体的投资环境造成损害。

产业基地在规划、扶持过程中，因政府的过度干预导致"企业之间缺乏关联配套与协同效应"，地方政府之间过度竞争导致产业基地之间的资源分散而难以做大规模①；也正是因为产业基地发展中政府的过度干预，企业间真正的集群效应发挥有限，政府更注重对于大中型企业特别是龙头企业的依赖，重视硬环境建设而忽视软环境建设，企业的根植性、融入性不强，致使企业间产生低成本竞争而缺乏创新投入。

在产业技术创新上，政府干预的有效性具有典型的时段性，如在产业基地初期起步阶段，政府可以通过产业共性技术创新合作推动，搭建产学研合作平台、提供技术创新资源和降低技术创新成本等方面发挥作用。但当产业基地内部技术创新能力、合作平台运作等发育充分后，政府干预的效果将会下降。陈志平（2009）研究中国产业基地成长中政府干预失范的现象和影响，认为政府对产业基地内部企业的过度干预实际上降低了产业基地整体效率②。

在当前政府政绩考核评价体系下，政府对于产业基地的发展，可能出于短期政绩的考虑，出现政府干预过度的情况。地方政府官员追求自身职位的提升，而由于当前掌握地方政府官员升迁权力的高层政府通过诸如 GDP、就业率、经济增长速度等片面的指标评价官员的绩效，必然造成地方政府采取短期行为和投资机会主义。由于区域产业基地的发展、演化不可能在短期内完成，地方政府为了追求短期的政绩可能过度通过政府的干预和政策优惠，短期吸引外部投资，但疏于考虑投资与区域经济发展规划的协同，疏于对内部集群的培育和发展规划，短期的投资涌入并不一定能够带来长期、可持续的发展，内部企业之间由于联系过少，无法形成完善、紧密的产业生产网络和创新网络，产业基地的优势无法发挥，甚至导致基地内部产业发展"空洞化"。部分产业基地内，有些引入企业凭借优惠政策获取土地使用权，但实业投资不足、拖延，甚至蓄意改变土地用途，开发商业地产项目，导致产业基地内主导产业发展有限，无法实现主导产业对产业基地的引领和支撑作用。市场机制越不完善的地区，地方政府越急于发展经

①　倪鹏飞. 政府促进产业集群的十大陷阱［J］. 理论参考，2006（9）.
②　陈志平. 地方政府在促进产业集群发展中的作用［J］. 求是，2009（9）：43－46.

济,政府过度干预的动机越强烈,产业基地"空洞化"风险越大。不可否认,辽宁省及各地方政府在产业基地发展中发挥着重要作用。但是,在财政税收扶持及地方政府经济绩效的刺激下,各级地方政府都有强烈的动机和动力培育和发展本地特色产业基地,地方利益驱动导致的投资、规划冲动,出现"政府干预过度"的现象,带来整体资源配置、职能分工的混乱,干扰辽宁产业基地的健康、稳定发展。地方政府的过度干预导致省域内出现"产业同构"、"分工无效"、"过度竞争"等问题。如果我们把政府干预作为推动产业基地绩效发展的手段,政府干预与产业基地发展的现状、市场机制发挥的程度相结合,才能够在恰当的时机,运用政府干预手段和政策取得预期效果。

对于政府干预效率,我们借助西方经济学中的效用曲线进行简单的分析。假设,产业基地的发展绩效由市场机制和政府干预两种手段获取,那么,政府干预的力度、政策应该与产业基地发展状况、市场机制完善程度等因素相结合并协同,才能取得好的效果,即政府干预与产业基地发展需求的匹配性。政府的干预如果不能与市场发展阶段、市场机制有效结合,就可能出现政府"干预不足"和"干预过度"等情况。如图 8-1 所示,将产业基地发展状况假设为某一静态时点,在此时点上,政府干预与市场机制无数种组合构成其绩效边界,其中市场机制与政府干预总成本线与既定绩效边界线的切点即是组合最优点。此时,预期最优的政府干预程度在 G_1 点,政府干预能够产生最大的干预绩效如图 8-2 所示,在产业基地特定的发展阶段点上,如图 8-2(1)所示,政府干预付出为 G_1 点,而最优的干预点应为 G_2 点,此时表现为政府干预不足。

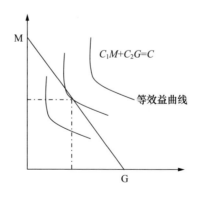

图 8-1 相同绩效下的政府、市场的最优组合

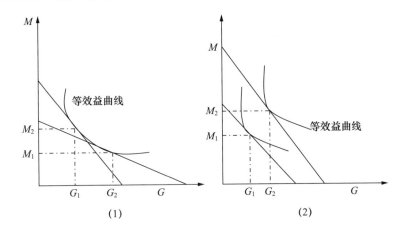

图 8 - 2 相同绩效下的政府、市场的效应替代与组合

如图 8 - 2 （1） 所示，如果把政府、市场作为促进产业基地发展中的两种要素组合，两者机制发挥的共同效应是由政府、市场机制有效组合作为基础，而市场机制发挥是具有发展规律性的，即在特定的市场发展阶段，市场机制发挥效果是相对固定的，而政府干预的程度强弱是由执政者意志取向决定的，可以根据其需要进行干预程度的调整。因此，政府干预程度、干预的领域及具体的干预手段，政策制定者应该考虑何种程度的政府干预是较为有效的。如图 8 - 3、图8 - 4所示，我们用实线来反映在特定市场机制、市场条件下能够达到最优的整体效果，如果市场机制发挥程度为 M_1，此时政府干预最优状态的干预程度为 G_2，而政府真实的干预程度为 G_1，存在政府干预不足而导致整体效益没有达到最优状态。相似的分析，图 8 - 4 表现为政府干预过度的状态，在此情况下，政府干预过度，导致政府干预成本支出大，但却没有达到和干预成本相对应的干预效果。

上述关于政府干预分析是基于产业基地整体效率情况，涉及一些具体政策，对内部企业同样会产生"政府干预过度"问题。如政府通过 R&D 投入引致企业的技术创新投入，提升企业技术创新能力。但政府 R&D 投入的目的主要集中在两点：一是降低企业技术创新的成本和对其技术外溢效应的补偿；二是通过R&D 投入对企业创新投入的引致效应。但政府过多的 R&D 投入也可能导致对企业创新投入的"挤出效应"（Dominique & Bruno, 2003）。Dominique 和 Bruno 的研究表明，政府创新资助对私人 R&D 支出的影响呈"倒 U 形"关系，当政府资助比重超过25%的时候，将会产生"挤出效应"[①]。当然，政府创新干预对企业创新的递减点并非为25%，但其效用先递增后递减的规律应该是普遍存在的。

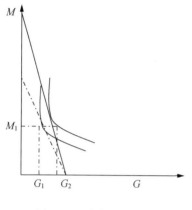

图8-3　政府干预不足

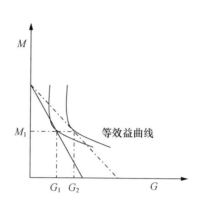

图8-4　政府干预过度

政府干预不足和干预过度多源于政府角色的缺位和错位，本该政府干预的领域政府没有或没有充分发挥作用，政府不作为或干预无效导致集群整体的无效率；而在有些领域，表现为政府错位，有法不依、执法不严等现象都属于该范畴，破坏了高技术产业基地发展的环境优化和规范化市场机制功能的发挥。有时政府也存在"越位"现象，本该由市场机制调节、完成的政府过多干预，政府投资过多导致投资规模收益下降，并对民营投资产生挤压效应；政府或其下属企业垄断产品服务供应，占用大量财政支出导致效率低下，同时存在服务意识、质量差，官僚作风严重的问题。对于这些可以通过市场化有效配置的领域，政府应减少政府直接干预，通过市场运作、政府监管的模式实现效率的提高。

（二）政府干预中的经济人动机

各级政府作为一级组织，并非如政府宣传的"全力追求整体人民和公共利益的非利己性组织"，政府本身也具有其自身利益，而自身利益的存在会造成其政

---

① Dominique and Bruno. The Economics of the European Patent System: Policy for Innovation and Competition [J]. Region Study, 2003 (45): 12.

策制定、执行的偏颇。Bentiey 最早把利益集团的概念列入政府规制的分析框架，并列举了政府利益集团的形成及在政策形成中的重要性。在当前中国政府运作体制中，政府作为利益集团的趋势更加明显，地方政府长官及相关政府部门，因为各级政府之间信息链较长，在全国追求经济增长的大背景下，对下级官员执政绩效的评价更多从短期经济效果、GDP 增长、就业率等片面的指标来评价，而综合的、隐性的、长期的指标因为其不易评估，还很少被纳入对执政者的评价之中。因此，地方政府执政者基于"经济人"动机，在政策选择上会更多地考虑短期利益，如通过大拆大建来拉动经济增长，没有充分考虑地区的资源、条件而通过人为地招商引资、通过超常规的优惠政策吸引投资，具有扩大投资的冲动。我们在第三章论述的关于产业基地产业同构和恶性竞争的问题，在一定程度上也源于地方政府的投资、引资冲动。从实践的角度看，很多地区特别是落后地区的产业基地的建立，依赖于市场机制形成的产业基地内部相互间的联系紧密，网络坚固稳定；而政府招商引资引入的企业存在融入当地社会关系网络困难，依赖于优惠政策招来的企业区域根植性较差。

三、辽宁高技术产业基地中政府干预潜在失灵分析

（一）政府干预过度产业基地空洞化的潜在风险

辽宁省高技术产业基地建设与其他地区的一个重要差异在于政府主导，政府干预克服单纯依赖市场机制导致的资源集聚的滞后性的同时，也会因为政府决策的"短期化"和"乐观预期"而产生潜在的产业"空洞化"风险。如果不对此现象进行有效的制度完善与监控约束，会造成产业基地发展的中长期风险。随着辽宁几个高技术产业基地的快速发展，一些潜在的问题也逐渐凸显出来。在辽宁省高技术产业基地构建之初，作为省长主抓的"省长工程"，各地政府对产业基地建设工作非常重视，招商引资成为产业基地建设中的"重头戏"，大多数产业基地在短期内获取了较好的效果。但要看到，有少数的几个产业基地因为产业基础薄弱，区位优势有限，产业基地建设进展有限，部分产业基地内企业开工率不

足，土地使用率不高，特别是有些引入企业通过暗箱操作，将工业用地转为商贸、商业地产用地，造成产业基地内部空心化风险。如辽宁（万家）数字高技术产业基地，因为原有产业基础较为薄弱，区位优势不明显，单纯依赖优惠政策吸引到的企业投资有限，来投资的企业开工率不足，引入企业间的关联效应不强。而且有些计划的工业项目用地被人为改变成为商业用地进行房地产项目开发。这些虽然为个别现象，但省级政府一定要监督和杜绝因为追求短期政绩而盲目引资导致未来产业基地"空洞化"的潜在风险。上级政府要完善对产业基地管理部门的考核体系，不能仅考虑招商引资的当期数量，而要采用多维、综合性评价体系。

招商引资在产业基地建设初期的作用确实很重要，但过度依靠招商引资政策也会带来负面的影响，招商政策本身不具有连续性，吸引力仅限于企业投资之初。投资企业进入产业基地之后，其发展更多源于产业基地内部效应的发挥。产业基地短期依赖招商引资的政策吸引企业投资，但因不注重内部软环境的建设而导致企业因为其他地区更为优惠的政策或更适合的环境而搬走。从辽宁高技术产业基地的现状看，因发展时间较短，短期的优惠政策、招商力度引来了大量企业进入，但产业基地内部企业普遍存在根植性不足的现象。很多企业虽然入驻，但其经济活动尚未融入当地的生产关系、社会文化之中。因此，各级政府不仅要能够把企业招来，更要注重进入企业"根植性"的培育。企业根植性指的是进入企业如何融入当地的生产网络、社会关系、制度文化体系，企业根植性培育是一项系统工程，需要政府做大量而细致的工作，在软环境建设、生产创新网络的完善、政策体系的构建等多方面入手。

（二）政策的非连续性和无效率风险

政府的政策扶持体系是一个系统工程，必须坚持同一目标实施连续性、目标统一的政策才能取得良好的效果。辽宁省自2008年推出高技术产业基地建设的战略以来，政策一致性保持得较好。但也要谨防不同地区因为政府主要领导的变动所带来的政策非连续性的风险。对于一些原则性、方向性的政策，要通过政府文件、地方法规等形式制度化，以保持政策的连续性。

政府政策导向应以效果为基准，坚持多手段的配合，并保障多种政策之间的目的一致性和政策效率。高技术产业基地演化具有阶段性，政府相关部门应该建立起对产业基地动态的监控和评价，准确把握产业基地发展的不同阶段和政策需求，并及时调整政策组合，保持与产业基地成长一致的动态政策策略，以保障政府政策的针对性和效率。坚持以产业基地持久的创新发展为第一目标，转变政府职能和观念，强调服务型政府建设。地方政府要深刻认识到，只有企业才是产业基地的主体，是推动基地成长的内生力量。政府政策只是产业基地发展的辅助，在基地培育和发展过程中起到催化剂作用，规范的市场机制才是促发高技术产业基地发展的最根本动力。因此，政府的公共政策都要秉持为企业服务的基本原则，促进产业基地发展各项政策的重心都是帮助企业发展和本地集聚。基地规划的重点应放在为需要服务或者是有潜在服务需要的企业（不论企业是否已入驻基地）提供尽可能完善的公共服务，尤其是提供信息，建立交流的渠道和对话方式。当产业基地发展进入常态期，政府干预应适时退出，以规范的市场机制推动产业基地的持续、创新发展。

（三）政策的制定避免盲从，坚持本地特色的原则

提高地方政府政策制定的科学性，必须以现有产业条件、资源禀赋为基础，培育和发展有本地特色的高技术产业基地，并辅以一些政府的政策措施来提升本地产业基地的竞争力和本地根植性。如果不同的地区追求相类似的产业基地发展重点，势必会导致大量产业园区、基础设施的重复建设，形成本地企业的恶性竞争和不同区县政府之间的政策"竞赛"局面。从辽宁省当前高技术产业基地主导产业的选择来看，内部实现了不同城市之间的分工，避免产业结构同构和过度竞争。但还要从全国高技术产业基地建设的现状，坚持以本地优势为依托，坚持特色、专业化的发展原则。

四、产业基地发展阶段与政府干预政策的介入与退出

产业基地发展本身具有规律性和阶段性，在不同的发展阶段，其发展面临的问题、发展特征及政策需求各不相同，虽然不同的高技术产业基地具有各异的特

点，但其阶段性具有很强的相似性，政府干预政策的内容、方式、侧重点都要充分考虑产业基地演化的阶段。政府干预政策具有时效性。在不同时期，政策干预的手段、方式、强弱程度应该根据具体需要进行调整，一些阶段性的干预政策应考虑如何退出。如上所述，在产业基地的形成和发展阶段，政府干预政策作用明显，通过优惠政策吸引资金、科技资源集聚；通过政府创新平台建设搭建内部创新网络和创新体系；通过相关的财政资金扶持、税收优惠政策扶持初创企业的快速成长。但此类直接干预政策的时效性较短，不宜长期运用。当产业基地发展到稳定期、成熟期时，产业基地的发展更多地依赖市场的机制而非政府干预，此时政府优惠政策的干预因产业基地成熟、吸引力增加而减弱，企业竞争力增强、发展壮大导致企业对税收优惠政策的需求下降，包括其他的财政、税收等直接干预政策应逐渐减弱至退出。政府的作用由"主导"转向"引导"、"规范"等间接手段，直至完全退出。根据不同时期产业基地发展的特征，我们从创新效果的角度将高技术产业基地创新发展分为创新缺乏期、创新效仿期和创新常态期三个阶段，不同阶段政府干预的政策手段差异明显，不同的干预政策应考虑在合适的发展阶段的适度退出机制，不断增强产业基地自身的演化能力。

（一）创新缺乏期——举地区之力发展基地，政府主导

在产业基地建设初期，企业数量有限，产业基地整体规模效应和影响力有限，内部创新网络构建不足，核心竞争力尚未形成。此时，基地的快速发展需要政府有力的支持，主要体现在：基地内部的企业数量较少、企业规模不大、缺乏自主研发能力和从事创新活动所必需的资金支持；企业之间协作竞争的合作伙伴关系初步建立，基地内部产业链尚未完善，企业多处于产业价值链的低端，生产的产品附加值低；相关的经济要素、社会要素和人力资源要素并不充分。因为在资源吸引、产业基地升级等方面缺乏动力，可充分发挥政府干预的制度优势，此时通过政府相关优惠政策的制定吸引资源的集聚，以财政、技术创新专项资金投入等干预手段推动创新网络、创新体系的完善，有助于辽宁省高技术产业基地在发展初期迅速发展。

从辽宁高技术产业基地发展的路径看，当前辽宁高技术产业基地绝大多数处于发展初期，也即创新缺乏期，政府的干预政策主要体现在以下几个方面。①政

府为基地内部企业的技术创新能力积累创造硬件条件和良好的软环境。一方面，政府加强对基地内部的共性技术平台以及共生服务平台的建设，为内部企业提供公共技术的服务和支撑；另一方面，由政府推动大学、科研院所和企业之间的交互学习、交互合作，实现企业技术能力的积累和创新能力的拓展。②采用税收、土地等优惠政策，吸引区域的各种资源由高梯度区域向产业基地聚集。一方面，支持培育基地内部的重点企业；另一方面，吸引有实力的大企业入驻产业基地，增强基地的集群效应，完善基地内部的产业链。加强基地基础设施建设以及同城化建设，吸引人才、留住人才，为特色产业基地的稳定和持续发展创造条件。③政府需要根据辽宁高技术产业基地的发展情况，通过"自上而下"和"自下而上"的企业、政府之间的交流，选择最有利于产业基地快速培育核心竞争力的发展模式，通过政府的力量，集合区域的优势资源，大力推进辽宁高技术产业基地的快速发展。

（二）创新效仿期——区域产业结构调整，政府协调

随着大量企业进入，产业基地的集聚效应和吸引力逐步彰显，企业间联系愈加紧密，联系紧密的创新网络初步构建，创新合作、知识流动和溢出效应对产业基地成长的推动力不断增强。因此，政府的政策也应由发展初期的政府主导逐步转向政府协调。在产业基地的创新效仿期，政府的协调作用体现在对政策干预的稳定性和持续性方面，稳定性强调应该由政府主导发展模式向产业基地自我发展完善过渡；持续性是在特定的创新投入、财政扶持等方面政府干预应该继续保持，且根据需要调整，推动产业基地的凝聚力、吸引力、创新持久力等优势的持续保持。这一时期，政府对产业基地发展的协调作用主要体现为如下几个方面：①政府逐步弱化对辽宁产业基地发展的主导作用，转向大力扶持基地内部的非政府组织（如企业/行业协会等）功能发挥，推动基地内部的组织对基地自主管理，实现由政府主导的发展方式逐渐向基地自主管理的发展方式过渡。②政府引导产业基地，强化"特色"核心竞争力、基地品牌和声誉的建设，并以此增强产业基地的凝聚力、持续吸引力和创新力，为基地的可持续发展创造条件。凝聚力表现为增强基地内部企业间的紧密合作关系，强化聚集效应。持续吸引力强调高技术产业基地的品牌和声誉建设，为基地留住和吸引更多的要素资源。创新力

体现为企业和基地"特色"核心竞争力的形成。③随着产业基地的快速发展，其在区域经济产业结构中的位置也在提升，政府此时在基地发展和区域产业结构调整之间发挥协调作用。一方面，政府积极强化产业基地发展的根植性、稳定性和持续性；另一方面，政府积极推动政府职能的转变，逐渐弱化政府对产业基地发展的主导作用，由"政府主导"转向"政府引导"，由"政府强干预"转向"政府参与"。政府转向对企业主体培育，大力推动资源要素在产业基地与区域经济之间的双向流动和梯度转移，诱发新的要素组合和资源的优化再配置，实现区域产业结构的升级，推动区域产业体系的演化。

（三）创新常态期——基地主导区域发展，政府淡出

目前，辽宁省的高技术产业基地还未进入这一阶段。但随着辽宁高技术产业基地的规模和产量不断扩大，品牌成熟和声誉提高，产业基地的发展将进入创新常态期，基地内部的企业会形成"特色"核心竞争力和技术创新能力，开发具有高附加值的产品；由最初的满足市场需求转变为控制市场。基地内部非政府组织对集聚企业的协调作用也会越来越大，企业之间的合作以及企业、大学、科研机构之间的合作关系将更为密切，产业基地内部产业链明晰、组织有序，成为具有较强自组织能力的有机体。高技术产业基地发展成为区域经济中的高梯度区域，能够对其他地区进行科技资源和创新要素的外溢，带动整个区域经济的发展。进入创新常态期的高技术产业基地，转变了原有区域产业体系内的力量对比，成为区域经济发展的主导力量，推动了区域产业体系的发展和完善。政府逐渐淡出产业基地的发展，改由依赖产业基地内部的企业自身及非政府组织进行自组织管理。

当辽宁省高技术产业基地进入创新常态期后，政府的作用在弱化，更多依赖于产业基地内部完善机制、企业市场主体地位来实现自我完善和发展。政府的作用体现在"无为而治"，政府干预在产业基地发展中逐渐退出，强化企业、产业基地自组织的功能实现自我管理发展。政府干预关注于相关政策法规的完善，规范企业行为，创造公平、公正的环境。

五、本章小结

　　本章主要从政府干预失灵的角度入手，作为资源配置的方式，政府失灵主要体现在政府干预过度、政府干预不足、政府干预缺位和经济人动机。前人虽然有充足的文献验证政府失灵的问题，但是因为政府干预手段、政策难以量化，效果的发挥受环境、文化等多重因素影响。因此，对于政府干预效率到底是高还是低，政府干预和市场机制的合适的临界点到底在哪里？这些问题还没有清晰的理论模型来验证。在实践中，政府干预效率问题的研究也多是从国家、省级层面进行的相关性的分析。虽然本书试图在这方面有所突破，但因为数据、不可度量性等因素的制约，也只是做了理论上的梳理和探讨。同时对辽宁省高技术产业基地成长中政府的政策潜在风险进行了分析。

第九章 政府对产业基地创新干预效率的实证分析

——以铁西先进装备制造产业基地为例

一、铁西先进装备制造产业基地情况概述

沈阳市铁西区是我国重要的老工业集聚区，在 50 年前是我国最重要的重工业聚集地。但在改革开放的大潮中，沈阳市铁西区失去了往日的风采，传统的计划经济制度造成东北老工业基地的衰老，而铁西工业区就是最具代表性的缩影。大量老国有企业亏损、破产，设备闲置，工人下岗，带来了诸多的经济发展和社会问题。如何重新激发原有产业基础、技术积淀成为沈阳市政府亟须解决的问题。2003 年，沈阳市政府通过"搬迁 + 资产重组 + 创新"的制度创新①，通过土地、资产置换重组实现了装备制造企业的地理集聚，通过土地置换完成了升级改造，重新焕发了生机与活力。目前，铁西装备制造产业基地集聚了沈阳市 70% 以上的存量工业资产。沈阳机床集团、沈鼓集团、沈重集团等企业销售额超过百亿元，形成了装备制造门类齐全、配套能力强大的产业基地。2012 年，铁西装备制造业完成产值 1820 亿元，增长 16.2%，增加值完成 474 亿元，机床、沈鼓、北方重工、远大 4 户企业销售收入突破百亿元，形成了机床、电气及新能源、通用及石化装备、汽车及零部件、重矿及煤机装备五大千亿元产业集群新格局。在

---

① 如沈矿集团与中国建材集团的重组，沈阳鼓风机集团与美国通用能源公司合资合作，新疆特变电工收购重组沈阳变压器厂等。

77 个主要产品中，铁西有 44 个产品的国内市场占有率居同行业首位，18 种产品列国际前 10 位，成为重大技术装备国产化的重要依托力量。沈阳机床集团于 2011 年成为世界上机床生产能力最大的企业集团，是名副其实的行业龙头企业。目前，铁西先进装备制造产业基地的技术创新效应和竞争能力不断增强，2010 年 4 月沈阳经济区上升为国家战略，为铁西产业基地的发展、升级创造了新的机会。从国家层面到产业基地内部，制订了诸多的产业基地发展扶持政策。

在铁西产业基地发展初期，政府的政策干预起到重要作用。2003 年，沈阳市政府借助东北老工业基地建设的国家战略，围绕把铁西建成"世界级先进装备制造业基地"的目标，在政策上予以优惠和倾斜。如沈阳机床、沈阳鼓风机集团等传统大型工业企业，采取土地置换和优惠政策引导企业重新选址搬迁。2002 年，铁西区和沈阳经济技术开发区合署办公成立铁西新区，扩展了产业发展的空间，打破了工业用地的约束，理顺在行政管理上的制度障碍，同时也为传统大企业提升自身的生产条件和设备改造提供了条件。政府推动传统国有企业制度改革和治理结构重组，以产权改革为突破口，促进国有企业重组，引入国际、国内战略合作者，激活资本存量。同时，借助东北老工业基地振兴和沈阳经济区等战略的实施，铁西产业基地享受了各层次的国家优惠政策，使其具有独特的政策优势，涉及搬迁的土地费用减免、高新企业优惠税收政策、财政资金补贴、优惠贷款等（见表 9 – 1）。运用政府的政策引导和干预，以沈阳机床、沈鼓集团、特变电工等众多本地制造龙头企业在短期内集聚在产业基地内，同时这些龙头企业的进入也吸引带动了众多相关企业的进入。政府干预和政策优势在产业基地形成的初期起到重要的作用，随着产业基地不断发展完善，政府干预对外部企业进入起到的作用在不断弱化，更多依赖于产业基地本身焕发出来的优势和吸引力。在产业基地发展框架基本形成后，其对外部的吸引效应和创新引导效应不断显现，影响力不断扩大，不但吸引国内相关配套企业的短时间进入，而且吸引了全世界的相关企业投资和研发中心建设。截至 2010 年，已有 40 多个国家和地区的企业在铁西先进装备制造产业基地内投资建厂，其中跨国集团 83 个，世界 500 强企业 23 家，代表世界顶级装备制造水平的日本安川伺服电机、德国维普克大型液压机、加拿大马泰克热再生机组等项目选择投资在铁西先进装备制造产业集群。可见，在铁西高端装备产业基地发展初期，政府的干预起到了明显的规划、引领作用，通过优惠的政策、行政手段的整合，短时间内促进了产业基地的形成和发展。

表9-1　铁西先进装备制造产业基地的政策支持汇总

政策层次	政策内容
国家支持装备制造产业基地政策	设立总额200亿元的产业投资基金，对重大技术装备专项给予15%的国债专项补助资金，提高税收返还力度等
沈阳市政府的优惠政策	对新批准的企业与科研院所联建的国家、省、市级工程技术研究中心，分别给予200万元、50万元和30万元的资金支持；对在沈依托科研院所在企业建立的国家级实验室给予200万元资金支持。省市两级政府建立创新平台和共性技术研发中心
产业基地优惠政策	设立企业发展基金，对重大项目给予贷款额度1%～5%的财政贴息；免除工商注册、工本费、土地登记等费用；根据项目具体情况，给予土地出让价格10%～60%的财政补贴等

资料来源：根据相关调查资料整理。

　　铁西先进装备制造产业基地在技术创新方面也取得了令人瞩目的成绩。几年来，沈阳先进装备制造业基地先后承担国家"863计划"项目189项、国家科技攻关项目72项、国家火炬计划和成果推广计划项目480项、科技型中小企业技术创新基金项目153项，开发出中高档数控机床、大型离心压缩机、全断面掘进机、超高压输变电设备、工业机器人、数字化医疗设备等一批具有"沈阳制造"特色的重大装备产品。"十一五"期间，沈阳先进装备制造业基地将依托国家重大工程，继续围绕数控机床、民用飞机、全断面掘进机、百万吨级大型乙烯成套设备、煤炭综掘综采成套设备、特高压交直流输变电设备、先进能源设备等实施一批重大专项。

二、研究方法

　　本书所涉及的政府干预和基地绩效数据大部分无法从公开的数据库获取，而且政府干预政策具有典型的不易度量性，因而本书采用问卷调查的方式收集数据。实证分析过程主要包括：指标体系设计、问卷设计与预试、问卷发放与回收、数据收集、数据分析、结果分析等几个阶段。本书主要采用主成分分析和回归分析等方法。所采用的软件为 SPSS17.0。

（一）问卷设计与数据收集

1. 问卷设计

进行问卷调查分析，所收集数据的可靠性和有效性很大程度上取决于问卷的设计，问卷的层次结构、问卷的设计、预测时的严谨程度等都将影响到问卷调查分析的结果①。

本书的调查问卷其层次结构主要包括以下两部分内容（详见附录）：第一部分是简要说明，即说明问卷调查的目的与意义。第二部分是主体部分，即所设问题及其选项。根据研究的目的，结合本书对政府干预理论的三个视角，本调查问卷共分为政府干预、产业基地绩效两大方面的内容。我们把政府干预具体分为软硬件环境打造、创新平台建设和创新扶持政策三个方面，共设置 16 个小问题；产业基地绩效具体分为产业基地经济绩效、技术创新绩效和内部创新网络绩效三个方面，也设置了 16 个小问题。其中，每个题项的测度变量均采用 3 个分数进行评估，从低级到高级或者从完全不符合到完全符合，最低程度赋值 1 分，中间程度赋值 3 分，最高程度赋值 5 分。

问卷的设计一般包括以下几个阶段：第一阶段是相关文献回顾；第二阶段是对企业进行经验调查和访谈；第三阶段是与相关专家学者进行讨论；第四阶段是对问卷进行预试和调整，并形成问卷的终稿。依据上述思路，本书的问卷设计过程主要包括以下四个阶段：

第一阶段：对国内外相关文献进行整理和分析，借鉴现有理论研究与实证研究中的相关变量，并根据自身研究需要，形成初步的问卷题项。本调查问卷的设计就是基于本书的分析框架，把政府干预的理论基础从产业基地内外部公共产品

---

① 马克·桑德斯，菲利普·刘易斯，阿德里安·桑希尔. 研究方法教程 ［M］. 杨晓燕主译. 北京：中国商务出版社，2004：279.

提供、技术创新失灵和内部创新网络组织三个方面进行论述。

第二阶段：与相关专家学者进行讨论，广泛征求建议和意见，对初步形成的问卷进行修改和加工。

第三阶段：确定调研企业名单，发放调研问卷，与企业相关负责部门的人员进行交流，对企业实际情况进行深入调查和了解，根据企业人员的意见对问卷进行进一步的修改和完善。

第四阶段：对调查问卷进行小范围预试，根据被调查者的问卷反馈情况，对问卷中设置的题项以及存在的问题进行调整，形成问卷的最终稿。

2. 数据收集

为了更好地深入分析铁西先进装备制造基地的实际创新现状及政府在产业基地发展中的作用和绩效，我们组织对产业基地内部企业进行实地调查，面向企业的领导层共发放调查问卷 30 份，回收有效问卷 27 份，均为有效问卷，调查问卷样本统计如表 9 - 2 所示。

表 9 - 2　调查样本基本情况

企业性质			销售收入规模		
类型	样本数（家）	比重（%）	规模	样本数（家）	比重（%）
国有企业	10	37.03	1 亿元以上	11	40.74
外资控股企业	2	7.41	5000 万~1 亿元	4	14.81
民营控股企业	15	55.56	1000 万~5000 万元	9	33.33
			1000 万元以内	3	11.11
总计	27	100	总计	27	100

（二）变量测度

本书的主要变量包括三类：被解释变量——产业基地绩效；解释变量——政府干预度；控制变量——企业规模、行业特征和企业性质。

1. 被解释变量

本书的被解释变量为基地绩效。前文已经指出，基地绩效主要通过创新绩效、经济绩效、网络绩效三个方面进行衡量。其中，创新绩效主要通过问卷中问题 17 ~ 23 进行测度；经济绩效主要通过问卷中问题 24 ~ 27 进行测度；网络绩效主要通过问卷中问题 28 ~ 32 衡量。

2. 解释变量

本书的解释变量为政府干预度。前文已经指出，政府对产业基地的干预度主要通过创新平台打造程度、软硬环境打造程度、技术创新干预程度三个方面进行衡量。其中，创新平台打造程度通过问卷中问题 1 ~ 7 测度；软硬环境打造程度通过问卷中问题 8 ~ 11 测度；技术创新干预程度由问卷中问题 12 ~ 16 测度。

3. 控制变量

控制变量是指对被解释变量具有显著影响，但又不在本书所关注范围内的变量。本书的控制变量为：企业规模、行业特征和企业性质。企业规模影响企业的创新行为、决策及资源配置，进而影响企业的绩效。行业特征是影响政府干预程度和基地绩效的又一重要属性。不同的企业性质会导致企业与外部组织进行资源共享的意愿与能力方面的差异，进而影响政府对基地绩效的干预程度。

三、数据分析

（一）变量的定义及测量题项

为了便于分析，本书首先对研究所涉及的变量和测量题项进行定义及分类，整理结果如表 9 - 3 所示。

表 9 - 3　模型中变量的定义及测量题项

变量类别	变量维度	变量符号	测量题项
政府干预度	创新平台打造	X11	问题 1
		X12	问题 2
		X13	问题 3
		X14	问题 4
		X15	问题 5

变量类别	变量维度	变量符号	测量题项
政府干预度	创新平台打造	X16	问题 6
		X17	问题 7
	软硬环境打造	X21	问题 8
		X22	问题 9
		X23	问题 10
		X24	问题 11
	技术创新干预	X31	问题 12
		X32	问题 13
		X33	问题 14
		X34	问题 15
		X35	问题 16
基地绩效	创新绩效	Y11	问题 17
		Y12	问题 18
		Y13	问题 19
		Y14	问题 20
		Y15	问题 21
		Y16	问题 22
		Y17	问题 23
	经济绩效	Y21	问题 24
		Y22	问题 25
		Y23	问题 26
		Y24	问题 27
	网络绩效	Y31	问题 28
		Y32	问题 29
		Y33	问题 30
		Y34	问题 31
		Y35	问题 32

（二）变量的描述性统计

变量数据的描述性统计结果如表 9 - 4 所示。

表9-4 变量的描述性统计结果

变量符号	样本数	均值	方差	峰度	偏度
X11	27	2.4074	1.5507	-1.0498	0.5878
X12	27	2.2593	1.8521	-1.3332	0.8445
X13	27	2.0370	1.6980	-0.5459	0.7596
X14	27	3.2963	1.0675	0.5869	0.1694
X15	27	2.1852	1.6879	-0.9204	0.9301
X16	27	2.3333	1.6641	-1.1556	0.7211
X17	27	2.3333	1.3587	-0.6500	0.5299
X21	27	4.4074	1.2172	2.9766	-0.9789
X22	27	2.9259	1.1743	0.2599	-0.0006
X23	27	3.9630	1.1596	-0.6040	-0.5624
X24	27	3.9630	1.1596	-0.6040	-0.5624
X31	27	3.2222	1.2810	-0.3656	-0.0937
X32	27	3.2222	1.3960	-0.8038	-0.1538
X33	27	3.5926	1.2172	-0.4777	-0.2326
X34	27	3.2963	1.2030	-0.0827	-0.0513
X35	27	4.3333	1.1094	1.3975	-0.8602
Y11	27	3.0741	1.4122	-0.8536	-0.0521
Y12	27	2.3333	1.7541	-1.3052	0.7388
Y13	27	2.2593	1.4830	-0.7391	0.7393
Y14	27	2.5556	1.8674	-1.7489	0.4801
Y15	27	2.3333	1.6641	-1.1556	0.7211
Y16	27	1.8889	1.5021	0.3578	0.9799
Y17	27	2.7037	1.8148	-1.7725	0.3115
Y21	27	2.3333	1.2403	-0.5408	0.3483
Y22	27	2.2593	1.6777	-1.0540	0.8234
Y23	27	3.8889	1.3960	-0.3500	-0.8868
Y24	27	2.9259	1.1743	0.2599	-0.0006
Y31	27	3.3704	1.2449	-0.3249	-0.1323
Y32	27	4.4815	6.2164	2.7875	0.8842
Y33	27	3.0000	1.4676	-1.0400	0.0000
Y34	27	2.8519	1.3503	-0.6280	0.0870
Y35	27	3.1481	1.3503	-0.6280	-0.0870

从表9-4可以看出，所有变量的峰度都在 -3.00 至 +3.00 的范围之内，偏度的绝对值均小于1.00，所以我们认为样本符合正态分布假设，可以进行下一步的分析。

（三）信度与效度检验

在对提出的假设进行检验之前，首先对变量数据的信度和效度进行检验。只有满足信度和效度要求的量表，才能进行后续分析。

1. 信度分析

信度（Reliability）即可靠性，它是指采用同样的方法对同一对象重复测量时所得结果的一致性程度。信度指标多以相关系数表示，大致可分为三类：稳定系数（跨时间的一致性）、等值系数（跨形式的一致性）和内在一致性系数（跨项目的一致性）。Cronbach's α 一致性系数是目前最常用的信度系数。

本书采用 Cronbach's α 系数对调查问卷量表的信度进行检验。如果测度变量的 Cronbach's α 系数大于0.7，总体相关系数（CITC）大于0.35，则说明统计数据具有较好的内部一致性。

从表9-5可以看出，创新平台打造和技术创新干预的 Cronbach's α 系数均大于0.7，其余虽然小于0.7，但仍大于0.65，而且整体 Cronbach's α 系数为0.596，说明问卷各维度的效度较好，具有较好的内部一致性。

表9-5 变量的信度分析

变量类别	变量维度	Cronbach's α 系数	整体系数
政府干预度	创新平台打造	0.814	0.596
	软硬环境打造	0.678	
	技术创新干预	0.733	
基地绩效	创新绩效	0.699	
	经济绩效	0.666	
	网络绩效	0.651	

2. 效度分析

效度（Validity）即有效性，它是指测量工具或手段能够准确测出所需测量的事物的程度。效度是指所测量到的结果反映所想要考察内容的程度，测量结果与要考察的内容越吻合，则效度越高；反之，则效度越低。效度分为三种类型：内容效度、准则效度和结构效度。

内容效度是指测验题目对有关内容或行为取样的适用性和代表性，即测量内容是否反映所要测量的特质。[1] 本书模型中各测量题项的提出，都是在分析国内外文献资料的基础上，结合调查企业的实际情况提出的，因此量表具有适宜的内容效度。

准则效度是指测量与外在准则之间关联的程度。本书中衡量大企业的很多变量是一些软指标，需要凭借答卷者自身认知水平进行判断，很难找到概念上完全重合的客观准则，因此需要验证衡量分数与准则之间的关系。准则效度需要通过实证分析进行检验。

结构效度是指测量结果体现出来的某种结构与测量变量之间的对应程度。结构效度分析常用的方法是因子分析。因子分析的主要功能是从量表全部测量题项中提取一些公因子，各公因子分别与某一群特定变量高度关联，这些公因子即代表了量表的基本结构。通过因子分析可以考察问卷是否能够测量出研究者设计问卷时假设的某种结构。如果因子分析提取得到的测量题项的公共因子与理论结构较为接近，说明测量题项具有构思效度。根据经验判定方法，当 KMO 值大于 0.7，各测量题项的载荷系数大于 0.5 时，可以通过因子分析将同一变量的测量题项合并为一个因子进行后续分析。本书逐一地对政府干预度和基地绩效各变量进行因子分析。

（1）政府干预度的效度分析

本书首先利用 SPSS17.0 对政府干预度的各测量题项进行探索性因子分析。因子分析要求原有各个变量之间有较强的相关性，这样才能将众多变量综合出具有共同特性的少数公共因子。SPSS 提供了 KMO（Kaiser – Meyer – Olkin）和 Bartlett's 球形检验两种方法验证是否适合进行因子分析。KMO 值介于 0 至 1 之间，KMO 值越大说明变量之间的相关性越强，越适合进行因子分析。当 KMO 值小于 0.6 时，数据不适合进行因子分析；当 KMO 值在 0.6 至 0.7 之间时，数据勉强可

---

① 吴明隆. SPSS 统计应用实务［M］. 北京：科学出版社，2003：63.

以进行因子分析；当 KMO 值大于 0.7 时，数据适合进行因子分析。[①] Bartlett's 球形检验的显著性概率值越接近 0 时越适合因子分析，一般来说显著性概率值小于 0.05 时可以进行因子分析。

政府干预度各测量题项的 KMO 和 Bartlett's 球形检验结果如表 9-6 所示。

表 9-6　KMO 和 Bartlett's 球形检验结果

KMO（Kaiser-Meyer-Olkin）检验		0.704
Bartlett's 球形检验	394.630	262.748
	136	21
	0.000	0.000

由表 9-6 可以看出，KMO 检验值为 0.704，表示可以进行因子分析。同时，Bartlett's 球形检验的卡方（χ^2）统计值其显著性概率值为 0.000 小于 0.05，也说明适合进行因子分析。

因子分析的总方差分解如表 9-7 所示。

表 9-7　总方差分解

因子编号	初始数据相关系数矩阵			旋转后的相关系数矩阵		
	特征值	占总方差的百分率（%）	占总方差的累积百分率（%）	特征值	占总方差的百分率（%）	占总方差的累积百分率（%）
1	8.239	48.467	48.467	4.595	27.028	27.028
2	2.269	13.346	61.813	3.515	20.676	47.704
3	1.387	8.158	69.971	2.576	15.156	62.860
4	1.334	7.846	77.817	2.091	12.300	75.160
5	1.138	6.693	84.510	1.590	9.351	84.510
6	0.806	4.744	89.254			
7	0.412	2.426	91.680			
8	0.298	1.754	93.434			

---

① 吴明隆. SPSS 统计应用实务 [M]. 北京：科学出版社，2003：67.

续表

因子编号	初始数据相关系数矩阵			旋转后的相关系数矩阵		
	特征值	占总方差的百分率（%）	占总方差的累积百分率（%）	特征值	占总方差的百分率（%）	占总方差的累积百分率（%）
9	0.265	1.560	94.995			
10	0.228	1.339	96.334			
11	0.216	1.269	97.603			
12	0.132	0.777	98.380			
13	9.141E−02	0.538	98.917			
14	7.088E−02	0.417	99.334			
15	5.821E−02	0.342	99.677			
16	3.811E−02	0.224	99.901			
17	1.685E−02	9.909E−02	100.000			

从表9-7可以看出，有5个因子被提取出来。旋转以后5个因子占总体方差的比例分别为27.028%、20.676%、15.156%、12.300%和9.351%，5个因子共解释了原有变量84.510%的信息。

旋转后的因子载荷矩阵如表9-8所示。

表9-8　开放度测量题项的因子载荷

变量	题项	因子1	因子2	因子3	因子4	因子5
创新平台打造	问题1	0.310	0.820	4.654E−02	0.325	−0.113
	问题2	0.210	0.291	9.433E−02	0.834	0.111
	问题3	0.497	0.547	0.356	0.459	0.120
	问题4	0.101	6.167E−03	6.637E−02	0.948	6.098E−02
	问题5	0.357	0.494	0.359	0.568	0.117
	问题6	0.486	0.390	0.175	0.627	0.277
	问题7	0.178	−6.738E−02	0.689	0.504	−0.255
软硬环境打造	问题8	−0.105	−5.733E−02	0.886	−0.101	−4.939E−02
	问题9	0.297	8.544E−02	0.723	0.240	3.358E−02
	问题10	0.353	0.830	−2.947E−02	−0.202	0.172
	问题11	−6.494E−03	0.880	−6.192E−02	7.386E−02	3.110E−02

续表

变量	题项	因子 1	因子 2	因子 3	因子 4	因子 5
技术创新干预	问题 12	0.920	9.080E - 02	0.128	2.593E - 02	4.410E - 02
	问题 13	0.880	0.163	4.515E - 02	0.117	3.473E - 03
	问题 14	0.603	0.449	0.169	- 1.669E - 02	0.529
	问题 15	- 7.513E - 03	- 2.695E - 03	- 0.150	0.121	0.938
	问题 16	- 0.526	- 0.284	- 0.394	- 0.292	0.663

从表 9-8 可以看出,创新平台打造的 7 个题项在因子 4 上有较大载荷值,因子载荷系数均大于 0.5(最大值为 0.948,最小值为 0.504),因此可以将这些题项归为一组,称为创新平台打造因子。软硬环境打造在因子 2 和因子 3 上有较大载荷值,因子 2 主要集中在软环境打造方面,载荷系数均大于 0.5(最大值为 0.886,最小值为 0.723),因此可以将这些题项归为一组,称为软环境打造因子。因子 3 主要集中在硬环境打造方面,载荷系数均大于 0.5(最大值为 0.880,最小值为 0.830),因此将其称为硬环境打造因子。技术创新干预在因子 1 和因子 5 上有较大载荷值,因子 1 主要集中在政策干预方面,因子载荷系数均大于 0.5(最大值为 0.920,最小值为 0.603),因此可以将这些题项归为一组,称为技术创新政策干预因子。因子 5 主要集中在非政策干预方面,因子载荷系数均大于 0.5(最大值为 0.938,最小值为 0.663),因此可以将这些题项归为一组,称为技术创新非政策干预因子。

(2)基地绩效的效度分析

基地绩效各测量题项的 KMO 和 Bartlett's 球形检验结果如表 9-9 所示。

表 9-9　KMO 和 Bartlett's 球形检验结果

KMO(Kaiser - Meyer - Olkin)检验		0.603	
Bartlett's 球形检验	354.497		455.744
	120		28
	0.000		0.000

由表 9-9 可以看出,KMO 检验值为 0.603,表示可以进行因子分析。同时,Bartlett's 球形检验的卡方(χ^2)统计值其显著性概率值为 0.000 小于 0.05,也

说明适合进行因子分析。

因子分析的总方差分解如表9-10所示。

表9-10　总方差分解

因子编号	初始数据相关系数矩阵			旋转后的相关系数矩阵		
	特征值	占总方差的百分率（%）	占总方差的累积百分率（%）	特征值	占总方差的百分率（%）	占总方差的累积百分率（%）
1	7.614	47.585	47.585	3.986	24.912	24.912
2	1.818	11.362	58.947	3.891	24.316	49.229
3	1.571	9.819	68.766	2.765	17.282	66.511
4	1.230	7.690	76.456	1.591	9.945	76.456
5	0.847	5.297	81.752			
6	0.735	4.594	86.347			
7	0.718	4.487	90.834			
8	0.424	2.650	93.483			
9	0.327	2.044	95.528			
10	0.217	1.358	96.886			
11	0.163	1.021	97.907			
12	0.134	0.839	98.746			
13	0.103	0.646	99.392			
14	$5.333E-02$	0.333	99.725			
15	$3.129E-02$	0.196	99.921			
16	$1.267E-02$	$7.920E-02$	100.000			

从表9-10可以看出，有4个因子被提取出来。旋转以后4个因子占总体方差的比例分别为24.912%、24.316%、17.282%和9.945%，4个因子共解释了原有变量76.456%的信息。

旋转后的因子载荷矩阵如表9-11所示。

表 9 - 11　网络协同性测量题项的因子载荷

变量	题项	因子 1	因子 2	因子 3	因子 4
创新绩效	问题 17	0.306	0.838	4.343E - 02	9.914E - 02
	问题 18	0.622	0.554	0.299	0.271
	问题 19	0.335	0.740	0.221	- 6.282E - 02
	问题 20	0.108	0.744	0.202	0.445
	问题 21	0.912	0.286	5.094E - 02	- 2.306E - 02
	问题 22	0.546	6.551E - 02	0.674	- 0.304
	问题 23	0.896	0.173	7.749E - 02	- 0.194
经济绩效	问题 24	7.356E - 02	0.314	0.630	- 0.296
	问题 25	0.655	0.306	0.530	0.252
	问题 26	8.707E - 02	0.407	0.704	0.242
	问题 27	0.292	0.447	0.506	- 0.291
创新网络	问题 28	0.376	0.273	1.043E - 02	0.649
	问题 29	4.169E - 02	- 9.108E - 02	8.654E - 02	0.879
	问题 30	0.184	0.229	0.304	0.773
	问题 31	0.135	- 0.188	0.114	0.796
	问题 32	4.522E - 02	0.193	0.139	0.850

从表 9 - 11 可以看出，创新绩效的 7 个题项在因子 1 和因子 2 上有较大载荷值，因子 1 主要集中在创新产出方面，因子载荷系数均大于 0.5（最大值为 0.912，最小值为 0.546），因此可以将这些题项归为一组，称为创新产出绩效因子。因子 2 主要集中在创新建设方面，因子载荷系数均大于 0.5（最大值为 0.838，最小值为 0.554），因此可以将这些题项归为一组，称为创新建设绩效因子。经济绩效在因子 3 上有较大载荷值，因子载荷系数均大于 0.5（最大值为 0.704，最小值为 0.506），因此可以将这些题项归为一组，称为经济绩效因子。创新网络在因子 4 上有较大载荷值，因子载荷系数均大于 0.5（最大值为 0.879，最小值为 0.649），因此可以将这些题项归为一组，称为网络绩效因子。

由上述分析得出，创新软硬环境从软环境和硬环境两个方面衡量；技术创新干预从技术创新政策干预和技术创新非政策干预两个方面衡量；创新绩效从创新产出绩效和创新建设绩效两个方面衡量。因此，变量重新整理如表 9 - 12 所示。

表 9 – 12 调整后的变量

变量类别	原变量维度	新变量维度
政府干预度	创新平台打造	创新平台打造
	软硬环境打造	软环境打造
		硬环境打造
	技术创新干预	技术创新政策干预
		技术创新非政策干预
基地绩效	创新绩效	创新产出绩效
		创新建设绩效
	经济绩效	经济绩效
	创新网络	网络绩效

（四）政府干预度与基地绩效水平分析

1. 政府干预度及各维度水平分析

从表 9 – 7 中提取了 5 个因子，由表 9 – 8 中 5 个因子分别命名为：创新平台打造因子（因子 4）、软环境打造因子（因子 2）、硬环境打造因子（因子 3）、技术创新政策干预因子（因子 1），技术创新非政策干预因子（因子 5），以 5 个因子占总方差的贡献率为权重系数，得到政策干预度综合变量为：

$$政府干预度 = (0.12300 \times 创新平台打造因子 + 0.20676 \times 软环境打造因子 +$$
$$0.15156 \times 硬环境打造因子 + 0.27028 \times 技术创新政策干预因子 +$$
$$0.09351 \times 技术创新非政策干预因子)/0.84510$$

政府干预度各因子及政策干预度综合水平如表 9 – 13 所示。

表 9 – 13 政府干预度各因子及政策干预度综合水平

创新平台打造度	软环境打造度	硬环境打造度	技术创新政策干预度	技术创新非政策干预度	政府干预度
– 0.4273	1.0694	– 0.4994	– 1.9534	– 0.4116	– 0.5604
– 1.5834	– 0.8338	– 0.7965	2.6773	– 0.7415	0.1969
1.4072	– 0.0480	– 2.1538	– 0.0604	0.0442	– 0.2076
– 0.1657	– 0.9969	0.4066	– 0.3979	– 0.2258	– 0.3473

续表

创新平台 打造度	软环境 打造度	硬环境 打造度	技术创新 政策干预度	技术创新非 政策干预度	政府干预度
− 0. 1657	− 0. 9969	0. 4066	− 0. 3979	− 0. 2258	− 0. 3473
− 0. 1657	− 0. 9969	0. 4066	− 0. 3979	− 0. 2258	− 0. 3473
− 1. 3394	− 0. 4320	0. 7294	0. 1853	− 1. 7238	− 0. 3013
− 0. 4813	− 0. 2907	0. 3512	− 0. 4160	− 0. 3978	− 0. 2553
− 0. 8028	− 0. 6767	0. 2546	− 0. 2978	0. 1222	− 0. 3185
0. 0416	− 1. 0055	0. 5225	− 0. 3101	− 0. 4145	− 0. 2913
0. 1500	− 1. 7030	0. 4619	− 0. 3797	− 0. 0538	− 0. 4394
− 0. 1256	− 0. 9024	0. 4812	− 0. 3080	− 0. 2356	− 0. 2774
− 0. 1657	− 0. 9969	0. 4066	− 0. 3979	− 0. 2258	− 0. 3473
− 0. 3711	0. 8943	− 0. 9778	− 0. 0004	− 0. 4141	− 0. 0565
− 0. 0832	0. 7092	− 2. 3332	− 0. 0773	0. 4372	− 0. 2334
− 1. 9361	1. 3460	0. 3996	1. 6353	1. 7558	0. 8365
− 0. 3357	0. 8570	− 1. 5324	− 0. 4836	− 0. 5740	− 0. 3322
− 0. 2477	− 0. 5076	− 0. 6474	1. 1344	0. 9552	0. 1921
− 1. 6561	1. 4736	0. 9446	− 1. 9530	2. 0374	− 0. 1103
1. 3058	− 1. 3329	− 1. 7426	− 0. 3185	1. 5484	− 0. 3791
− 0. 3468	0. 9717	− 0. 2405	− 0. 7776	− 1. 5444	− 0. 2754
1. 5571	− 0. 6435	1. 0883	− 0. 3301	1. 9426	0. 3737
1. 1099	1. 2146	1. 0031	− 0. 2787	− 0. 0602	0. 5428
1. 7467	1. 2037	0. 6502	0. 0979	− 1. 8712	0. 4896
1. 0033	0. 6564	1. 0790	1. 3058	0. 8503	1. 0118
1. 0771	0. 8719	1. 1130	1. 2613	− 0. 2650	0. 9438
1. 0004	1. 0957	0. 2186	1. 2389	− 0. 0827	0. 8399

2. 产业基地绩效及各维度水平分析

从表9-10中提取了4个因子,由表9-11中4个因子分别命名为:创新产出绩效因子(因子1)、创新建设绩效因子(因子2)、经济绩效因子(因子3)、网络绩效因子(因子4),以这4个因子占总方差的贡献率为权重系数,得到基地绩效综合变量为:

基地绩效水平＝（0.24912×创新产出绩效因子＋0.24316×创新建设绩效

因子＋0.17282×经济绩效因子＋0.09945×

网络绩效因子）/0.76456

基地绩效各因子及基地绩效综合水平如表9－14所示。

表9－14　基地绩效各因子及基地绩效综合水平

创新产出绩效水平	创新建设绩效水平	经济绩效水平	创新网络水平	基地绩效水平
− 0.3518	− 1.2054	− 1.4505	− 0.2730	− 0.8614
0.6678	0.8295	− 2.2454	− 0.3742	− 0.0748
0.2627	0.6045	1.3541	− 0.8765	0.4699
− 1.0279	0.2904	0.0307	0.0688	− 0.2267
− 1.1400	0.3504	0.6377	− 0.5761	− 0.1908
− 0.7339	0.4354	− 0.3373	− 0.1370	− 0.1947
0.3144	− 0.6522	− 1.0110	− 0.7475	− 0.4307
− 0.8092	0.1667	0.1175	− 0.1891	− 0.2087
− 0.0556	− 0.5356	− 0.9679	− 0.1749	− 0.4300
− 1.1137	0.0392	0.7193	− 0.5404	− 0.2581
− 0.6924	0.1678	0.2888	− 1.3699	− 0.2851
− 1.2083	0.6005	0.1511	− 0.2219	− 0.1974
− 0.9938	0.5362	− 0.2893	− 0.3986	− 0.2705
− 0.5507	− 1.0505	− 0.5250	− 0.2639	− 0.6665
2.0467	− 1.8634	− 1.6927	− 0.4910	− 0.3723
1.2582	− 2.6576	2.1861	− 0.4687	− 0.0021
− 0.8673	− 0.0751	− 0.8365	0.6363	− 0.4128
− 0.3446	− 0.7204	0.1073	4.3038	0.2427
− 0.4076	− 1.4295	1.3704	0.3670	− 0.2299
− 0.7724	0.6899	0.0072	0.6191	0.0499
− 0.7352	− 0.5462	− 0.0485	− 0.3955	− 0.4757
0.5994	0.9525	0.6712	0.6755	0.7378
1.4179	1.6631	− 0.5286	0.4083	0.9246
1.2517	0.5818	− 0.3778	0.8228	0.6145
1.3158	0.8278	0.9054	− 0.0425	0.8911
1.5105	1.0209	0.7083	− 0.4640	0.9166
1.1592	0.9792	1.0554	0.1031	0.9411

（五）政府干预度对基地绩效的影响分析

1. 政府干预度各维度对基地绩效的影响分析

以政府干预度各维度得分为解释变量、基地绩效得分为因变量进行回归分析，回归分析结果如表9-15、表9-16和表9-17所示。

表9-15　政府干预度与基地绩效回归模型总表

模型编号	R 值	拟合优度	调整后的拟合优度	标准估计误差	D-W 值
1	0.951	0.904	0.882	0.181	1.644

表9-16　政府干预度与基地绩效方差分析

模型编号		平方和	自由度	均方	统计量	显著性
	回归	3.349	1	3.349	21.972	0.000
1	残差	3.810	25	0.152		
	加总	7.159	26			
	回归	4.992	2	2.496	27.655	0.000
2	残差	2.166	24	.090		
	加总	7.159	26			
	回归	5.731	3	1.910	30.783	0.000
3	残差	1.427	23	0.062		
	加总	7.159	26			
	回归	6.115	4	1.529	32.223	0.000
4	残差	1.044	22	0.047		
	加总	7.159	26			
	回归	6.474	5	1.295	39.714	0.000
5	残差	.685	21	0.033		
	加总	7.159	26			

表 9 – 17　政府干预度对基地绩效回归系数

模型编号		非标准化系数		标准化系数	t 值	显著性	共线性统计	
		回归系数	标准误差	回归系数			容忍度	膨胀因子
1	常数项	– 3.605E – 17	0.075		0.000	1.000		
	创新平台打造度	0.359	0.077	0.684	4.687	0.000	1.000	1.000
2	常数项	– 3.605E – 17	0.058		0.000	1.000		
	创新平台打造度	0.359	0.059	0.684	6.091	0.000	1.000	1.000
	技术创新政策干预度	0.251	0.059	0.479	4.268	0.000	1.000	1.000
3	常数项	– 5.390E – 17	0.048		0.000	1.000		
	创新平台打造度	0.359	0.049	0.684	7.346	0.000	1.000	1.000
	技术创新政策干预度	0.251	0.049	0.479	5.147	0.000	1.000	1.000
	硬环境打造度	0.169	0.049	0.321	3.450	0.002	1.000	1.000
4	常数项	– 5.902E – 17	0.042		0.000	1.000		
	创新平台打造度	0.359	0.043	0.684	8.401	0.000	1.000	1.000
	技术创新政策干预度	0.251	0.043	0.479	5.886	0.000	1.000	1.000
	硬环境打造度	0.169	0.043	0.321	3.946	0.001	1.000	1.000
	技术创新非政策干预度	0.121	0.043	0.232	2.844	0.009	1.000	1.000
5	常数项	– 5.998E – 17	0.035		0.000	1.000		
	创新平台打造度	0.359	0.035	0.684	10.135	0.000	1.000	1.000
	技术创新政策干预度	0.251	0.035	0.479	7.101	0.000	1.000	1.000
	硬环境打造度	0.169	0.035	0.321	4.760	0.000	1.000	1.000
	技术创新非政策干预度	0.121	0.035	0.232	3.431	0.003	1.000	1.000
	软环境打造度	0.118	0.035	0.224	3.319	0.003	1.000	1.000

从表 9 – 15 可以看出，回归模型校正后的确定系数 $R^2 = 0.904$，即模型能解释因变量的比例为 90.4%。回归模型中 D – W 值为 1.644，接近 2，所以不存在严重的一阶序列相关问题，符合线性回归分析的前提假设。从表 9 – 16 可以看出，回归模型的 F 统计量为 39.714，Sig. 值为 0.000，回归模型有统计学意义。同时各变量的 VIF 值均为 1.000，远远小于 10 的水平，说明不存在序列自相关。从表 9 – 17 可以看出，在回归模型中，自变量的标准化回归系数其 t 检验值的显著性水平 Sig. 值均小于 0.05，说明回归系数显著。从表 9 – 16 可以得到政府干

预度各维度对基地绩效的回归模型如下：

基地绩效水平 = 0.684 × 创新平台打造度 + 0.479 × 技术创新政策干预度 +

0.321 × 硬环境打造度 +

0.232 × 技术创新非政策干预度 + 0.224 × 软环境打造度

从回归模型中可以看出，政府干预的各维度回归系数均为正，说明政府干预各维度对产业基地的发展具有积极的影响。其中创新平台打造度回归系数最大为0.684，说明政府创新平台的打造为产业基地的发展提供了良好的发展平台，软环境打造度的回归系数相对较小，说明目前铁西装备制造产业基地软环境建设相对迟缓。

2. 政府干预度对基地绩效的影响分析

以政府干预度得分为解释变量、基地绩效得分为因变量进行回归分析，回归分析结果如表 9 – 18、表 9 – 19 和表 9 – 20 所示。

表 9 – 18　政府干预度与基地绩效回归模型总表

模型编号	R 值	拟合优度	调整后的拟合优度	标准估计误差	D – W 值
1	0.819	0.671	0.658	0.3070634	1.694

表 9 – 19　政府干预度与基地绩效方差分析

模型偏号		平方和	自由度	均方	F 统计量	显著性
1	Regression	4.801	1	4.801	50.922	0.000
	Residual	2.357	25	0.094		
	Total	7.159	26			

表 9 – 20　政府干预度对基地绩效回归系数

模型编号		非标准化同性		标准化同性	t 值	显著性	共线性统计	
		回归系数	标准误差	回归系数			容忍度	膨胀因子
1	(Constant)	2.304E – 17	0.059		0.000	1.000		
	政府干预度	0.901	0.126	0.819	7.136	0.000	1.000	1.000

从表 9 - 18 可以看出，回归模型校正后的确定系数 $R^2 = 0.671$，即模型能解释因变量的比例为 67.1%。回归模型中 D - W 值为 1.694，比较接近 2，所以不存在严重的一阶序列相关问题，符合线性回归分析的前提假设。从表 9 - 19 可以看出，回归模型的 F 统计量为 50.922，Sig. 值为 0.000，回归模型有统计学意义。从表 9 - 19 可以看出，在回归模型中，自变量的标准化回归系数其 t 检验值的显著性水平 Sig. 值为 0.000，小于 0.05，说明回归系数显著。同时各变量的 VIF 值均为 1.000，远远小于 10 的水平，说明不存在序列自相关。

从表 9 - 20 中可以看出，政府干预度对基地绩效的回归系数为正数 0.819，说明政府干预度每提高 1 个单位，基地绩效就提高 0.819 个单位，这说明在铁西装备制造产业基地，政府干预效率较高。通过对铁西先进装备制造业产业基地的实证分析，可以看到政府在产业基地建设发展中，通过财政资金投入、外部软硬件环境的建设、创新平台建设的扶持，对产业基地内部企业创新绩效、整体经济绩效的提升具有正面的效应。

四、本章小结

本章以辽宁铁西先进装备制造业产业基地为对象，采用调查问卷和统计分析的方法，通过回归分析，构建政府干预与产业基地创新绩效、创新网络构建、产业基地经济绩效等之间的关系，并通过实证的方法验证了政府干预对产业基地成长、演化起到的正相关的效应。从沈阳市铁西区的个案分析中，政府对于高技术产业基地硬件方面的投入对创新绩效影响最为显著，表明在初创期，政府在硬件设施建设方面的投资具有较强的引致效果。从整体绩效影响看，政府干预效果比较明显。一个样本虽然不足以说明问题，但见微知著，也可在一定程度上验证在高技术产业基地发展中政府干预是具有正面效果的。但因为数据、方法的限制，实证分析没有对政府干预的阶段性、不同绩效方面的单项影响等做进一步分析，这也将是未来要继续深入研究的方向。

第十章　辽宁高新技术产业基地发展中的政府干预的政策选择

一、加大公共产品和服务的供给力度

从辽宁高技术产业基地建设的现状看，各产业基地发展中都获得了来自科技部、辽宁省政府、辽宁省科技厅等政府部门的科技专项资金支持。同时，各城市基本上举全市之力打造高技术产业基地，前期投入资金带来了良好的吸引投资、集聚科技资源的效果。但辽宁高技术产业基地多处于起步、发展期，主导产业以战略新兴产业为主，部分城市当地原有产业基础相对薄弱。虽然前期政府在基础设施建设、三通一平、外部环境美化等方面投入巨大，但与成熟的产业基地配套的环境相比，尚有差距，要将辽宁省高技术产业基地打造成为创新资源吸引力强、创新绩效良好的城市创新源还需时日。

首先，辽宁部分高技术产业基地的基础设施建设面临大量资金缺口。各个基地的总体规划面积都比较大，发展产业基础、配套基础相对薄弱，需要大量前期资金投入。例如，本溪生物医药科技产业基地的规划经过几次调整，已经从最初的 20 平方公里扩大到 205 平方公里，按照目前本溪市政府的财政能力，若要完成整个基地的基础设施建设还存在大量资金缺口，仅依靠地方政府的投入，财政资金压力过大，要拓宽高技术产业基地投融资渠道。另外，本溪市城市发展投资公司的银行贷款的偿还问题应该得到重视，按照入驻企业和本溪市政府的协议，在 5 年之内基本不会对地方的财政收入有直接贡献，同时中国银监会和国家开发银行等相关机构基于风险控制，也开始逐渐收紧对城投公司的贷款，这都给园区建设带来了巨大的资金压力。万家数字技术产业基地目前筹集到 7.5 亿元园区建设资金，但相对于 15 平方公里的首期开发建设面积依然面临严重的资金瓶颈。特别是近三年辽宁省经济整体状况低迷，特别是 2016 年成为我国唯一经济出现负增长的省份，经济低迷造成各级政府财政收支的能力受限，进一步加剧了财政扶持力度不足。

其次，企业融资渠道和机制尚未健全。目前各基地入驻的以中小企业或创业型企业为主，企业经营效益普遍存在一定的风险，自身资本实力有限。企业发展过程中需要大量资本，由于基地开发建设时间较短，融资渠道和投资环境尚未健全，企业借贷比较困难，企业贷款成本较高。由于目前辽宁各产业基地的主导产业尚处于国内的起步期，引进的企业以民营企业为主体，企业处于研发投入期，回收资金需要一定周期，研发与产业化所需投入不是民营企业自身所能承受的，迫切需要科技专项扶持保持连续性，以支持中小企业尽快度过初创期。尽管近年来各级政府投入加大，特别是省科技厅向产业基地连续性投入了大量科技创新扶持资金。但是，与数量众多的企业相比，包含科技资金在内的各方面资金投入仍无法满足产业基地以及众多基地企业的持续增量需求，更无法形成集中优势；加之管理约束条件多，效果尚不明显。政府科技资金支持只是企业创新投入的"引擎"，最终的科技资金解决需要通过市场融资渠道解决，包括各类融资平台、风险投资、金融机构及担保机构等途径完成，而市场规范运作的融资渠道是辽宁高技术产业发展的外部环境软肋。在促进高技术产业基地发展中，要充分发挥国家高新区已经形成的综合优势，吸引并引导包括商业银行、创投机构、担保机构、保险机构、保荐机构、信托机构等金融服务机构服务于高新区，使国家高新区成为区域性的金融机构聚集区和金融创新的试验区；通过创新财政资金的支持方式，大力发展包括天使投资、创业风险投资、产业并购基金、银行信贷、信用担保、科技保险、小额贷款、企业上市、信托发行、债券发行、融资融券、融资租赁等金融产品。

省级政府部门及金融部门，应制定向辽宁 8 大高技术产业基地倾斜的金融、融资政策。通过"政府引导、市场运作"，大力推进科技和金融结合，积极探索科技资源与金融资源有机结合的新机制、新模式；不断优化投融资结构，不断丰富投融资方式，不断增大投融资强度，积极搭建科技金融综合服务平台，通过多种金融工具和金融手段的组合运用，集成科技金融资源为科技型中小企业发展和高新技术产业化融资提供综合服务；营造良好的投融资环境，促进技术创新、科技成果转移转化和产业化。大力扶持以金融机构、民营风险投资机构为主体的高技术企业融资体系。完善以企业为主体的投融资体系、担保体系和信用体系，借鉴国内外产业集群投融资体系经验，形成包括政府专项科技资金、创业风险基金、风险投资天使基金等多层次的投资体系。鼓励有条件的企业利用主板市场、创业板市场、海外风投资金等多种形式进行投资。

二、营造有利于高新技术产业基地发展的外部环境

（一）营造良好的竞争环境

本书内容围绕着"政府干预"具有效率的角度开展论述，但我们并非认为在经济常态下政府干预比市场机制更具有效率，我们坚持市场机制是推动高技术产业基地发展的最终驱动力。辽宁省作为计划经济最彻底的老工业基地，政府干预甚至主导具有特定的历史背景，是在市场体系不完善、市场机制发挥受限下的功能替代。政府"市场替代"是力求通过完善秩序效率创造经济效率，而完善的市场效率建立后，公平、自由、充满活力的市场机制将成为最核心的推动力。在高技术产业基地内部，企业生产产品类似，企业间的模仿学习容易形成市场的恶性竞争，造成市场竞争过度。如果缺乏有效的环境规范和引导，容易产生伪劣产品驱逐质优产品的"柠檬市场"现象，政府在规范市场、引导有序竞争方面应该发挥重要作用。严厉打击企业的不正当竞争行为、制假贩假行为，树立和宣传合法经营、以质量取胜的经营理念，保护高质量产品的市场利益。同时，政府也针对一些具有一定影响力、高质量产品的生产企业进行适当扶持，使一大批合法经营、质量合格的生产企业迅速成长起来，宣传引导企业树立专利保护和品牌意识，规范了市场竞争秩序，为当地经济持续、高质量的发展奠定好的基础。政府在规范市场竞争的同时，也要注意另一种不良倾向，即把扶持政策、资源过度集中于产业基地内部的龙头企业。因龙头企业拥有更多的政府资源、政府出于政

绩的考虑等原因，可能导致资源、扶持政策对大型龙头企业更有利而忽略中小民营企业。这种扶持政策取向可能导致平等市场机制的破坏，如对于竞争强者的扶持减小了原本竞争力薄弱的中小企业的扶持力度，造成市场竞争能力差异过大，扭曲竞争。中小民营企业发展不足造成产业基地内部生产分工体系和创新网络割裂，不利于整体网络的竞争力优势提高。

　　产业基地最终的发展要依赖市场机制不断完善，市场为主、政府干预为辅的方式。当前各级政府管理部门在坚持精简高效和服务型政府的管理理念，优化"小机构、大服务"、"小政府、大社会"的管理和服务体系；从管理体制和制度安排方面，赋予高技术产业基地管委会必要的经济、社会、行政等管理权限和职能，简化行政管理程序，强化管委会的综合服务功能和科技创新促进功能，提高管理服务效率。政府要摆正在产业基地发展中的功能定位，政策重点要从财政、优惠政策等直接手段转向规范市场环境、完善市场制度建设上。打破各种形式的市场垄断，降低市场进入障碍，为外地企业、民营企业创造平等的竞争环境。大力推进产业基地内企业的根植性培育，努力避免优惠政策恶性竞争带来的负效应，要打造综合发展软环境，立足于服务招商、环境招商，根据产业基地发展的要求及时更新现有政策体系，注重培养集群的根植力，增强引入企业的根植性，使之形成一种留住和吸引更多企业的"黏性"，以此增强基地内非经济吸引力，吸引和留住更多企业在本地扎根成长，成为本土化内生型企业，并培育企业的根植性。这种根植性一旦形成就成为了其他区域集群无法直接复制的竞争力。

（二）优化创新服务体系和创新平台建设

　　辽宁高技术产业基地构建初步形成后，要围绕产业基地主导产业前沿技术创新需求，针对产业基地内部创新体系存在的问题，逐步建立健全内部创新网络和创新服务体系。通过政府投资或政府引导等多种形式，逐步建立产业基地内部公共技术服务平台、创新信息共享服务平台、公共检测平台等为企业提供优良的技术创新的公共条件。加强技术创新体系中薄弱组织的引入、建设，通过政府指导采取市场化运作模式。把内部创新实现看成是多组织参与的体系，加强企业创新融资、风险投资等多元的投资渠道，为企业创新投入提供资金上的保障。通过政府引导、企业为核心，促进企业与内外部高校、研究机构之间实质性的官产学研的合作，通过制度设计、专项资金投入，提高合作多方组织的积极性、稳定性和长期性。从辽宁省高技术产业基地现状看，有些产业基地内部企业以中低端生产制造环节为主，面临多重竞争压力，核心技术、关键技术必然是未来提升产业基地整体竞争力的必然途径。在发展初期，仍然要发挥政府的投入和引导作用，提高企业创新投入的积极性，引导建立"通力合作、收益共享、风险分担"的合作创新机制，并将合作机制长效化。以核心、关键技术为突破口，整合全国甚至全球技术力量合作攻关。通过示范性项目的带动，增强企业投入的信心和积极性。支持创新实现的中间环节，支持中试基地建设，对具有发展潜力、较为成熟的技术进行中试试验。对具有发展潜力的企业进行重点扶持，组织各类企业、科研院所等共同研发、资源互补，缩短研发周期的同时又可促进技术的扩散。结合省政府、教育厅推动"省级协同创新中心"的契机，结合产业基地内高技术产业、企业的需求，积极推动有条件的企业与高校实现协同创新对接，借助高校科技资源实现创新绩效的提升。

有学者将政府在经济发展中的作用比喻为"蓄水养鱼"，结合辽宁近10家国家级高技术产业基地的发展现状来看，产业基地硬件设施都已完成，产业基地初具规模且吸引了相当的国内外相关企业投资。如果我们将产业基地的园区建设看成"筑池"，招商引资则是到处"抓鱼"，而"鱼"能否在基地生存和繁衍，关键是看"池"中的"水和养料"是否充足。通过前期努力，辽宁省各级政府已经完成"筑池引鱼"，下一步的目标就是进一步"蓄水"和提供"养料"，即在培育企业的根植性上下功夫。完善高技术产业基地园区内的配套、便捷、人性化的服务体系，建设生态宜居的生活环境，为产业基地提供完善的服务功能。

（三）健全中介服务体系

健全的中介服务体系是产业基地内部企业实现创新合作、创新成果转让等效应的必要条件。政府应该依赖高技术产业基地的核心技术，重点扶持一批专业性的生产力促进中心，技术产权交易市场、科技孵化器、风险投资及融资平台等中介机构。同时，努力提高中介机构在品牌策划、工业设计、税务代理、资产评估、项目评估、信用评估、包装上市、法律咨询、财务代理、员工培训、广告策划、商检、会展等方面的服务水平。健全行业协会，规范其行为，完善其功能，使其真正成为政府的帮手、企业的依靠，发挥其在解决产业集群成长中所产业的问题的独特作用。转变产业基地内部服务体系和平台单一政府投资的投入模式，将政府投入与社会支持、企业投入相结合，形成"政府投入引导"、"社会机构参与"和"各类企业投入"相结合的全面发展局面，产生政策的级数效应。建议对于产业基地内部创新服务平台等服务业机构，尽快推动其从园区所有、作为生产型企业附属型定位转向独立的企业法人运作。建议国家层面对产业基地内部生产服务企业实行明确的税费优惠及适度的财政资金补贴政策，给予营业税、所得税减免优惠，或比照高新技术企业、小型微利企业征收企业所得税。

（四）营造良好的创新创业文化氛围

辽宁省创新创业文化不足，守旧、规避风险等文化影响深远，创新文化不足制约高技术产业基地内企业创新意识、行为和绩效。很多企业创新的意识不强，没有真正从企业发展战略高度去认识企业创新问题。企业创新价值观、创新文化建设不完善，没有形成科技资源与区域经济、生态系统的正能量的交换。针对此种情况，政府部门应加强对创新创业理念的宣传、培养和教育，让创新创业者成为时代的楷模和骄傲，在公众中形成创新自豪、创业光荣的社会认知；既要在全社会形成鼓励创新、探索未知、敢为人先的社会风尚，也要引导形成宽容失败、体谅挫败的良好氛围；既要有鼓励全民创业、勇挑重担、勇攀高峰的企业家文化，也要培养和引导创新创业者拥有"失败不足畏、无非迈步从头越"的勇气和担当。挖掘、凝练和提升"勇于创新、敢于创业、甘于奉献、追求卓越"的精神、"支持创新、鼓励创业"的发展理念和"科技创造财富、科技富民强国"的文化；用精神、理念和文化激励具有强烈使命感和社会责任感的科技企业家迅速崛起，营造良好的创新创业文化氛围，全面激发区域创新创业活力。

三、大力培养符合产业基地需要的各类人才

（一）将各高技术产业基地建设成为高端人才集聚高地

高技术产业基地的发展离不开人才的支撑，是支持产业基地持续发展的根本动力。近些年，因辽宁省经济发展低迷，实体产业发展不足、人才育留机制不完善，人才外流现象严重，一些高端人才流向了南方城市。创业、创新、投资环境不佳也限制了外部高端人才的流入，成为制约辽宁省高技术产业基地发展的核心问题之一。没有对高端人才的持续集聚力，核心领域的创新实现就无从谈起。在辽宁省加快转变经济发展方式、加快全面振兴步伐的关键时期，省委、省政府召开了全省人才工作会议，就结合贯彻落实《国家中长期人才发展规划纲要（2010—2020 年）》，制定出台了《2010—2020 年辽宁省人才发展规划》。辽宁省高技术产业基地的建设与发展，一定要充分把握这一有利契机，做好人才的引进和培养工作。

当前，各高技术产业基地的政府管理部门需要对原有的人才政策进行梳理，对不能够满足当前形势的过时的机制、政策进行修改完善。依赖各产业基地创新平台，依托国家、省重大科研项目和重大工程、重点学科、国际学术交流合作项目等，建设一批高层次的创新型科技人才；优化人才工作思路，加大企业、内部高校等组织的人才引入动力，降低高端人才引入的限制门槛；实施知识产权所有权制度改革，鼓励知识产权入股、融资等新机制。依托"千人工程"、"十百千"、"双百"工程等人才引进工程，积极引进国内其他地区的优秀人才，加大引进海外人才和海外智力的力度，重点引进紧缺的高层次人才，特别是科技领军人才、高级经营管理人才和创新创业团队，做到引进一批人才，促进一批科技成果转化，壮大一批产业群，培育一批新的经济增长点。

（二）根据产业基地发展需要加快内部专业人才和工人培养

各产业基地的主导产业不同，需要各类专业的技术人才和产业工人。随着产

业基地发展对各类人才需求的增加，专业人才和产业工人缺口较大。据报道，阜新液压产业基地内部企业对液压相关专业人才缺口 3000 余人，本地职业教育无法满足。本溪生物医药产业基地引入中国医科大学本溪校区、辽宁中医药大学分校、辽宁工学院三家高校，但在校企对接、人才培养模式等方面还有待完善。而其他几个高技术产业基地内部还未引入或建设相关的高校或职业教育，专业人才和技术工人的供给不足。为了提升专业技术人才和职业人才的供给和质量，可采取多种形式针对不同产业和不同人力资源对象，进行广泛和经常性的培训，进一步提高他们的产业管理能力和产业创新能力；要加强职业技术院校学科和专业的设置与建设，建立院校和产业基地人才对接共享机制，保证为产业基地发展提供充足优质的后续人力资源支持；要加大对优秀科技人才，特别是青年科技人才的发现、培养、使用力度；倡导追求真理、团结协作的创新精神；营造科学民主、开放包容的创新氛围；完善任人唯贤的用人机制、提高人才待遇，强化对创新的鼓励。以科学民主的机制激励各类人才充分发挥作用，使辽沈大地成为优秀人才施展才华的热土，让高技术产业基地成为优秀人才创新创业的乐园。

（三）深化科技人才管理评价体制，破除人事管理上的障碍

改革专业技术职务评聘制度，建立以岗位要求和独立评价为基础的全员聘用制度。在重点产业发展中做出重要贡献的专业技术人才和高技能人才，可破格晋升职称和职业资格等级。科技人员从事科技成果转化的业绩可作为职称评聘的重要依据。鼓励企业经营者按管理要素、科技人员按技术要素参与分配。鼓励企业采取股权激励、期权分配、技术入股等形式，奖励有突出贡献的科技人员和经营管理人员。对高等学校和科研院所等事业单位以科技成果作价入股的企业，放宽股权奖励、股权出售对企业设立年限和盈利水平的限制。

改进人才评价方式，建立知识创新和技术创新两套评价体系，知识评价重点从研究成果数量转向原创价值和实际贡献，引导科研院所改进人才评价方式。技术评价坚持重业绩导向，注重在实践中评价人才，克服过分强调学历、资历和论文的倾向。组建第三方评估机构，发展各类知识产权专业评价机构，前置评价工作，延长评价期限，强化过程监管和后续跟踪，完善容错和问责制度。

四、推动建设和完善高技术产业基地内部企业网络

产业基地内部知识吸收和技术再创新能力决定着产业基地未来演化的方向和持续竞争能力。而内部分工协作、创新合作的生产、技术网络是影响内部创新绩效和竞争力的核心要素之一，从知识扩散、分工效应来看，紧密合作、相互信任、公平开放的内部关系网络的构建至关重要。网络的幅度、范围、紧密度对知识扩散和再创新具有乘数效应。针对目前辽宁省产业基地企业间企业网络不紧密的状况，进一步加强完善产业基地内部的公共创新平台，通过政策引导企业间、企业与科研院所之间的技术合作，加强创新网络的建立和巩固。

目前，主要高技术产业基地多处于初创期，内部企业间分工网络、创新合作网络还很不完善，内部创新网络存在集而不聚，创新资源投入、聚集的效果不明显，基于产业链的多个企业合作的扶持政策相对较少。政府应该持续地加强对各产业基地内部创新平台、创新网络的构建，包括进一步完善技术创新平台、各类实验室、研发中心的建设投入。政府采取有效政策积极引导以企业为主体、政府、科研院所等参与的产学研合作机制，并以市场为基础、以资源互补与共享为目标，鼓励和引导长期、稳定的产学研合作的实现。政府要发挥资源配置、组织协调等职能，支持和引导共性技术的研究开发，增加对共性技术研发专项资金的投入，切实保障财政专项资金起到对企业创新投入的引致效应。另外，政府要坚持动态政策制定的原则，及时监控、评价产业基地的发展的新情况、新趋势。随着产业基地的发展和不断完善，政府干预的形式要适时调整，相关的扶持政策重点要随时调整，建立科学的产业基地发展阶段、发展绩效的评价机制和政府干预的退出机制。当产业基地内部逐步完善后，政府干预应该从财政扶持、优惠政策等直接干预手段转向把握产业技术发展方向、创造优良的外部环境等间接的干预方式，政府作用由直接干预转向间接的引导、培育与监督。

加强资源整合，加速各类科技资源向相关高技术产业基地集中。围绕相关高技术产业，探索建立科研设备、科技资源、科学数据等资源的共享机制，降低企业研发成本。如阜新液压产业基地内，政府推动构建科研设备共享、检验检测、

创业孵化、科技转化等多个服务平台，企业通过共享平台以租赁、交换等方式获得高价值设备，降低企业设备使用成本，提高设备使用效率。未来，政府应重点引导各类科技资金逐步向基地公共技术创新平台建设倾斜，加强集成、突出集聚，重点突破产业基地中的共性关键技术。

五、以市场为导向建立高效的创新生态系统

（一）引导构建开放、高效、共享的产业基地内创新体系

创新实现是一个系统工程，多学科交叉、多组织参与成为当前创新特别是关键技术创新的一大特点。单纯依靠一个企业的力量难以应付快速变化的创新环境，开放、高效、共享的内部创新体系是保持高技术产业基地持续创新的保障。在全球化不断深化的今天，开放性成为创新实现的必要条件，吸收全国乃至全球的技术、人才资源为我所用。而开放性恰恰是辽宁省高技术产业基地内众多核心企业缺乏的，大量大型国有企业沿袭传统的内部创新模式，外部资源获取不足，企业与科研院所、企业与企业、企业与各类创新平台间等没有形成紧密互动的创新网络，创新整合力不强，创新绩效不佳。技术创新实现要以优势产业为基础，未来辽宁省科技厅及各产业基地管委会要致力于创新产业体系重构，搭建起企业与各组织之间系统性、协同性高的创新架构，破解原有创新体系中"创新孤岛"的现象；解决创新要素"碎片化"分散、合力不足的问题。加快产业内部开放式共享科技平台建设，鼓励企业创新资源、设备、平台向社会开放，整合城市科技资源培育一批知名科技服务企业和若干科技服务产业集群。鼓励产业内部企业组建各类技术联盟、产业联盟和标准联盟，培育市场化导向的新型研发组织、研发中介和研发外包新业态。

（二）构建符合发展需求的创新政策体系

对针对高技术产业基地的现有产业政策和创新政策进行梳理、完善，将创新政策与产业政策、区域政策相结合，力图以各地区高技术产业基地建设为突破口构建各地区新型产业创新的政策体系。自 2000 年起，针对高技术产业基地发展

的问题，辽宁省政府密集出台了一系列政策，对重点高技术产业集群实施"省长工程"。2011年出台《关于推进重点工业产业集群的若干意见》，2014年初颁布了《辽宁省自主创新促进条例》。辽宁省财政厅、科技厅等部门也出台了相关扶持政策20余项，如科技创新重大专项资金、中小科技企业扶持专项等，但总体规模还较小，资助力度和惠及面较低。

总体来看，2000年以前的科技政策侧重于科技投入、高新技术产业发展等方面大的规则与框架。随着社会发展，大方向性的科技创新投入等已经成为共识。现在更多集中在具体领域，应更多集中在具体环节和领域，补齐发展中的短板。自2013年年辽宁省政府针对高技术产业基地内的创新服务平台建设的"工业产业集群发展专项"资金，对公共创新平台和服务平台建设起到推动作用。未来要在此基础上持续后续投入，致力于建设区域或行业高水平的创新服务平台。针对高技术产业基地内科技资源潜力发挥不足的问题，可利用财政、税收等产业政策手段激励引导大型企业建立研发机构。鉴于大部分高技术产业基地还处于发展初期，未来要重点培育核心企业的技术中心，辽宁"技术中心专项资金"主要面向省级以上企业技术中心，持续进行后续支持，扩大扶持的范围和力度。支持大型企业技术中心面向社会开放，通过市场机制整合社会优势的技术资源。政府通过科研院所、国有企业等内部制度改革，打破较为僵化的科技管理体制，通过市场配置，重组科技资源，并建立以市场为导向的资源配置和共享机制。辽宁省已建立起以辽宁省副省长为组长、所在城市市长、各省级主要部门领导为成员的高技术产业基地领导小组，要积极发挥领导小组的作用。未来各级政府部门对高技术产业基地创新的扶持政策，要建立协调机制以达到整体政策的一致性和效果。

六、注重产业基地发展的不同阶段，实施差异化的政策干预手段

经验表明，高技术产业基地的形成与发展，一般都要经历三个主要阶段：孕育期、成长期和成熟期。在各个发展阶段，高技术产业基地有着不同的演化机

制。处于孕育期的高技术产业基地主要依赖于区域内部的异质性核心资源。处于成长期的高技术产业基地依赖于基地内部企业之间的专业化分工和依托产品链、价值链的弹性协作网络。处于成熟期的高技术产业基地则依赖于产业基地内部的知识交流及创新网络形成之后的自我强化机制。

从目前来看，在辽宁省 35 个主要高技术产业基地之中，很大一部分产业基地仍然处于孕育期，当然也有部分起步较早或者产业基础较好的产业基地处于成长期，乃至成熟前期。总体而言，辽宁省高技术产业基地在三个发展阶段中均有所分布和体现（见表 10-1）。

表 10-1　辽宁省高技术产业基地的主要发展阶段

发展阶段	关键作用机制	典型例子	关键表征
孕育期	内部的异质性核心资源	本溪生物医药产业基地 万家数码技术产业基地 朝阳新能源电器产业基地 锦州光伏产业基地	自然资源； 区位优势； 工业资源
成长期	内部的专业化分工与依托产业链的分工协作	抚顺新能源装备产业基地 阜新液压装备产业化基地 沈阳集成电路装备产业基地 大连新能源产业基地 辽阳芳烃、精细化工产业基地 盘锦石油装备制造产业基地 鞍山柔性输配电及冶金自动化装备产业基地 抚顺精细化工产业基地 大连半导体照明工程产业基地 大连双 D 港生物医药产业基地 营口镁质材料产业基地	扎实产业基础； 特定技术资源； 依托区位禀赋形成分工协作网络； 依托资源优势形成分工协作网络； 其他不可控因素
成熟期	基于知识共享的创新网络和集群式的自我强化机制	大连软件产业基地 东大软件产业基地 沈阳先进装备制造业基地 大连数控机床产业基地①	通畅的知识共享网络； 趋于成熟的内部分工网络

资料来源：笔者整理。

———————————

①　严格来说，上述四大产业基地仍处于产业基地的成熟前期，距离真正的特色产业基地成熟期还有一段距离，主要体现为网络创新能力尚有待提升，集群式的自我强化机制还需进一步增强。

政府制定的各类政策对产业基地发展有明显的影响。因而，在高技术产业基地发展过程中，必须充分发挥各级地方政府的政策调控作用。需要指出的是，各级政府的政策和行为应该着眼于引导企业、市场正常运行，力求在完善的反馈机制中不断寻求市场、企业和政府三者在不同情况下形成新的平衡状态时的适宜政策。需要针对处于不同发展阶段的高技术产业基地，权衡使用相应的政策工具（见表 10 - 2），并明确各类政府公共政策的不同侧重点。

表 10 - 2　辽宁高技术产业基地不同发展阶段的政府干预选择与侧重

阶段	重点	地方政府政策选择		
		针对市场建立的政策	针对企业建立的政策	政府宏观政策
孕育期	培育关键要素	运用政策降低市场机制的缺陷，完善市场制度发挥的体系，维护公平、健康的竞争环境；积极通过财政资金投入，促进创新网络的建设	通过优惠的土地、财政补贴、税收等政策，吸引外部企业进入及内部企业间分工、创新合作；简化管理审批等流程，提高服务意识，保持良好的基地内部氛围	创造良好的政策氛围，促进以企业为主体、市场机制为核心的外部环境的构建，提供全方位的服务体系，降低企业运营的成本
成长期	完善产业链	适度的市场保护推动产业基地成长；营造内外部充分、公平和高效的市场竞争环境；建立高端人才、专业人才培育、引入机制；推动内部风险投资、融资等完善	加强企业间创新网络建设，提供企业、经济发展的公共信息；引导企业形成以企业为主体的产学研合作机制	实施技术商业化计划、政策规划、区域经济发展规划等，及时评估、调整政府的政策；坚持有所为有所不为的原则，实现政府干预的退出机制
成熟期	促进网络创新	建立多元化的投资体制，创造技术交流和知识传授的市场条件	促使生产要素流动机制的形成，加强知识产权保护；推动企业外部市场扩张和国际化	培养面向用户的合作创新中心，扶持知识服务业的发展

资料来源：笔者整理。

从表 10 - 2 可知，辽宁省高技术产业基地发展程度不平衡，各级政府一定要从实际出发，结合本地高技术产业基地发展的不同阶段、不同特点，有针对性地制定相关的政策措施。如本溪生物医药产业基地、万家数码技术产业基地、朝阳新能源电器产业基地、锦州光伏产业基地等还处于孕育期，政府的政策着力点应是培育关键要素，要在完善区域市场体系、促进基地快速规模化、专业化，创造宽松政策环境，促进市场主体和市场机制发育等方面下功夫；像抚顺新能源、阜新液压装备、盘锦石油装备制造、大连双D港、营口镁质材料等处于成长期，政府的政策着力点是完善产业链和科技创新体系。要在促进中介机构发展、人才的培养与引进、提供企业和经济发展信息、构造良好的产业合作关系，不断完善产学研协作、实施区域发展规划等方面下功夫；起步较早、基础较好的产业基地，像大连软件高技术产业基地、东大软件产业基地、沈阳先进装备制造产业基地、大连数控机床产业基地等已步入成熟期，政府政策应侧重促进网络创新，提高内部创新的质量。在建立多元化投资体制、创造技术交流和知识传播市场条件、促进生产要素流动、加强知识产权保护、培养面向用户的合作创新中心等方面重点关注。

七、加强区域品牌建设

区域品牌已经成为区域经济发展的主导因素，区域品牌建设是区域经济发展的必由之路。辽宁省高技术产业基地建设也要重视品牌建设，一方面重视产业基地内部龙头企业的企业品牌建设，另一方面要注重打造辽宁高技术产业基地的整体品牌。企业品牌建设是产业基地整体品牌建设的基础，只有通过努力涌现出一批具有影响力的企业品牌才能逐渐支撑起区域品牌。而一旦产业基地整体品牌建设起来，又会进一步强化基地内部企业的品牌效应。可借鉴南方先进产业集群品牌打造经验，由工商局牵头根据实际发展情况拟定企业品牌发展规划，对高技术产业基地内部企业品牌的现有情况、存在问题和发展潜力进行摸底评价。建立品牌商标培育库，对不同企业品牌根据需要进行精准扶持培育。政府应积极推动各类展销会、博览会等产业基地品牌打造工程，加强多渠道的宣传，扩大产业基地的影响力和知名度。同时，由政府协调基地内部的竞争合作关系，加强知识产权保护，借助基地发展，加强宣传力度，逐渐形成具有地方特色的区域品牌，促使辽宁省八大高技术产业基地的主导产品走向全国、走向世界。

第十一章　结论与展望

一、研究结论

本书从高技术产业基地成长演化的三个方面进行论证，对高技术产业基地创新发展的内在机理、创新实现机理等进行了较为深入的分析，并论证了高技术产业基地创新发展中政府干预的必要性，从市场失灵的角度，分析了单纯依赖市场机制，落后地区高技术产业基地演化中存在的"资源吸引劣势"、"柠檬市场"等市场失灵风险；从技术公共产品属性、知识外溢效应及内部创新网络体系三个角度，分析政府有效的政策干预对产业基地创新发展的必要性，并力求对产业基地政府干预与市场机制之间的关系进行分析，运用案例分析、问卷调查统计分析等方法，得出如下结论：

（1）高技术产业基地在我国出现本身具有典型的政府干预的特点，本书对高技术产业基地与产业集群、高新技术开发区等相关的概念进行了比较、界定，对高技术产业基地的内涵进行了比较系统的论述和分析。从高技术产业基地形成的过程中，因不同地区资源禀赋不同，市场机制、市场环境成熟程度不同，导致完全依赖市场机制推动产业基地形成和演化的时间过长，特别是对于一些在经济发展和产业基础处于劣势的相对落后地区，缺乏市场干预的高技术产业基地发展会丧失发展机会，引发因市场失灵导致的"后发劣势"。同时，从更大范围内，基层政府基于自身短期利益最大化的追求可能带来投资无效。本书我们运用博弈分析的方法，讨论了不同区域高技术产业基地的构建和发展存在着产业同构和无序竞争的风险。要消除这些风险，需要宏观政府管理部门从整体发展视角，有效协调区域分工，避免产业基地的产业同构的问题。完全依赖于市场的产业基地演化，也会存在"拥挤效应"、"发展路径依赖"等效应，需要政府的规制和干预。因此从高技术产业基地发展演化过程中存在的市场失灵问题，为各级政府政策干预提供了理论上的支持。

（2）高技术产业基地最重要的效应就是技术创新效应，而产业基地内部企业多集中在较窄的行业领域，技术本身的专用性、共通性强，技术外溢效应明显，"搭便车"现象普遍。本书运用了博弈分析的方法论证了高技术产业基地内部共性技术创新导致企业技术创新投入不足，进而导致产业基地创新资源配置不合理，创新绩效无法达到最优。运用供给—需求曲线分析在高技术产业基地内部，政府在技术创新补贴、创新平台打造方面等创新政策方面投入的必要性，通过政府的资金、政策制定方面的干预，可以促进产业基地内部技术资源的配置优化和技术创新绩效的提高。

（3）运用实地走访、调查问卷等方式对沈阳铁西先进装备制造业产业基地进行实地调研，获取第一手调研数据。将政府的干预形式细分为"创新平台建设"、"软硬环境打造"、"技术创新政策支持"等因子，将产业基地绩效评价分为"创新产出绩效"、"经济绩效"、"创新网络绩效"等方面。运用相关性、回归等分析方法对调查问卷数据进行回归分析，力求论证政府干预与高技术产业基地创新发展之间的相关性及相关强度。通过实证分析，验证了政府在高技术产业基地成长过程中的适度政府干预对产业基地发展具有较为明显的正效应。

二、研究的不足

本书以辽宁省高技术产业基地为研究对象，力图对政府干预在产业基地演进中的必要性进行分析，力图从理论的角度对政府干预的必要性、干预力度、干预形式进行探讨。虽然通过理论推导、博弈分析等方法，验证了政府干预在产业基地演化中的必要性。但相关的研究还停留在理论分析上，主要采取了理论模型推导的模式进行分析，因政府干预本身难以量度、量化，很难运用先进的数理分析方法进行精确的验证，得出更为精确的结论。结合辽宁省当前高技术产业基地发展的现实，大部分高技术产业基地在政府干预下发展良好，但部分产业基地发展不尽如人意，表明政府干预也有一个适度边界，而政府干预效果的特征是短期效应较明显，而一些潜在风险具有长期效应，需要较长时间才能够显现。政府干预的边界在哪里，如何界定？通过哪些指标对政府干预的边界进行界定和分析？这些问题是既涉及理论研究深度，又非常具有实践性的现实问题。但是我们在这方面的研究还很粗浅，研究深度还需要进一步深入。

为了更好地说明问题，本书选取典型产业基地进行案例分析，通过对高技术产业基地的实际调研获取第一手资料，并通过数理分析方法对问题进行深入论证，在一定程度上验证了本书的观点。但案例分析的深度不够，对案例中的逻辑关系还需要进一步清晰化。后面运用回归分析对产业基地中政府干预效率的分析的数据还不是很充分，样本数量较少。如果样本再多一些，得出的结论可能更具有说服力。对政府干预效率的分析计划运用理论推演的方式，获取政府干预和市场机制相互作用的边界点，虽然在理论上进行了探讨，但运用的方法还是传统的边际分析的角度，在方法上没有突破，分析还不够深入。关于政府干预的效率的评价、政府干预与市场机制之间作用临界点的划分，是未来需要进一步分析和重点探讨的领域。

三、未来研究展望

本书的研究从高技术产业基地演化的角度，力图从市场失灵、技术创新和知识外溢、内部组织网络三个层次对政府干预问题进行探讨，虽然从理论层面、案例分析角度进行了一系列问题的探讨，但还有很多问题研究得不够深入，有待于以后进一步深入研究：

（1）本书对高技术产业基地演化机理仅从市场、内部网络体系、技术创新与知识外溢三个层次分析，事实上产业基地演化是一个复杂、多因素影响的结果，未来应从更广的层面进行分析，把诸如制度、文化等因素引入对产业基地演进的机理分析。

（2）对政府干预效率的分析应力图从理论推演转向实证研究。因政府干预政策很难量化，未来研究应该考虑如何建立对政府干预效率的评价体系，如何把个体化的政策用通用的效率评价指标量化，并尽力运用实证的方法分析。

（3）未来对中国背景下的产业基地演化中的政府干预问题的研究，应考虑如何将政府干预与市场机制两种产业基地推动力量结合分析，是否可以通过理论分析找出政府干预和市场机制两者作用的临界点。是否可以找到理论上的评价标准来划分两种力量各自作用的范围，即政府干预政策运用的条件、范围、力度。

附录：铁西先进装备制造产业基地创新能力调查问卷

尊敬的企业负责人：

为加快推动我国产业基地（集群）的升级与发展，满足产业基地内企业生产技术和创新能力提升的需求，同时为我国政府提供政策依据，我们开展此项产业基地（集群）创新能力调查与研究工作。我们郑重承诺，此次调查所采集的所有信息仅用于科学研究。请您认真阅读问题并根据实际情况填写问卷。

感谢您百忙之中拨冗支持我们的调查与研究工作！

中国社会科学院工业经济研究所

辽宁大学商学院

一、政府干预

1. 政府技术平台打造

(1) 提供有关合作信息　　　A. 享受较多 5　B. 享受过但较少 3　C. 没有：1

(2) 组织各种形式的技术交流　A. 享受较多 5　B. 享受过但较少 3　C. 没有 1

(3) 与政府合作研究开发　　　A. 比较多 5　　B. 比较少 3　　　C. 没有 1

(4) 提供技术咨询与中介服务　A. 享受较多 5　B. 享受过但较少 3　C. 没有 1

(5) 开放公共技术平台　　　　A. 享受较多 5　B. 享受过但较少 3　C. 没有 1

(6) 组织商品交易会　　　　　A. 享受较多 5　B. 享受过但较少 3　C. 没有 1

(7) 组织技术培训　　　　　　A. 享受较多 5　B. 享受过但较少 3　C. 没有 1

2. 政府软硬环境打造

(8) 各级政府对产业基地硬件设施投入建设是否满意？

很满意 5　　　基本满意 3　　　不满意 1

（9）贵公司是否获得政府创新设施方面的资金支持，力度如何？

很大 5　　　　一般 3　　　　没有 1

（10）各级政府在土地出让等方面的优惠政策力度如何？

很大 5　　　　一般 3　　　　不大 1

（11）贵企业是否享受过在税收减免方面的优惠政策，力度如何？

很大 5　　　　一般 3　　　　没有 1

3. 政府技术创新干预

（12）贵公司是否获取在研发中心实验室建设方面的财政支持，支持力度如何？

支持力度很大 5　　　　一般 3　　　　很小或没有 1

（13）贵公司是否获取技术研发方面的专项资金扶持，支持力度如何？

支持力度很大 5　　　　一般 3　　　　很小或没有 1

（14）贵公司认为当地政府在科技人才引入、人才培养方面支持的力度如何？

支持力度很大 5　　　　一般 3　　　　很小或没有 1

（15）在贵公司所在区域，在技术创新方面的资源是否能够充分满足？

完全满足 5　　　　基本满足 3　　不能满足 1

（16）贵公司认为政府在创新投融资平台方面建设的力度如何？

支持力度很大 5　　　　一般 3　　　　很小或没有 1

二、基地绩效

1. 创新绩效

（17）在过去的 1 年中，贵公司实施过研究开发项目_____项（包括自主研发项目、共同研发项目）。

5 项以上 5　　　　1~5 项 3　　　没有 1

（18）在过去的 1 年中，贵公司申请过专利_____项。

10 项以上 5　　　　1~10 项 3　　　没有 1

（19）在过去的 1 年中，贵公司取得过国家级或省级、市级研究成果_____项。

10 项以上 5　　　　1~10 项 3　　　没有 1

（20）贵公司拥有国家级或省级、市级驰名商标_____项。

5 项以上 5　　　1～4 项 3　　　没有 1

（21）贵公司有专职的研发机构_____个。

2 个以上 5　　　1 个 3　　　没有 1

（22）贵公司拥有国家级或省级、市级的实验室或技术中心_____个。

2 个以上 5　　　1 个 3　　　没有 1

（23）在过去 1 年中，贵公司的核心技术人员占员工总人数比重增加了_____%。

增加 10% 以上：5　　　增长但低于 10%：3　　没有增长：1

2. 经济绩效

（24）与前年相比，贵公司去年的销售收入有何变化？

增加 5　　　无变化 3　　　　　　减少 1

（25）贵公司与大学科研机构、其他企业的合作对销售收入增加有多大程度贡献？

较大贡献 5　　有贡献但不是很大 3　　没有贡献 1

（26）与同行相比，贵公司去年的技术水平有何变化？

提高 5　　　无变化 3　　　　　　落后 1

（27）与前年相比，贵公司高技术产品产值比重有何变化？

提高 5　　　无变化 3　　　　　　下降 1

3. 创新网络

（28）在贵公司所在区域，有以促进企业间、校企间合作为职能的协调机构吗？

有 5　　　　　没有 1　　　　　　不清楚 3

（29）在贵公司所在区域，有地方政府支持的合作研发项目_____项。

3 项以上 5　　　1～3 项 3　　　没有 1

（30）在贵公司所在区域，有以技术信息交流为目的的平台或场所吗？

较多 5　　　　有但较少 3　　　没有 1

（31）在贵公司所在区域，经常有技术研讨会、产品展览会吗？

较多 5　　　　有但较少 3　　　没有 1

（32）贵公司在与外部合作中，因对方不守信用而受挫折的情况多吗？

很多1　　　　　不太多3　　　　没有5

三、企业基本信息

请在下列问题的"_____"上填写具体内容。

1. 企业名称：_____

2. 企业创立时间（年）：_____

3. 企业所在地：_____

对下列每个问题，选择一个你认为对的选项，并在下面打"√"。

4. 企业性质：

国有企业　　　　外资控股企业　　　　　民营控股企业
　　1　　　　　　　　　2　　　　　　　　　　　3

5. 上市情况：

已上市　　　　3 年以内上市　　　将来上市　　　　不计划上市
　1　　　　　　　　2　　　　　　　3　　　　　　　　4

6. 总经理的技术背景：

高级工程师　　　　工程师　　技术员　　高级技师　　技师　　高级工　　其他
　　1　　　　　　　　2　　　3　　　　4　　　　5　　　6　　　7

7. 总经理的教育水平：

研究生　　　　大学本科　　　大专　　　中专　　　高中　　　　其他
　1　　　　　　　　2　　　　3　　　　4　　　　5　　　　　6

8. 贵公司 2010 年的销售收入、利润、员工人数、人均工时收入：

	2010 年
销售收入（元）	
利润（元）	
员工人数（人）	

参考文献

［1］ Aimeida B. Kougut. Location of Knowledge and Mobility of Engineers in Regional Networks ［J］. Management Science, 1999, 45: 905 – 916.

［2］ Alchian Armen A.. Uncertainty, Evolution and Economic Theory, in idem ［M］. 1977. Economic Forces at Work, Indianapolis : Liberty Press, 1950.

［3］ Krugman. Geographyand Trade ［J］. Cambridge, MA: MITPres, 1991.

［4］ Krugman. Inereasing Returns and Economic Geography ［J］. Journal of Politieal Economy, 1991.

［5］ Puga D., Venable. A. J. Agglomeration and Eeonomic Development: Import Substitutionvs. Trade Liberalization ［J］. The Economic Journal, 1999, Vol. 109, 292 – 311.

［6］ Schimitz H. Local Upgrading in Global Chains. Presented at the International Conference ［J］. Local Production Sustems and New Industrial Policies. Rio de Janeiro, Brazil, 2003 (9).

［7］ Accetturo A. And P. Edison. Aggomeration and Growth: the Effects of Commuting Costs ［J］. Regional Science, 2009, 189: 173 – 190.

［8］ Arthur W. B. Competing Technologies, Increasing Returns, and Lock – in by Historical Events ［J］. The Economics Journal, 1989, 99 (3): 116 – 131.

［9］ Alfred Spielkamp, Katrin Vopel. Mapping Innovative Clusters in National Innovation Systems. ZEW Center for European Economic Research ［J］. Gerymany, 1998, 8.

［10］ Kenneth J. Arrow. The Economic Implications of Learning by Doing Review of Economic Studies, 1962: 155 – 157.

［11］ Anselin L. , Varga A. and Acs Z. J. Local Geographic Spillovers Between U-niversity Research and High Technology Innovations ［J］. Journal of Urban Econom-ics, 1997, 42: 422 – 448.

［12］ Arbia et al. Does Spatial Concentration Foster Economic Growth? Empirical Evidence on EU Regions ［J］. Conference paper of First Seminar of Spatial Economet-rics, 2004, 12.

［13］ Audretsch D. R&D Spillovers and the Geography of Innovation and Produc-tion ［J］. American Economic Review, 1996, 86: 630 – 640.

［14］ Freeman. The Economics of Technical Change ［J］. Cambridge Journal of Economics, 1994 (18): 463 – 514.

［15］ Baldwin R. and P. Martin. Agglomeration and Regional Growth ［J］. In Handbook of Regional and Urban Economics: Cities and Geography, 2003.

［16］ Baum J. A. C. , J. V. Singh. Evolutionary Dynamics of Organizations ［M］. New York: Oxford University Press, 1994.

［17］ Lundval. National Systems of Innovation: Towards a Theory of Innovation and Interactive Learning ［M］. London: Pinter Publishers, 1992.

［18］ Bezold B. Technology Clusters in St. Louis ［J］. Economic Development Journal, 2004, 2: 50 – 53.

［19］ Barjak F. Analyse Innovation in, Branchen clusters in Schweiz – State of the Art. Reihe A: Discussion Paper 2004 – 2007 ［M］. Schweiz: Fachhochschule So-lothurn – Nordwest schweiz, 2004.

［20］ A. Sccot A. Collective Knowledge Communication and Innovation: The Evi-dence of Techonological Districts ［J］. Regional Studies, 2000, 34 (6) .

［21］ Newlands D. Competition and Cooperation in Industrial Clusters: The Im-plications for Public Policy ［J］. European Planning Studies, 2003, 11 (5) .

［22］ Baptista R. , Swann G. M. P. Do Firm in Clusters Innovate more? ［J］. Research Policy, 1998, 27: 525 – 540.

［23］ Braunerhjelm P, Johansson D. The Determinants of Spatial Concentration: the Manufacturing and Service Sentors in an International Perspective ［J］. Industry and Innovation, 2003, 10: 41 - 63.

[24] Roy Rothwell and Walter Zegveld. Reindustrialization and Technology [M]. London: Longman Group Limited, 1985.

[25] Brian Uzzi. Social Structure and Competition in Interfirm Networks: The Paradox of Embeddedness [J]. Administrative Science Quarterly, 1997, 42: 35 - 67.

[26] Brian Uzzi. The Source and Consequences of Embeddedness for the Economic Performance of Organizations: The Network Effect [J]. American Sociological Review, 1996, 61: 674 - 698.

[27] Barro Economic G. Rowth in a Cross Section of Countries. Quarterly of Economic [J]. 1956, 70 (2): 65 - 94.

[28] Bruahart M. Evolving Geographical Concentration of European Manufacturing Industries [J]. Weltwirtschaftlishes Archiv, 2001, 137: 215 - 243.

[29] Brulhart M. and F. Trionfetti. A Test of trade Theories when Expenditure is Home Biased [J]. CEPR Discussion Paper 5097, 2005.

[30] Brulhart M. and F. Trionfetti. Public Expenditure, International Specialization and Agglomeration [J]. European Economic Review, 2006, 48: 851 - 881.

[31] Burt, Ron. Structural Holes: The Social Structure of Competition [M]. Cambridge. MA: Harvard University, 1992.

[32] Chang - Yang Lee. Do Firms in Clusters Invest in R&D More Intensively? Theory and Evidence from Muluti - country Data [J]. Research Policy, 2009, 38: 1159 - 1171.

[33] Christian R. Ostergaard. Knowledge Flows Through Social Networks in a Cluster: Comparing University and Industry Links [J]. Structural Change and Economic Dynamics, 2009, 20: 196 - 210.

[34] Coase R. The Problems of Social Cost [J]. Journal of Law and Economic, 1960 (3): 1 - 44.

[35] Christopher D. Rosin, Richard K. Belew. New Methods for Competitive Coevolution [J]. Evolutionary Computation, 1997, 5 (1): 1 - 29.

[36] Chuan - Kai Lee. How does a Cluster Relocate Across the Border? The Case

of Information Technology Cluster in the Taiwan – Suzhou Region [J] . Technological Forecasting & Social Change, 2009, 76: 371 – 381.

[37] Cowan, R. , David, P. A. , Foray, D. The Explicit Economics of Knowledge: Codification and Tacitness [J] . Ind Corp Change, 2000, 9 (2): 211 – 253.

[38] Daniel Scholten MSc. The Role of Coherence in the Coevolution Between Institutions and Technologies [J] . Working Paper, 2009, 12.

[39] Devereux M. P. , Griffith R. , Simpson H. The Geographic Distribution of Production Activity in UK [J] . Regional Science and Urban Economics, 2004, 34: 533 – 564.

[40] Dijk M. Government Policies with Respect to an Information Technology Cluster in Bangalore, India [J] . Europe Journal of Development Research, 2003, 2: 93 – 108.

[41] Dominique G. , Bruno, V. P. The Impact of Public R&D Expenditure on Business R&D [J] . Economics of Innovation and New Technology, 2003 (12) .

[42] Dong – Won Sohn, Martin Kenney. Universities, Clusters and Innovation Systems: The Case of Seoul, Korea [J] . World Development, 2007, 35 (6): 991 – 1004.

[43] Douglas K. R. Robinson, Arie Rip, Vincent Mangematin. Techonological Agglomeration and the Emergence of Clusters and Networks in Nanotechonology [J]. Research Policy, 2007, 36: 871 – 879.

[44] Effie Kesidou, Henny Romijn. Do Local Knowledge Spillovers Matter for Development? A Empirical Study of Uruguay's Software Cluster [J] . World Development, 2008, 36 (10): 2004 – 2028.

[45] Elisa Giuliani. Cluster Absorptive Capability: An Evolutionary Approach for Industrial Cluster in Development Country, Paper to Be Presented at the DRUID Summer Conference [J] . Copenhagen/Esiore, 2002: 6 – 8.

[46] Ellision G. , Glaeser E. L. Geographic Concentration in U. S. Manufacturing Industries: A Dartboard Approach [J] . Journal of Political Economy, 1998, 105 (5): 899 – 927.

[47] Emilio J. Castilla. Social Networks in Silicion Valley [R] . 2000.

［48］ Felsenstein D. Do High Technology Agglomerations Encourage Urban Sprawl? ［J］. The Annals of Regional Science, 2002, 4: 663 - 682.

［49］ Foss N. J., "Coase vs Hayek": Economic Organization and the Knowledge Economy ［J］. Int. J. of the Economics of Business, 2002, 9 (1): 9 - 35.

［50］ Foss, N. J., Iskikawa, I Towards an Dynamic Resource - based View: Insights from Austrian Capital and Entrepreneurship Theory ［M］. Working Paper on Center for Strategic Management and Globalization, 2006.

［51］ Foss, N. J., Klein, P. G. The Emergence of the Modern Theory of the Firm ［M］. Working Paper on Center for Strategic Management and Globalization, 2006.

［52］ Foss, N. J., Klein, P. G. Austrian Capital Theory and the Link Between Entrepreneurship and Theory of the Firm, Working Paper on Center for Strategic Management and Globalization, 2005.

［53］ Gerben Van der Panne. Agglomeration Externalities: Marshall Versus Jacobs ［J］. Journal of Evolutionary Economics, 2004, 14: 593 - 604.

［54］ Gintis, H. A Framework for Unification of the Behavioral Sciences ［J］. Behavioral and Brain Sciences, 2007, 30.

［55］ Gordon I. R., McCann P. Industrial Clusters: Complexes, Agglomeration and/or Social Networks? ［J］. Urban Studies, 2000, 37: 513 - 532.

［56］ Granovetter, Mark. Economic Action and Social Structure: the Problem of Embeddedness ［J］. American Journal of Sociology, 1985, 91: 481 - 510.

［57］ Kruger. A. O. Economic Policy Reform in Developing Countries ［M］. Oxford: Basil Blackwell, 1992: 67.

［58］ Haaland J., Kind H., Midelfart - Knarvik K., et al. What Determines the Economic Geography of Europe ［M］. CEPR Discution Paper, No. 2072, 1999.

［59］ Hanson G. H. North American Economic Integration and Industry Location ［J］. Oxford Review of Economic Policy, 1998, 14: 30 - 44.

［60］ Hendry C., Brown J. Organizational Networking in UK Biotechnology Clusters ［J］. British Journal of Management, 2006 (1): 55 - 73.

［61］ Hoover E. M. Location Theory and the Shoe and Leather Industries ［J］.

Cambridge MA: Harvard University Press, 1937.

[62] Houstein H. D. and Neuwirth E. Long Waves in World Industrial Production, Energy Consumption, Innovations Inventions, and Patents and Their Identification by Spectral Analysis [J] . Technological forecasting and Social Change, 1982, 22: 53 – 89.

[63] Humphrey J. and Schmitz. How does Insertion in Global Value Chains Affect Upgrading in Industrial Cluster [J] . Working Paper for INEF, 2002.

[64] Hsien – Chun Meng. Innovation Clusters as the National Competitiveness Tool in the Innovation Drivern Economy [J] . NIS International Symposisium, 2003, 28.

[65] Jacobs J. The Economy of Cities [M] . New York : Random House, 1969.

[66] Jaffe A. B. Real Affects of Academic Research [J] . American Economics Review, 1986, 79: 957 – 970.

[67] Jeroen C. & Giorgos Kallis. Evolutionary Policy [J]. Papers on Economics & Evolution, 2009, 5: 1 – 42.

[68] J. Inkmann and W. Pohlmeier. R&D Spillovers, Technological Distance and Innovation Success [J] . University of Konstanz Mimeo. Joural of Economic Literature, Vol. 12, 1995.

[69] John C. , Pouder R. Technology Clusters Versus Industry Clusters: Resources, Networks, and Regional Advantages [J] . Growth & Change, 2006, 2: 141 – 171.

[70] Knudsen, T. Economic Selection Theory [J] . Journal of Evolutionary Economics, 2002, 12: 443 – 470.

[71] Kongraf Lee. Promoting Innovative Clusters Through the Regional Research Center (RRC) Policy Programme in the Korea [J] . European Planning Studies, 2003, 11 (1) .

[72] Keller. International Technology Diffusion [J] . Journal of Economic Literature, 2000, 24: 752 – 782.

[73] Krugman P. Geography and Trade [M] . Cambridge (USA): MIT

Press, 1991.

[74] Krugman P. Increasing Returns and Economic Geography [J] . Journal of Political Economy, 1991, 99: 483 – 499.

[75] Krugman P. Venables A. Lobalization and the Inequality of Nations [J]. The Quarterly Journal of Economics, 1995, 110 (4): 857 – 880.

[76] Krugman P. Increasing Retums and Economic Geography [J] . Journal of Political Economy, 1996, 99 (3): 48 – 59.

[77] Kun Chen, Martin Kenney. Universities/Research Institute and Regional Innovation Systems: The Case of Beijing and Shenzhen [J] . World Development, 2007, 35 (6): 1056 – 1074.

[78] Marina van Geenhuizen, Leonardo Reyes – Gonzalez. Does a Clustered Location Matter for High – technology Company Performance? The Case of Biotechnology in the Netherlands [J] . Technological Forecasting & Social Change, 2007, 74: 1681 – 1696.

[79] Marshall A. Principles of Economics: An Introductory [M] . London: Macmillan, 1890.

[80] Marshall Alfred. Principles of Economics (9th Edition) [M] . Variorum, London Macmillan, 1961: 32 – 39.

[81] Martin, P. and C. Rogers. Industrial Location and Public Infrastructure [J] . Journal of International Economics, 1995, 39: 335 – 351.

[82] Martin, P. Can Regional Policies Affect Growth and Geography in Europe? [J] . World Economy, 1998, 6: 757 – 774.

[83] Martin, P. Public Policies, Regional Inequalities and Growth [J] . Journal of Public Economics, 1999, 73: 85 – 105.

[84] Maryann Feldman, Johanna Francis, Janet Bercovitz. Creating a Cluster While Building a Firm: Entrepreneurs and the Formation of Industrial Clusters [J]. Regional Studies, 2005, 39 (1): 129 – 141.

[85] Markusen A. , Lee Y. , Digiovanna S. Second Tier Cities: Rapid Growth Beyond the Metropolies [M] . Minneapolis: University of Minnesota Press, 1999.

[86] Mensch G. O. Stalemate in Technology: Innovations Overcome the Depression [M]. Ballinger, Cambridge, MA, 1979.

[87] Miguel A. Gual, Richard B. Norgaard. Bridging Ecological and Social Systems Coevolution: A Review and Proposal [J]. Ecological Economics, 2008, 7: 11 – 21.

[88] Murmann J. P. Knowledge and Competitive Advantage: The Coevolution of Firms, Technology and National Institutions [M]. Cambridge, Cambridge University Press, 2003 (2006, 2ed).

[89] William L. Z. Business Organization and the Myth of the Market Economy [M]. New York: Cambridge University Press, 1991: 132.

[90] Nelson, R. R. On The Uneven Evolution of Human Know – how [J]. Research Policy, 2003, 32.

[91] P. A. Geroski, M. Mazzucato. Modelling the Dynamics of Industry Populations [J]. International of Industrial Organization, 2001, 19: 1003 – 1022.

[92] Freeman C. Technology Policyand Economic Performance: Lessons from Japan [J]. University of Sussex, 1987: 33 – 45.

[93] Paluzie I., Pons J., Tirado D. Regional Integration and Specialization Patterns in Spain [J]. Regional Studies, 2001, 35: 285 – 296.

[94] Porter M. The Competitive Advantage of Nations [M]. New York: Free Press, 1990.

[95] Porter, M. E. Location, Competition, and Economic Development: Local clusters in a Global Economy [J]. Economic Development Quarterly, 2000, 14 (1).

[96] Porter Michael E. Competitive Strategy [M]. New York: The Free Press, 1999: 165 – 178.

[97] Solvell, Christian and Torbjorn Folkesson. Entreperneurial Innovation in the New Member States: Challenges and Issues at Stake for the Development of Clusters of Innovative Firms [J]. Regional Clusters in the EU10, 15 July 2005.

[98] Williamson, O. E. Markets and Hierarchies [M]. New York: Free Press, 1975.

［99］Williamson O. E. Strategy Research: Governance and Competence Perspectives［J］. Strategic Management Journal, 1999（20）.

［100］Rosenthal S., Strange C. Evidence on the Nature and Sources of Agglomeration Economics［J］. In Handbook of Urban and Regional Economics, 2003（4）.

［101］Rosenthal S., Strange W. The Determinants of Agglomeration［J］. Journal of Urban Economics, 2001, 50: 191 – 229.

［102］Roughgarden J. Resource Partitioning among Competing Species: A Coevolutionary Approach［J］. Theoretical Population Biology, 1976, 9（3）: 388 – 424.

［103］Ryan, Phillips P. Knowledge Management in Advanced Techonlogy Industries: An Examination of International Agricultural Biotechnology Clusters［J］. Environment and Planning C: Goverment and Plolicy, 2004, 22（2）: 217 – 232.

［104］Saxenian A. Regional Advantage: Culture and Competition in Silicon Valley and Route 128［M］. Harvard University Press, 1994.

［105］Scott A. Industrial Organization and Location: Division of Labor, the Firm and Spatial Process［J］. Economic Geography, 1986, 63: 215 – 231.

［106］Shantha Liyanage. Breeding Innovation Clusters Through Collaborative Research Networks［J］. Technovation, 2005, 15（9）.

［107］Silverberg G., and Lehnert. Long Waves and Evolutionary Chaos in a Simple Schumpeterian Model of Embodies Technical Change［J］. Structural Change and Economic Dynamics, 1993, 4: 9 – 37.

［108］Sjoberg O., Sjoholm F., Trade Liberalization and the Geography of Production: Agglomeration, Concentration and Dispersal in Indonesia's Manufacturing Industry［J］. Economic Geography, 2004, 80: 287 – 310.

［109］Solomous. Innovation Clusters and Kondratieff Long Waves in Economic Growth［J］. Cambridge Journal of Economics, 1986, 10: 101 – 112.

［110］Sorenson O., Audia P. G. The Social Structure of Entrepreneurial Activity: Geographic Concentration of Footwear Production in the United States, 1940 – 1989［J］. AJS, 2000, 106: 424 – 462.

［111］S. Grant R. and Baden – Fuller C. A Knowledge Accessing Theory of Strategic Alliances ［J］. Journal of Management Studies, 2004 (41).

［112］Steven Klepper. The Origin and Growth of Industry Clusters: The Making of Silicon Valley and Detroit ［J］. Journal of Urban Economics, 2009, 9: 1 – 18.

［113.］Sturgeon T. What Really Goes on in Silicon Valley? Spatial Clustering and Dispersal in Nodular Production Networks ［J］. Journal of Economic Geography, 2003, 2: 199 – 225.

［114］Tropeano J. P. Information Symmetry as a Source of Spatial Agglomeration ［J］. Economics Letters, 2001, 6: 73 – 81.

［115］Tallman S., Jenkins M. Knowledge, Clusters and Competitive Advantage ［J］. Academy of Management Review, 2004, 29 (2): 258 – 271.

［116］Van Oort F. Innovation and Agglomeration Economies in the Netherlands ［J］. Tijdschrift voor Economische en Sociale Geograe, 2002, 93 (3): 344 – 360.

［117］迈克尔·迪屈奇. 交易成本经济学 ［M］. 王铁生等译. 北京: 经济科学出版社, 1999.

［118］詹姆斯·米德. 效率、公平与产权 ［M］. 施仁译. 北京: 北京经济学院出版社, 科学学研究, 2009 (1): 52 – 58.

［119］J. M. 布坎南. 赤字中的民主 ［M］. 北京: 北京经济出版社, 1998.

［120］M. 韦伯. 社会组织和经济组织的理论 ［M］. 上海: 上海译文出版社, 1981.

［121］R. 科斯. 论生产的制度结构 ［M］. 上海: 上海三联书店, 1994.

［122］保罗·克鲁格曼. 克鲁格曼国际贸易新理论 ［M］. 中国社会科学出版社, 2001 (12).

［123］保罗·萨缪尔森. 最后的宣言之经济学原理 ［M］. 萧探译. 商务印书馆, 2012.

［124］庇古. 社会主义与资本主义的比较 (中文版) ［M］. 北京: 商务印书馆, 1983.

［125］蔡宁, 吴杰冰. 企业集群的竞争优势——资源的结构性整合 ［J］. 中国工业经济, 2002 (7): 45 – 50.

［126］蔡亚蓉, 邵学清. 加强集群创导 ［J］. 中国科技投资, 2007 (5):

43 – 47.

[127] 查尔斯·沃尔夫. 市场或政府 [M]. 谢旭译. 北京：中国发展出版社，1992.

[128] 查尔斯·沃尔夫. 市场或政府——权衡两种不完善的选择 [M]. 北京：中国发展出版社，1994.

[129] 陈海鹰. 企业创新特征与创新绩效的研究 [D]. 浙江大学硕士学位论文，2009.

[130] 陈继海. 世界各国产业集聚模式比较研究 [J]. 经济纵横，2003（6）.

[131] 陈家祥. 特色产业基地规划的理论基础分析 [J]. 江苏城市规划，2007（5）：4 – 7.

[132] 陈建民，关于市场失灵的制度分析 [J]. 中国流通经济，2006（6）：51 – 54.

[133] 陈文华等. 产业集群发展中的政府治理 [J]. 井冈山干部学院学报，2008（3）：94 – 100.

[134] 陈雪梅. 产业集群发展中的市场失灵 [J]. 决策，2007（2）：50.

[135] 陈志平. 地方政府在促进产业集群发展中的作用 [J]. 求是，2009（9）：43 – 46.

[136] 程雷，花明，实现企业社会责任、政府干预的正当性及其边界——基于宁波市政府的实践 [J]. 经济研究，2005（8）：106 – 115.

[137] 仇宝兴. 发展产业集群要注意的陷阱——过度竞争所致的"柠檬市场" [J]. 北京大学学报，1999（1）：25 – 29.

[138] 丹尼斯·卡尔顿，杰弗里·佩罗夫. 现代产业组织（上下册）[M]. 黄亚钧等译. 上海三联书店，上海人民出版社，1998.

[139] 德姆塞茨. 关于产权的理论：财产权利与制度变迁 [M]. 上海：上海三联书店，1992.

[140] 丁伟等. 基于地域化与全球化双向互动的产业集群发展与升级 [J]. 科学学研究，2005（12）：779 – 782.

[141] 丁兴业. 论市场失灵的类型、原因及对策 [J]. 武汉科技学院院报，

2006（8）．

[142] 窦虎．基于产业集群发展的政府政策研究［J］．东岳论丛，2005（10）．

[143] 付丹．区域创新系统与高新技术产业集群互动机制研究［D］．哈尔滨工程大学博士学位论文，2008（5）．

[144] 傅家骥，姜彦福．技术创新——中国企业发展之路［M］．北京：企业管理出版社，1992.

[145] 傅沂．我国农业产业结构调整中的路径依赖研究［R］．北京大学中国经济研究中心发展经济学论坛，2004.

[146] 高畅．高技术产业集群对区域竞争力度弹性分析［D］．大连理工大学硕士学位论文，2005.

[147] 弓志刚，高雷虹．高新技术产业基地建设研究［M］．北京：北京水利水电出版社，2010.

[148] 郭晓林．产业共性技术与区域集群发展的关系［J］．中国软科学，2006（9）：111 – 115.

[149] 郭亚平，孙丽雯．高技术产业集群创新网络与创新绩效研究——以河北省为例［J］．河北工业大学学报，2009（12）．

[150] 贺灿飞．中国制造业地理集中与集聚［M］．北京：科学出版社，2009.

[151] 胡珑瑛，叶元煦．高技术产业集群的动因分析［J］．技术经济，2002（8）：50 – 52.

[152] 黄建康．产业集群论［M］．南京：东南大学出版社，2005.

[153] 黄凯南．个体能动性、社会结构约束与经济演化过程［J］．新政治经济学评论，2006（1）．

[154] 黄凯南．共同演化理论述评［J］．中国地质大学学报（社科版），2008，8（4）：97 – 101.

[155] 黄泰岩，牛飞亮．西方企业网络理论评述［J］．经济学动态，1999（4）．

[156] 吉国秀，王伟光．产业集群与区域竞争合作机制：一种基于社会网络的分析［J］．中国科技论坛，2006（5）：95 – 99.

[157] 贾根良. 网络理论：超越市场与企业两分法 [J]. 经济体制比较研究，1998 (4).

[158] 姜启源. 数学模型 [M]. 北京：高等教育出版社，1998.

[159] 姜锡东. 科学技术资源的转化过程与地理分布研究 [D]. 东北师范大学博士学位论文，2004.

[160] 蒋长流，王晴. 基于能力假说的企业创新外溢与创新激励分析 [J]. 科技和产业，2007 (6).

[161] 蒋金荷. 我国高技术产业同构性与集聚的实证分析 [J]. 数量经济技术经济研究，2005 (12)：91 - 98.

[162] 金江. 市场失灵、政府失灵与腐败 [J]. 山西财经大学学报，2007 (12).

[163] 金祥荣，叶建亮. 知识溢出与企业网络组织的溢出效应 [J]. 数量经济与技术经济研究，2001 (10).

[164] 靳涛. 两大经济思潮的碰撞与演进——德国历史学派和奥地利学派的思想追踪及对现代经济学的影响 [J]. 江苏社会科学，2005 (6)：92 - 96.

[165] 经济合作组织. 创新集群：国家创新体系的推动力 [M]. 北京：科学技术文献出版社，2004.

[166] 邝国良，冯延炜. 跨国 R&D 联盟的技术扩散博弈模型中政府的作用研究——以摩托车产业集群为例 [J]. 特区经济，2006 (2)：360 - 362.

[167] 邝国良，张永昌. 我国产业集群中技术扩散策略的社会福利分析及其选择 [J]. 工业技术经济，2006 (2).

[168] 雷家骕等. 技术经济学的基础理论与方法 [M]. 北京：高等教育出版社，2005 (1)：183 - 184.

[169] 李纪珍. 产业共性技术发展中的政府作用研究 [J]. 技术经济，2005 (9)：19 - 22.

[170] 李具恒，李国平. 区域经济发展理论的整合与创新 [J]. 陕西师范大学学报，2004 (7)：94 - 98.

[171] 李立. 新型产业基地的含义、发展模式及政策建议 [J]. 科技进步与对策，2003 (7).

［172］李琳．高新技术产业集群中的知识流动分析框架 ［J］．科技管理研究，2006（6）：90 - 93.

［173］李强，韩伯棠．我国高新区产业集聚测度体系研究 ［J］．中国管理科学，2007（8）：130 - 137.

［174］李双龙．企业社会责任的产生与市场失灵 ［J］．湖北经济学院学报，2008（2）．

［175］李文华，韩福荣．企业种群间协同演化的规律与实证研究 ［J］．中国管理科学，2004（5）：137 - 143.

［176］李文良等．中国政府职能转变问题报告 ［M］．北京：中国发展出版社，2003.

［177］李一花．提高政府公共效率的思路 ［J］．四川财政，2003（8）．

［178］李永刚．中小企业群落式生成演化研究的文献综述 ［J］．上海经济研究，2004（8）．

［179］李勇等．企业集群竞争协同演进模型研究 ［J］．科技管理研究，2007（6）：208 - 211.

［180］梁琦．分工、集聚与增长 ［M］．北京：商务印书馆，2009.

［181］梁琦，詹亦军．地方专业化、技术进步和产业升级：来自长三角的证据 ［J］．经济理论与经济管理，2006（1）：56 - 62.

［182］林平凡，高怡冰，刘城．技术路线图在广东产业基地升级中作用 ［J］．科技管理研究，2009（6）．

［183］林润辉，李维安．网络组织——更具环境适应能力的新型组织模式 ［J］．南开经济评论，2000（3）．

［184］刘斌．产业集聚竞争优势的经济分析 ［M］．北京：中国发展出版社，2004.

［185］刘冰，高闯．组织信息体制、制度化关联与高技术企业集群治理效率 ［J］．中国工业经济，2006（3）：21 - 28.

［186］刘纯彬，李海飞．产业集群的本质特征与效率基础 ［J］．经济评论，2006（6）．

［187］刘满风，石光宁．产业共性技术的"市场失灵"的经济学分析 ［J］．

科技进步与对策，2007（12）．

[188] 刘明宇，芮明杰．全球化背景下中国现代产业体系的构建模式研究 [J]．中国工业经济，2009（5）：57-66．

[189] 刘志高，王缉慈．共同演化及其空间隐喻 [J]．中国地质大学学报 （社科版），2008（4）：85-91．

[190] 柳卸林．国家创新体系建设的政策意义 [J]．中国科技论坛，1999 （3）．

[191] 卢锐，杨忠．制度视野中的技术创新政策研究 [J]．中国软科学，2004（10）：98-102．

[192] 芦彩梅，梁嘉骅．产业集群协同演化模型及案例分析——以中山小榄 镇五金集群为例 [J]．中国软科学，2009（2）：142-151．

[193] 陆园园，薛镭．转型经济中环境——战略的协同演进：以中国机床行 业发展为例 [J]．管理世界，2008（8）：178-179．

[194] 吕红梅．"市场失灵"与"政府失灵"述评 [J]．现代商贸经济，2009（11）：30-32．

[195] 罗纳德·科斯．论生产的制度结构 [M]．上海：三联出版社，1989：121．

[196] 骆诺．公共选择理论视角下的政府失灵及对策 [J]．湖南工程学院 学报，2007（3）：109．

[197] 马晓璐．公共产品供给中的"政府失灵"现象分析 [J]．经济研究 导刊，2010（4）：199-201．

[198] 曼昆．经济学原理 [M]．北京：北京大学出版社，2009．

[199] 毛军．人力资本与高技术产业集聚——以京津、长三角、珠三角为例 的分析 [J]．北京社会科学，2006（5）：82-86．

[200] 纳尔逊，温特．经济变迁的演化理论 [M]．胡世凯译．上海：商务 印书馆，1997．

[201] 倪鹏飞．政府促进产业集群的十大陷阱 [J]．理论参考，2006（9）．

[202] 聂鸣，蔡铂．学习、集群化与区域创新体系 [J]．研究与发展管理，2002（10）．

［203］培顿・杨．个人策略与社会结构［M］．王勇译．上海：上海三联书店，2004.

［204］彭留英，张红兴．"市场失灵"、"政府失灵"与民营科技企业创新服务体系［J］．山东理工大学学报，2008（5）：24－27.

［205］彭澎，刘倩．政府扶持型高技术产业集群生成分析［J］．山东社会科学，2006（11）：116－119.

［206］彭羽．政府失灵的成因与防范［J］．前沿，2005（5）：159.

［207］彭中文，颜长春．人力资本、R&D 溢出与高技术产业聚集［J］．科技管理研究，2007（3）：147－148.

［208］齐建珍．抚顺创建国家级精细化工特色产业基地的建议［J］．决策咨询通讯，2007（5）：26－29.

［209］钱平凡．产业集群演化机制及政策［J］．中国科技论坛，2003（6）．

［210］秦晓红．外部性问题与适度政府干预［J］．江西社会科学，2008（1）：211－216.

［211］丘海雄，徐建牛．产业集群技术创新的市场行为［J］．管理世界，2004（10）．

［212］任方旭．对我国高新技术园区产业集群式发展中政府作用的再认识［J］．生产力研究，2006（2）：139－142.

［213］沈卢锐，杨忠．制度视野中的技术创新政策研究［J］．中国软科学，2004（10）：98－102.

［214］盛昭翰，蒋德鹏．演化经济学［M］．上海：上海三联书店，2002.

［215］史丹，李晓斌．高技术产业发展的影响因素及其数据检验［J］．中国工业经济，2004（12）．

［216］宋德勇，刘曙光．我国制造业路径依赖与产业升级策略［J］．生产力研究，2006（3）．

［217］苏科．加快特色产业基地建设，推动高新技术产业发展——江苏高技术特色产业基地建设调查和分析［J］．江苏科技信息，2003（7）：7－9.

［218］孙霞．产业集群与区域经济非均衡协调发展［D］．华中科技大学博

士学位论文，2009（5）.

［219］孙晓华，田晓芳．产业共性技术、市场失灵及公共政策设计［J］．软科学，2008（8）.

［220］唐华．高技术产业集群创新系统的构建［J］．财经科学，2004（6）：70-73.

［221］滕堂伟，曾刚．集群创新与高新区转型［M］．北京：科学出版社，2009：55.

［222］汪波，宋胜洲．市场失灵与政府干预的必要性及措施［J］．中国国情国力，2008（5）.

［223］王德利，高莹．竞争进化与协同进化［J］．生态学杂志，2005（10）：1182-1186.

［224］王国均，谢建芳．地方政府对产业集群发展作用评价的实证研究［J］．中国集体经济，2008（3）：12-13.

［225］王缉慈．创新的空间——企业集群与区域发展［M］．北京：北京大学出版社，2001.

［226］王缉慈．全球浪潮中的区域发展问题［J］．北京大学学报，2000（11）.

［227］王磊，孙文建．江苏省高新技术特色产业基地评价研究［J］．商业研究，2006（21）：105-109.

［228］王琳，曾刚．浦东新区中小高技术企业创新网络构成特征研究［J］．地域研究与开发，2006（4）.

［229］王珊珊．高新技术企业集群综合优势研究［D］．哈尔滨工业大学博士学位论文，2008.

［230］王万君．横向兼并的均衡分析：对价格、利润和福利的影响［J］．南京财经大学学报，2009（4）：1-4.

［231］王晓婧．我国各省（市、自治区）高技术产业发展水平因子分析与综合评价［J］．数学的实践与认识，2007（9）：17-28.

［232］王永顺．江苏高技术特色产业基地的实践与思考［J］．中国科技．2004（10）.

［233］王铮．高技术产业空间格局演进规律及相关因素分析［J］．科学学研究，2006（4）．

［234］王子龙等．基于生态位的集群企业协同进化模型研究［J］．科学管理研究，2005（5）：34－37.

［235］王子龙等．企业集群共生演化模型及实证研究［J］．中国管理科学，2006（2）：141－148.

［236］王子龙等．区域企业集群共生模型及演化机制研究［J］．南京航空航天大学学报（社科版），2006（1）：30－34.

［237］韦伯．工业区位论［M］．北京：商务印书馆，1997.

［238］魏后凯．论我国产业集群的自主创新［J］．中州学刊，2006（3）.

［239］魏江，朱海燕．高技术产业集群创新过程模式演化及发展研究——以杭州软件产业集为例［J］．研究与发展管理，2006（6）.

［240］魏心镇，王缉慈．新的产业空间［M］．北京：北京大学出版社，1993.

［241］邬爱其，张学华．产业集群升级中的匹配性地方政府行为［J］．科学学研究，2006（12）：878－884.

［242］吴明隆．SPSS统计应用实务［M］．北京：科学出版社，2003.

［243］武健．知识溢出对高技术企业集群集聚效应的影响研究——以杭州软件企业集群为例［J］．特区经济，2009（4）：56－58.

［244］肖广岭．创新集群及其政策意义［J］．自然辩证法研究，2003（10）：52－54.

［245］谢罗奇．市场失灵与政府治理［M］．长沙：湖南人民出版社，2005.

［246］谢自强．政府干预理论与政府经济职能［M］．长沙：湖南大学出版社，2004.

［247］邢红建．网络技术进步的社会福利分析［J］．产业经济评论，2008（12）：80－85.

［248］徐建国．"科技集聚区"的界定及其战略意义［J］．科技进步与对策，2005（4）：166－168.

［249］徐维祥．浙江"块状经济"地理空间分布特征及成因分析［J］．中国工业经济，2001（12）．

［250］徐维祥等．高技术产业集群资源整合提升区域创新系统竞争能力的对策研究［J］．中国软科学，2005（4）：87－90.

［251］杨冬梅．我国软件产业基地建设中的理论与实践［J］．科学学与科学技术管理，2003（7）．

［252］杨洪焦，孙林岩，吴安波．中国制造业集聚的变动趋势及其影响因素［J］．中国工业经济，2008（4）．

［253］杨蕙馨，刘春玉．知识溢出效应与企业集聚定位决策［J］．中国工业经济，2005（12）．

［254］杨瑞龙，冯健．企业间网络的效率边界：经济组织逻辑的重新审视［J］．中国工业经济，2003（11）．

［255］杨晓慧．产业集群与日本区域经济非均衡发展研究［D］．东北师范大学博士学位论文，2003.

［256］杨雄．产业集群理论及其借鉴意义［O/L］．http：//www．pud-ong.gov.cn，2004－09－01.

［257］叶建亮．浙江永康地区企业发展与产业集聚研究［J］．产业经济评论．2006（5）．

［258］叶建亮．知识溢出和企业集群［J］．经济科学，2001（3）：23－30.

［259］叶金国，张世英．企业技术创新的自组织与演化模型［J］．科学学与科学技术管理，2002（12）：74－77.

［260］叶晓红，叶金国．技术创新与产业系统的协同演进［J］．中国管理科学，2004（3）：26－29.

［261］俞培果．集群策动——集群政策与政府行动经验与启示［M］．北京：经济科学出版社，2008.

［262］约瑟夫·阿罗斯，熊彼特．经济发展理论［M］．北京：商务印书馆，1990.

［263］曾国屏，李正风．国家创新体系：技术创新、知识创新和制度创新的互动［J］．自然辩证法研究，1998（11）．

［264］曾红楚等．企业边界的协同演化机制研究［J］．中国工业经济，2008（5）：26－32．

［265］翟慧娟，张梅青．高科技产业集群问题研究［J］．内蒙古科技与经济，2004（3）：6－7．

［266］张静华．碳税的社会福利效应分析［J］．当代经济管理，2010（8）：56－58．

［267］张雷宝．地方政府投资效率研究［M］，北京：中国财政经济出版社，2005：34－35．

［268］张琳．环境污染问题的经济学分析——基于市场失灵与政府失灵的考察［J］．山东财经学院院报，2008（5）：24－27．

［269］张师允．市场失灵下的政府干预［J］．天津市经理学院院报，2008（5）：39－40．

［270］张嵋喆．2008年高技术产业回顾与展望［J］．中国科技投资，2009（3）：61－63．

［271］张志文．区域创新文化促进高技术产业集群发展机理研究［J］．科技进步与对策，2009（7）：23－26．

［272］赵善华．高技术产业基地集聚态势研究——以广东为例［J］．特区经济，2008（10）．

［273］赵声馗．公共选择理论视野下"政府失灵"的成因及对策探析［J］．辽宁行政学院院报，2010（4）：7－9．

［274］郑建壮，叶峥．高技术产业集群与传统产业集群的政策比较分析［J］．经济论坛，2007（2）．

［275］郑军．企业边界变迁的产业组织演化［J］．财经科学，2007（4）．

［276］郑凌云．产业集聚与高技术园区发展［J］．中国科技论坛，2003（1）：57－59．

［277］郑凌云．产业集群视角下的高新园区发展［J］．产业经济研究，2004（11）．

［278］钟书华．创新集群：概念、特征及理论意义［J］．科学学研究，2008（2）：178－184．

[279] 周冰，靳涛. 青木昌彦的制度观与制度演化的进化博弈思想评析 [J]. 江苏社会科学，2004 (3)：59 – 65.

[280] 周盼. 强化集群优势，建设家电产业配套创新基地 [J]. 广东科技 2007 (6)：11.

[281] 朱静芬，史占中. 我国高科技园区企业集群发展模式探析 [J]. 中国科技论坛，2003 (6)：13 – 15.

[282] 朱秀梅，蔡莉. 基于高技术产业集群的社会资本对知识溢出影响的实证研究 [J]. 科学学与科学技术管理，2007 (4)：117 – 121.